珍藏本·增订本
纪念版
汉译世界学术名著丛书

纳 文

——从三个视角呈现的一个新几内亚部落文化复合体之考察

〔英〕格雷戈里·贝特森 著
李霞 译

SINCE 1897
商務印書館
The Commercial Press

Gregory Bateson

NAVEN

A Survey of the Problems suggested by a Composite Picture of the Culture of a New Guinea Tribe drawn from Three Points of View

(Second Edition)

Translated and published by arrangement with Stanford University Press.

经与斯坦福大学出版社协商翻译并出版。

汉译世界学术名著丛书
（120年纪念版·珍藏本）
增订本出版说明

2017年10月，为纪念商务印书馆创立120周年，本馆推出“汉译世界学术名著丛书”（120年纪念版·珍藏本），计七百种。近五六年来，仰赖学界同人倾力支持，订正旧译，增补新译，拓展新著，积累日多。为满足读者需要，本馆在七百种的基础上，继续推出“汉译世界学术名著丛书”（120年纪念版·珍藏本·增订本）三百种。至此，“汉译世界学术名著丛书”累计出版已达千种。

今后，本馆将继续推进丛书的翻译出版工作，在积累单本名著的基础上陆续分辑刊行，汇印出版。为促进中外文明互鉴、推动我国学术发展，使“汉译世界学术名著丛书”这项对我国学术文化有基本建设意义的重大工程发挥更大作用，诚望海内外学术界、翻译界继续给予支持，帮助我们把这套丛书出得更好。

商务印书馆编辑部

2024年2月

汉译世界学术名著丛书
（120年纪念版·珍藏本）
出 版 说 明

2017年2月11日，商务印书馆迎来120岁的生日。120年前，商务印书馆前贤怀揣文化救国的理想，抱持“昌明教育，开启民智”的使命，立足本土，放眼寰宇，以出版为津梁，沟通中西，为中国、为世界提供最富智慧的思想文化成果。无论世事白云苍狗，潮流左右激荡，甚至战火硝烟弥漫，始终践行学术报国之志，无改初心。

迻译世界各国学术名著，即其一端。早在20世纪初年便出版《原富》《天演论》等影响至今的代表性著作，1950年代后更致力于外国哲学和社会科学经典的译介，及至1980年代，辑为“汉译世界学术名著丛书”，汇涓为流，蔚为大观。丛书自1981年开始出版，历时三十余年，迄今已推出七百种，是我国现代出版史上规模最大、最为重要的学术翻译工程。

丛书所选之书，立场观点不囿于一派，学科领域不限于一门，皆为文明开启以来，各时代、各国家、各民族的思想与文化精粹，代表着人类已经到达过的精神境界。丛书系统译介世界学术经典，引领时代思想，为本土原创学术的发展提供丰富的文化滋养，为推动中国现代学术和现代化进程做出了突出的贡献。

为纪念商务印书馆成立120周年，我们整体推出“汉译世界学术名著丛书”120年纪念版的珍藏本，寄望既利于文化积累，又便于研读查考，同时向长期支持丛书出版的译者、编者和读者致以敬意。

两甲子后的今天，商务印书馆又站在了一个新的历史时间节点上。我们不仅要铭记先辈的身影和足迹，更须让我们的步伐充满新的时代精神。这是商务人代代相传的事业，更是与国家和民族的命运始终紧密相连的事业。我们责无旁贷，必须做好我们这代人的传承与创造，让我们的努力和成果不仅凝聚成民族文化的记忆，还能成为后来人可以接续的事业。唯此，才能不负前贤，无愧来者。

商务印书馆编辑部

2017年10月

民族志是怎样"磨"成的？（代译序）

高丙中

贝特森(1904—1980)是我最喜欢的人类学家之一。他的代表作《纳文》是我读过的智慧含量最高的一部民族志。从他的田野作业到这部大作的完成历程,我们能够几近刻骨铭心地感到民族志是怎样"磨"成的。

民族志是人类学的专业基础,而民族志著作却大都可以成为跨专业的乃至公众的读物。如果有好事之徒一定要开出一份难以为一般读者所读懂的民族志书单,这个书单不会太长。不过,即使这个书单再短,贝特森的《纳文》都会名列其中,并且会高居榜首。北京大学人类学专业的研究生课堂上的学生与旁听生都知道,我推崇《纳文》,每年都会把它作为民族志复杂文本的范本列入"宗教人类学"或"民族志方法"的必读书目,并且在向学生推荐的时候总是会强调:如果你已经决定以人类学为业,我请你一定去读它,因为它是人类学的核心文献;如果你还没有发现人类学的魅力,我希望你去读它,因为它会让你见识人类学可以是怎样一种心智的挑战。

在西方人类学众多的人物和庞杂的著述里,如果我们把兴趣放在田野作业和民族志的创意上,贝特森的《纳文》(1936)和马林诺夫斯基的《西太平洋上的航海者》(1922)、拉比诺的《摩洛哥田野作业反思》(1977)就构成了一个特别有意义的历史序列。马林诺夫斯基因为欧洲陷入第一次世界大战而不得已置身海外,在新几内亚的特罗布里恩德岛民中长期居留(一年以上),用当地语言直接与研究对象交流,在理解他们的基础上通过讲述他们的故事(民族志)而向读者传达自己的理解。他在开创性的著作《西太平洋上的航海者》的开篇对自己的方法的科学性进行了总结。马林诺夫斯基不是第一批做实地调查的人类学家,但是他的实地调查经验确立了人类学田野作业的新标杆,他的这部代表作以及其中对于方法论的陈述确定了民族志的新规范。后来的人类学民族志有一个演进的主线,这就是对这一规范的遵守、拓展和反思。在这一主线中,定位于"反思"的最重要的后来者应该是贝特森的《纳文》和拉比诺的《摩洛哥田野作业反思》。

马林诺夫斯基和拉德克利夫-布朗都在1922年出版了各自的民族志代表作《西太平洋上的航海者》和《安达曼岛人》。就像狄更斯和巴尔扎克等人是现实主义小说的代表人物一样,他们共同确立了被后人称为"现实主义"风格的民族志的范本。他们自己从方法上主张他们所开创的是"科学"民族志,后人则是从文体风格上把他们的民族志界定为"现实主义"文本。现实主义民族志的要义是作者尽量隐身,以描述的客观性来支持方法的科学性,以对生活的诸方面的详细描述形成生活的具体感,并指望细节的累积能够转化成"社会"的总体面貌。在他们之后投入到实地调查研究的人类学新手竞相仿照他们,民族志的现实主义风格就形成为主流的风气。

在贝特森完成《纳文》的前后,好的民族志应该是什么样的,那要由马林诺夫斯基来定义。我们从马林诺夫斯基给两个后来成为重要的人类学家的民族志所写的序言可以看到他肯定什么。

玛格丽特·米德的第二任丈夫是福琼(Reo F. Fortune)。那时她已经凭借《萨摩亚人的成年》(1928)一举成名，而福琼在完成《多布的巫师》(1932)的时候还是默默无闻之辈。尽管福琼好歹算是当时很小的英国人类学圈子的人(他在剑桥大学念书，马林诺夫斯基在伦敦经济学院教书)，并且他在多布做调查的时候日日夜夜琢磨的都是马林诺夫斯基的那部范本，而米德当时还没有和马林诺夫斯基见过面[①]，但是，他们家却是由米德写信请求马林诺夫斯基为《多布的巫师》写序(Mead 1972:159)。马林诺夫斯基不仅写了序，而且还是一篇很用心的长序(Malinowski 1932)。他在开头说，自己当初在特罗布里恩德岛做调查的时候，常常远望多布方向，充满遐思。现在福琼完成了关于多布的民族志，他自己备感欣

① 米德迟至1939年才与马林诺夫斯基见面。但是，这两位分别在英国和美国的学术界证明民族志的魅力的大家此前一直在隔空交手。据米德说，马林诺夫斯基在1926年访问美国的时候，多次说到米德的萨摩亚之行不会有什么好结果，因为9个月的时间不足以完成一项严肃的民族志研究，这么短的时间恐怕还没有学会当地的语言呢，这显然与他自己所奠定的起码一年周期的田野作业时间有差距。可是，米德的《萨摩亚人的成年》在美国取得了巨大的成功。米德在1930年出版《在新几内亚成长》，马林诺夫斯基提示自己的一个学生在书评中说米德根本不懂当地人的亲属制度。米德一气之下，多花3个月，要把《阿德米拉梯岛的亲属关系》一书弄得尽善尽美，证明自己绝对够水平。米德写信请马林诺夫斯基给福琼的《多布的巫师》写序，信中提到，他写序可能使他站在一个比较好的位置，因为福琼的书也写了库拉，并且与马林诺夫斯基所写的颇为不同，其他人见到书之后再怎么阐释这些差异，马林诺夫斯基都会比较主动(Mead 1972:160)。这就是米德，素昧平生地请当时最负盛名的人类学家给自己小人物一个的丈夫写序，都是这么个请法。这也算是他们两人过招的又一方式。这两个人都浓墨重彩地出现在贝特森《纳文》的书里书外。

慰。他在结尾处说，福琼贡献给我们一本具有恒久价值的大作。那么，其价值在什么地方呢？马林诺夫斯基说，福琼具有民族志的高超才能：他能够把细枝末节的日常生活的事实与他对社会整体的概化熔铸成为一体。以功能主义方法来衡量，本书应该被看作功能主义在这个领域的一项成就，因为它展现了功能主义的田野作业所期许的两项品质。其一，它提供了对多布人的部落组织的精确的社会分析；其二，它远远不只是提供了社会结构的框架，而是让读者直接触及活生生的个人，感受社区生活的情感，体验土著人的恐惧、激情及深藏的传统信仰。他特别赞赏福琼对事实、细节的客观（所以科学）描述。对此，最好的证明是读者可以根据作者提供的信息细节来支持与作者的结论不一致的意见。他说，“福琼博士如此清晰、精确地呈现他的事实，甚至能够与他自己的概括保持距离，以致对他的材料重新进行理论解释是完全可能的”（Malinowski 1932：xxxi）。米德在回忆录中承认，马林诺夫斯基的序真起了作用，它既有助于该书被出版社看中，也有助于它一面世就引起学界的关注（Mead 1972：160）。

弗思（Raymond Firth）是马林诺夫斯基在取得声望之初的1924年就开始在伦敦经济学院培育的学生，他在1936年已经可以担任在该校求学的费孝通先生的指导老师。就在贝特森1936年出版《纳文》的时候，弗思也出版了《我们蒂科皮亚人》。马林诺夫斯基在为爱徒的书所写的序言中说，弗思博士已经不是民族志行当里的新手了，他在1929年以来发表的关于波里尼西亚土著社会的民族志让他赢得了在社会科学界的声誉。他在本书所采用的方法肯定会使该书进入新近对人类学作出最重要贡献的著作之列。"我毫不犹豫地把本书视为人类学研究的一个范本",这既是考虑到它所依据的田野作业的质量,也是考虑到书中所蕴含的理论。地地道道的经验研究的精神、丰富的具体资料,把活生生的男男女女呈现在我们面前。他突出弗思著作的这些特性,不点名地批评了本尼迪克特所代表的把酒神型和日神型的人格用于田野资料分析的人类学新理论;他认为这些研究根本不扎实,相比之下,弗思的著作才具有真正的学术性。幸亏有弗思的大作在这个时候出现,那些还相信自己的研究能够具有科学性的人类学家总算可以松一口气了(Malinowski 1936)。《纳文》没有《我们蒂科皮亚人》那样丰富的细节,还采用了本尼迪克特的人格理论分析男女性别文化,自然就落在了马林诺夫斯基的火力范围之内。

贝特森就是在这种背景下开始投入到这个行当中的。他出生在一个父、祖都在剑桥大学占有重要学术地位的家庭。他的父亲是遗传学的创立者之一。他的祖父是剑桥大学圣约翰学院的院长,他自己靠考试录取到这个学院,并在 1925 年取得自然科学的学士学位。他随后在剑桥攻读人类学的硕士学位,在新不列颠和新几内亚做实地调查,1930 年获得硕士学位。1931 年夏,他获得一项资助,计划重返新几内亚的塞皮克河流域继续自己的田野作业。

贝特森选择塞皮克河流域的雅特穆尔人作为调查对象是经历过曲折的。1927 年 1 月,他的父亲去世不到一年,他登船南行,计划到新几内亚做人类学的田野作业。是哈登推荐他到塞皮克河流域探究土著与白人接触的后果。他到达墨尔本,见了派驻新几内亚和新不列颠的殖民人类学家钦纳里(E. W. P. Chinnery),被他的一段话吓住了。他说，塞皮克河地区可能不安全，大规模的猎头袭击事件时有所闻。贝特森就决定选择新不列颠的拜宁人(Baining)。他们是一个游耕群体，易于接触，也足够原始。他离开墨尔本，前往调查点时路经悉尼，在悉尼遇见了拉德克利夫-布朗。布朗和钦纳里一样都是哈登圈子里的人，他立马提出给贝特森自己当时掌控的洛克菲勒基金会的资助，还把自己关于社会的理论传授给他。这位23岁的年轻人非常高兴，在给他妈妈的信中说，"布朗先生是我遇见过的唯一一位真正的'社会学家'，他对各种陈腐见解的批评一针见血，能够用关于社会生理学和社会组织的健全理论取而代之。他驱使我去阅读涂尔干的著作，因为他是他的热心崇拜者。涂尔干的观点让我耳目一新，除了他把论辩建立在蹩脚的图腾主义说辞之上的遗憾之外，他关于社会的观点和结论是相当有力的。靠着从中吸取的灵感，拉德克利夫-布朗很快就会在这里形成一个人类学学派。"(Lipset 1980：127)他在拜宁人中的经历并不愉快，他于1928年3月离开，到悉尼与前来探望的母亲相聚。他尚没有完成对拜宁人的调查，却一时兴起，转而调查邻近的苏尔卡人(Sulka)。他在这里熬过了将近五个月的时间，没有什么结果。1929年的2月中旬，他受一个有点熟悉的船长之邀，乘船游览，来到新几内亚的塞皮克河地区。一个雅特穆尔人的土著社区吸引了他，他留在这里进行调查，主要关心土著特殊的亲属制度。调查到六个月的时候，他又觉得自己失去了目标和兴趣，随后就返回剑桥写硕士论文去了。他后来得到新的机会，于1932年1月重返塞皮克河流域，又做了15个月的蹲点调查。

贝特森从1927年到1933年期间有四年左右生活在调查地

点，比马林诺夫斯基从1914年到1918年期间待在新几内亚土著社会的两年半时间还要长。可是，马林诺夫斯基以此为基础完成了一系列的民族志著作，如精心构织的《西太平洋上的航海者》(1922)、资料厚重的《珊瑚园艺及其巫术》(1935)，以及《原始社会的犯罪与习俗》(1927)、《原始社会的性与压抑》(1927)、《野蛮人的性生活》(1929)，等等。贝特森却只写出一生唯一一本民族志《纳文》。他这本书确实是磨出来的。他在田野作业中总是感到在受折磨，他最后的写作过程，一如他在“后记”中的自传式陈述，也是一种痛苦的磨砺。

贝特森的父亲去世之后，母亲的心情一下子变得不大正常，她和这个最小的儿子的关系弄得很紧张。她总是盯着他，有事无事折腾他。贝特森在1972年回忆说，能够在哈登的关照下远走高飞，算是一种解脱(Lipset 1980:125)。他在1927年4月初首次进入调查点，心情充满阳光。他在给母亲的信中说，“拜宁人的村子很漂亮，也卫生，土著女人虽然缺乏魅力，但是很友好。走在这里，很像走在英国夏日阵雨后的林中，而且，这里的气味和色彩要比在英国丰富得多，随时随地都让人感到这里的植物和小生命是如此品类繁多。我怕我自己会太迷恋这里的热带景致了。”(Lipset 1980:127)可是，开始正儿八经地做调查之后，麻烦和困难就接踵而至了。他一到调查点就开始人类学调查的基础工作，用卡钳测量当地人的头部结构。一天，一个土著很正经地问他为什么做这个，他一时语塞，不知从何说起。他当时还说不好当地人的洋泾浜英语，给人的回答绝对是不清不楚。他再也没有兴致拿起卡钳，也不明白自己接下来应该做什么。他自己的解释是，拜宁人的语言很难学,他们把什么都当作秘密。尽管他努力参与到他们的生活之中——吃他们的食物,毛虫也得试着吃;睡在他们的房子里;学他们的仪式。这让他自己感到苦闷,却也不能赢得土著的好感。土著有重要的集体活动的话,就会事先设法把他糊弄出村子。他在调查工作开展了半年之后给妈妈的信中说,研究工作没有什么成就,“我是一个闯入他们的生活而招致他们厌憎的家伙”,“我甚至不能断定我所研究的拜宁人是否有图腾制度,我也不能搞出一个清晰的世系,因为我搞不定他们的姓名禁忌的谜障。”(Lipset 1980:128)他学会了土著的语言,他们才和他谈论他们的宗教信仰。他能够遵照马林诺夫斯基归纳的经验,注意记录日常生活的细枝末节。但是他却无力用“结构”“功能”“社会生理学”这些概念来把握他的研究对象。他感叹,当你面对土著的时候,所有这些学术的东西似乎都很虚幻(Lipset 1980:128)。1928 年 3 月,他要到悉尼和母亲相聚,在离开拜宁的时候并不知道自己不会回来了。不过,按照至少一年周期的田野作业时间规范,他的时间大致是够做“科学的”民族志研究的,只不过他终究没有用民族志把这些调查资料写出来,仅在论文中采用过少许的资料。他的问题应该是出在从资料到民族志整体性的提升难点上。

他选择下一个调查点研究的是另一民族,结果基本上是无功而返。他于 1928 年 3 月离开拜宁到悉尼与远道而来的母亲相聚,并在拉德克利夫-布朗的安排下教了一学期太平洋岛屿语言。到秋季,他又乐观起来,有了再去做田野作业的兴致。不过,他没有回到拜宁,却去了苏尔卡这个新地方。这次超过六个月的调查还是没有取得什么成果。上次是因为那些土著把什么事情都弄得神神秘秘，使他不得而知。这次却是因为苏尔卡人总是一开口就停不住嘴，一口气就要把一场仪式说全了，而他根本记录不下来。他因而总是很沮丧，加上感染疟疾，想立刻回到英格兰。他在信中吐苦水，“我跑够了，再也不想伸长鼻子去探究异族的事情”，“我一直情绪低落，都傻得不会思考了”(Lipset 1980:130)。

在这个关键时刻，他没有落荒而逃，而是重新燃起了到塞皮克河地区做调查的希望。他在1929年1月28日给哈登的信中说，“塞皮克将产生我的代表作。那里刚好有那种地方文化变异的类型——这是我当初本来计划要研究的。我已经掌握了一门在大范围使用的语言。交通靠独木舟就容易解决。那里的土著是友好而聪明的……现在我觉得我已经度过了最困难的时期，并终于有了一个好的研究主题。”(Lipset 1980:132)真是事不过三。或者说好事多磨。他在2月中旬乘船沿塞皮克河游历，被雅特穆尔人所吸引，就留下来进行田野作业。不过，事实证明，哪儿的田野作业都是磨人的。他的兴奋劲儿慢慢被时光所侵蚀。到11月份，他觉得很难往前做了，“在身体上，我还能坚持；在心理上，我想我应该回到我自己的种群中了”(Lipset 1980:132)。到1930年1月，他觉得他搜集资料的工作又变得盲目起来，再待下去没有什么意义，就决定打道回府了。他这次的调查应该算是大有收获。他以此为据，花一年时间完成了以《塞皮克河的雅特穆尔人的社会结构》为题的硕士论文。他描述了他们的婚姻体系、氏族、图腾、萨满和奇特的入会仪式。他在文中坦白，他的田野研究并不完全，他从来没有听懂土著人之间的交谈，他觉得纳文仪式值得进一步描述和讨论，可是他还缺乏足够的观察。谁知道，哈登很高兴他这种坦诚，欣然把它推荐给弗思主编的《大洋洲》(*Oceania*)杂志。他的推荐意见有这样的话,“他对研究的不完美性的坦率声明给人巨大的信心去接受他所作出的肯定陈述”(Lipset 1980:133)。该文在1932年登出,占近百页的篇幅。这篇文章为他1932年再次到雅特穆尔人中进行田野作业打下了基础,埋下了伏笔,也应该是他申请新的资助的资本。

贝特森不能像马林诺夫斯基那样有效率地搜集资料,与他们各自的性格有关。马林诺夫斯基被一些交往过的人认为是一个进取型甚至进攻型的、令人厌憎的男人,但是他们也大都承认他是一个天才的人类学家。贝特森总是顾虑是否干扰了他人。敏感的话,不敢问;别人讲话,他不敢打断。关于基本的方法,他自己清楚,自己在剑桥的课堂里是学习过的,就是不能用在自己的实地工作之中。米德夫妇来访,他帮助他们在附近找到了调查点。他们搜集资料的方式让他感到震撼。他们毫不客气地对待访谈对象和翻译,让这些人围绕他们的要求忙得团团转。他醒悟到,他们是按照预计工作,而他是碰见什么就小心地记录什么(Lipset 1980:136)。他们是围猎,而他是守株待兔。福琼本人在1975年回忆马林诺夫斯基的话中提到,通常,土著人不配合马林诺夫斯基,马林诺夫斯基就抓住土著人的衣领不让他们离开。这种欺凌性的技巧所凭借的是帝国背景。福琼后来反思认为,问题不在于马林诺夫斯基是帝国主义者,也不完全在于他是一个强势的人,而在于这种技巧在当时是被当作方法来传授的(Lipset 1980:123)。他在1970年代人类学与殖民主义的话题受到特别关注的时候这样分析,听起来很自然。

人类学长期的田野作业遭遇的最顽强的敌人是孤独。马林诺夫斯基是在日记中记录了自己的情感压力，而贝特森是在不断写给母亲的信中表达了自己的心路历程。他总是幻想有同行或助手陪他做调查，甚至还正式写信请哈登和拉德克利夫-布朗派人到他的调查点与他合作，陪他。当然从来没有人来过。这种心理都形成了一种执着的愿望，对促成他和米德的恋爱和婚姻都发挥了显著的作用。他在前三次的调查点都陷入无聊的孤独情感之中，进而变得无所事事，只想逃离。他实际上都是在没有达到预期目标的时候就忍无可忍地撤离了。他第二次进行雅特穆尔人调查，一个人从1932年的1月坚持到夏季到来，又开始渴望来一个合作者。到秋季，他已经熬得非常气馁了。正如他在《纳文》中所流露的，我已经气馁到“绝望地厌恶田野作业”（Bateson 1958：x）。在圣诞节之后，米德和福琼这对人类学家夫妇路过贝特森的调查点，三个人一开始相聚甚欢。一见面，寒暄之后进到室内，贝特森看着米德，说，“你太累”，并拉给她一把椅子。米德一辈子都记得这句话。她后来回忆，这是她几个月以来听到的最温馨的一句话（Mead 1972：208）。贝特森渴望有自己的同类做伴，从一个月前知道他们要来就开始盼着了（Lipset 1980：135）。他们见面后开始说话，一说就是30个小时。主要是贝特森与福琼聊天，米德偶尔参与进来，但多数情况下米德在陪保护他们的一位殖民政府的巡警打发时间。在随后他们共处的日子，倾谈越来越多地发生在贝特森和米德之间。米德从贝特森身上吸取理论思维和自然科学知识，特别是系统理论和生物学、心理学的知识；贝特森从米德夫妇身上领悟了一些重要的调查经验。最重要的是，贝特森从他们手上读到了本尼迪克特的《文化模式》的手稿，并就她的理论对于他们三位在新几内亚的几个调查点所见识的族群进行尝试性的分析、辩论，这让贝特森逐渐明白自己将要完成一项什么样的著作，使他在最后一段时间里有了明确的调查目标。贝特森和米德一起坠入了情网。在1933年的春季，这三位人类学家离开塞皮克河流域各自的调查点到澳大利亚，然后各奔东西。贝特森回到剑桥，忙着写《纳文》，没有和他母亲提米德的事情。米德回到美国，到纽约的哥伦比亚大学和自然历史博物馆任职。福琼回新西兰与他原先的恋人见面，后来又到中国任职。贝特森和米德在接下来的三年里有几次短暂的相聚。他们后来得到了一项到印度尼西亚进行研究的资助，于1936年的3月到达巴厘岛。在来此之前，他们到新加坡进行了结婚登记(这是英国的法律所认可的)。这时，贝特森写信给母亲，解释他的婚姻。他写到，他们的婚姻是人类学的动机而非罗曼蒂克冲动的结果。因为他们彼此承诺一起进行合作研究，而这项研究至少需要一起工作四年，所以两人结婚是最简单不过的事情了。实际上他们两个对对方都感到不踏实，米德甚至是悲观的。[用贝特森的话说是，]“我对这个事情的感觉是那种松了一口气的感觉。在某种意义上说，我松了一口气，是因为我不必独自一人扎到田野作业之中——这是我眼下立马要面临的问题。”(Lipset 1980:150)[①]他们到巴厘之后，米德坚持让贝特森先完成《纳文》的

① 在几天之后给母亲的另一封信里，他说，“您一定想知道她的特点是什么？她是一个淑女吗？是的，如果您允许把这个词用在一个美国女子身上！作为一个女主人，她让人感到平和、舒心、不挑剔甚至随和。她当然不够英国式，但是，她是一个人类学家，具备潜质去学习英国文化的精髓。”(Lipset 1980:150)

扫尾工作，主要是附录部分，使该书得以在当年出版。《纳文》第一版总算大功告成。贝特森几经孤独的折磨，终于可以琴瑟和鸣，一边进行田野作业，一边过正常的生活。大多数人类学家就是在这种历程里“炼”成的，只有很少数的人类学学生是结伴或夫妻一起进行田野作业的，其中极少部分人是在调查期间与当地人结婚的。从贝特森的经历看人类学，我们深切地体认到，经过长期田野作业磨炼的知识精英构成了人类学家群体的骨干，人类学事业确实是一个特殊人的圈子。

经典意义上的民族志是记录远方社会的事实的，圈内人在向外讲述这个特殊行当的知识生产过程的时候，很容易讲成脚在跑、手在记：千里迢迢跑到一个地方，把耳闻目睹（witness）的事情记录下来。没有人会否认在脚和手的动作之外有一个从来就没有缺席的大脑的思考过程，但是，对于大脑如何在场，却很少有人认为是一个问题。即使偶然有人在意大脑的在场问题，尝试来揭示大脑如何在场却不是容易迈出的一步。贝特森在民族志发展史上的伟大贡献就在于他迈出了这一步，创造性地在民族志文本中建立了反思的维度。

这样评价《纳文》是后话。该书在出版之后的几十年里都是被依照功能主义的科学民族志的尺度来衡量的。《纳文》并没有单纯地走当时已经形成的套路。它不是中规中矩之作，而是别出心裁之作。可是当时人类学的主流圈子还没有形成别样的眼光。马林诺夫斯基在给弗思的《我们蒂科皮亚人》（1936）写序的时候，已经是不点名地否定了它。拉德克利夫-布朗与米德、贝特森有更多个人交往，他在 1937 年发表的为《纳文》所写的书评里，也只是肯定了作者敢于承认缺点的诚实,却对作者没有像通常预期的那样写出"社会"而遗憾。他断言,该书不可能卖得好,但是他愿意把它推荐给勤于思想的人(Radcliffe-Brown 1937)。从当时圈内已经形成的关于社会叙事的完整性的标准来看,它被侧目是很自然的。它费心良多的理论部分也一样受到许多质疑。沃尔夫在书评中责难他的理论包含太多个人的东西,缺乏科学性。对于贝特森这种与众不同的学术路子,他倒是留了句活话:"现在来谈贝特森在人类学潮流中的位置还为时过早"(Wolff 1944:74)。

当贝特森被攻击的时候,他是被当作主流人类学的异己来看待的。可是,他自己定位为马林诺夫斯基和拉德克利夫-布朗的追随者。他在1935年写的"前言"中自陈,潜藏在马林诺夫斯基著作中的含义给了他理论创新的灵感。他也自嘲过,他自认得自他们的学术遗传,尽管他知道他们不一定承认他是他们的学术之子(Lipset 1980:145)。就民族志的一般内容来说,把对于一地的生活图景的描述当作一个民族、一种人的社会与文化;从一地的描述过渡到把握一个群体的精神、气质,达到在总体上认识作为人类一个分支的群体;人类学认识它,就认识了人类的一个部分、一个人类精神世界可能性的构成——这恰恰是《西太平洋上的航海者》的导论中所提的认识民族的"精神状况"(mentality)的求知所包含的内容。贝特森应该是探索了新的途径以完成这个知识生产的使命。即使就《纳文》把作者的思想传记融入对象叙事的做法来说,我们也能够找到来自马林诺夫斯基的启发。他说,"难以想像,撰写一份物理学或化学的实验报告可以不对全部实验安排作出详细描述"(马凌诺斯基 2002:2)。应该向读者详细报告的研究过程涵盖哪些部分，在他们两人心中是有一些差异的，但是应该报告研究过程的精神在他们之间是一脉相承的。无论如何，贝特森对自己的思考过程的“报告”的那种认真是过于超前了（Marcus 1985：66）。

贝特森的《纳文》被重新定位是在拉比诺1977年发表《摩洛哥田野作业反思》之后。得益于当时兴起的对于人类学的知识生产过程的反思风气，马库斯在1980年代初推动了对于贝特森的学术与人类学主流的关系的重新认识（Marcus & Cushman 1982；Marcus 1985）。马林诺夫斯基的《西太平洋上的航海者》、贝特森的《纳文》和拉比诺的《摩洛哥田野作业反思》是高耸在民族志发展史上的三座丰碑。《西太平洋上的航海者》树立了科学的民族志的范例，更有普遍意义的是，其导论阐明了追求民族志的科学性的全套方法及其思想条件。就民族志的整个知识生产流程来说，这部书所代表的普通的民族志是把研究对象作为描述的对象，而《摩洛哥田野作业反思》是把人类学家的实地调查过程作为描述的对象，《纳文》则是别开生面地把人类学家的民族志写作过程当作描述的对象，只不过在文本的呈现方式上是把关于对象的描述与关于写作过程的描述熔铸在一起而已。在类型上，它们是应该被分别看待的，一个是关注研究对象的民族志，另外两个分别是关注研究过程主要阶段的民族志。它们先后把民族志作为学术研究的方法能够达到的可能性推到了新的高峰。在对于研究过程的反思逐渐成为学科训练要养成的习惯之后，民族志，作为人类学的基础工作，由此越来越专业、精致，对人才的筛选也越来越挑剔。这三本书在论辩的针对性上是一种紧张关系，但是，作为民族志的智慧遗产，是一个整体。在今天，我们只有在贝特森和拉比诺的反思智慧的陪伴下才能够沿着马林诺夫斯基开创的民族志道路往前走。

2007 年 8 月 5 日

参考文献

Bateson, Gregory. 1958. *Naven: A Survey of the Problem Suggested by a Composite Picture of the Culture of a New Guinea Tribe drawn from Three Point of View*. Stanford, California: Stanford University Press.

Lipset, David. 1980. *Gregory Bateson: The Legacy of a Scientist*. Englewood Cliffs, N.J.: Princeton Hall.

Malinowski, Bronislaw. 1932. "Introduction", in R. F. Fortune's *Sorcerers of Dobu: The Social Anthropology of the Dobu Islanders of the Western Pacific*. New York: Dutton & Co., Inc..

——1936. "Preface", in Raymond Firth's *We, The Tikopia: A Sociological Study of Kinship in Primitive Polynesia*. George Allen & Unwin Ltd..

Marcus, George E., and Dick Cushman. 1982. "Ethnographies as Texts", in *Annual Review of Anthropology*, Vol. 11:25 - 69.

Marcus, George E. 1985. "A Timely Reading of Naven: Gregory Bateson as Oracular Essayist." *Representation*, No. 12(Autumn):66 - 82.

Mead, Margaret. 1972. *Blackberry Winter: My Earlier Years*. New York: Simon and Schuster.

Radcliffe-Brown. 1937. Review of *Naven*, in *American Journal of Sociology*, Vol.43, Issue 1.

Wolff, Kurt H. 1944. "A Critique of Bateson's Naven." *The Journal of Royal Anthropological Institute of Great Britain and Ireland*, Vol. 74, No. 1/2:59 - 74.

马凌诺斯基，2002，《西太平洋的航海者》(1922 年英文版)，梁永佳、李绍明译，华夏出版社。

献　　　给

英国皇家学会会员 A.C.哈登博士

目　录

这个目录是为那些有兴趣仔细探究本书论述内容的读者准备的。正文中的每个标题都列在了目录中,而且很多正文中没有特别标出的分支内容在此目录中也以标题形式标示了出来。

图表目录

图　　片

图　　表

第二版序言

在这一版中，全书的主体没有改变。在1936年的版本中，我尽可能深入地沿着一条理论思维路线追索下来。我在那一版中提出了一些问题，但没有解决；不过类似的问题现在已部分由控制论和传播理论(communications theory)解决了。因此，我在这一版中又加了一个后记，从现代科学发展的视角来讨论这本书的理论地位。

这些年的进展体现在逐渐发展出了一种关于组织形成和组织解体的新的思维方式。今天，我们可以根据同一种认识论，也就是同一套问题体系来探讨来自新几内亚一个部落的资料和表面上完全不同的精神病学资料。

目前我们已经开始在创建一种关于过程与变迁、适应与偏常的普遍性理论；从这种普遍性理论的角度来看，我们必须重新审视我们以前关于有机体、社会、家庭、个人关系、生态系统、伺服机制(servo-mechanisms)之类事物的知识。

格雷戈里·贝特森

帕洛阿尔托，加利福尼亚

1958年1月

前　言

人类学家在其旅行中总要欠下很多债。他受惠于资助者，受惠于其他人类学家的思考，受惠于他所去往的国家里许许多多给予过他物质帮助和友谊支持的人们。对在第一次考察时帮助过我的人，我曾表达过谢意[①]，而我的第二次考察要感谢的名单会比上次的还要长。

关于这次考察的资金支持，我要感谢珀西·斯莱登纪念基金、皇家学会基金管理委员会和剑桥大学的圣约翰学院；我是后一机构的研究员，学院委员会允许我享有相当程度的自由。

在学识方面，我最要感谢的是我的老师哈登（A. C. Haddon）博士、拉德克利夫-布朗（A. R. Radcliffe-Brown）教授和马林诺夫斯基（Malinowski）教授。哈登博士最早把我培养成了一个人类学家，在从剑桥去往金斯林的火车上，他告诉我，他要训练我，然后送我到新几内亚去。后来拉德克利夫-布朗教授和马林诺夫斯基教授对他的训练进行了补充。对这一切，我深怀感激。我希望在这一前言中强调一下我对马林诺夫斯基教授工作的敬佩。在本书中，我多次对他的观点和理论取向进行了批评。我当然能认识到

① 《大洋洲》（*Oceania*），1932 年，第 2 卷，第 3—4 号。

他对人类学的贡献的重要性；尽管我认为现在已经到了要修正我们的理论取向的时候了，但我所倡导的新的理论范畴在很大程度上是建立在他的工作中所隐含的那些思想之上的。

我还要感谢很多阅读过本书部分手稿的人，感谢他们的批评和讨论，他们中有：拉德克利夫-布朗教授、巴特利特（F. C. Bartlett）教授、麦柯迪（J. T. MacCurdy）博士、露丝·本尼迪克特（Ruth Benedict）博士、林格伦（E. J. Lindgren）博士、约翰·莱亚德（John Layard）先生和沃丁顿（C. H. Waddington）先生。

那些在新几内亚帮助过我的人之中，我最要感谢的是玛格丽特·米德（Margaret Mead）博士和福琼（R. F. Fortune）博士，我是在塞皮克河地区遇见他们的。那时我已经绝望地厌恶田野作业了，很幸运我能碰上这两位学者，他们给我树立了一个新的和更高的田野工作标准。与他们的谈话使我对人类学诸问题的探索具有了起点。

我们三人在塞皮克河地区工作期间，看到了从美国传来的本尼迪克特博士的《文化模式》的部分手稿，它对我的思想产生了深刻的影响。在实际事务方面，我首先要特别感谢新几内亚的托管地政府，尤其是政府的人类学家钦纳里（E. W. P. Chinnery）先生、塞皮克地区的地方官员鲁宾逊（E. D. Robinson）先生，以及巡视官员基奥（Keogh）、贝克特（Beckett）、托马斯（Thomas）和布洛克斯亨（Bloxham）。政府官员对闯入的人类学家的抵触是可以理解的，但我没有遇到过这种抵触。每一次我和这些官员打交道，他们都会成为我的朋友，而且经常会是款待我的主人。

作为我的新几内亚之行的一个总结，我还要提到那里的许多朋友：贝蒂女士号轮船上的麦肯齐夫妇、沃科普夫妇、威廉·麦格雷戈、罗伊·麦格雷戈、鲍勃·奥弗洛、比尔·马森、吉布森和艾科恩诸位先生。最后但并非最不重要的，我要感谢当地的信息提供人，他们是我的朋友，尽管在他们看来我显得很荒谬可笑。他们是马里金德津、茨赫梅尔万、茨哈瓦、姆巴纳、坎根万、肯布万克拉比和我的小厨师芒怀希。

格雷戈里·贝特森

于剑桥大学圣约翰学院

1935年12月

第一章　表现的方法

1　如果我们能够充分地展示一种文化的整体，使其每一方面都完全像它们在其文化自身内部那样各得其所，那么对于读者来说，就没有任何一个细节会显得怪异或是匪夷所思，相反，每个细节都会显得自然而合乎情理，就像那些一辈子都生活在这一文化中的当地人所感觉到的那样。我们也许可以通过两种方式来努力达到这样一种展示，一种是通过科学方法，一种是通过艺术手法。在艺术方面有少数这样的著作，它们的作者不仅是伟大的旅行家和观察家，同时也是很敏感的作家——比如查尔斯·道蒂[①]；而在诸如简·奥斯丁[②]或约翰·高尔斯华绥[③]的小说中，我们可以看到对于我们自己的文化的杰出展现。在科学方面，我们可以看到关于某些人物详尽的里程碑式的专著，而最近则有拉德克利夫-布朗、马

① 查尔斯·道蒂(Charles Doughty,1843—1926)，英国作家和旅行家，曾到阿拉伯西北部旅行，著有《阿拉伯沙漠旅行》等书。——译者

② 简·奥斯丁(Jane Austen,1775—1817)，英国女小说家，以善于描绘中产阶级家庭生活著称，著有长篇小说《理智与情感》《傲慢与偏见》《爱玛》等。——译者

③ 约翰·高尔斯华绥(John Galsworthy, 1867—1933)，英国小说家和剧作家，作品多以19世纪末20世纪初的英国社会为背景，描写资产阶级的兴衰过程，著有《福尔赛世家》等作品。——译者

林诺夫斯基和功能学派学者们的著述。

这些研究者都赋予了自己同一项伟大的任务，即以下面这种方式来描述作为一个整体的文化，也就是将每一个细节都表现为此文化其他方面的自然结果。但是他们的方法在一个根本点上与那些伟大的艺术家的方法相异。艺术家描述文化的方式是，将很多预设和文化各部分之间的内在关系隐含在其作品里；他将文化最基本的方面留给读者去发掘，不是从他的字面词句中，而是从他所强调之处。他选词构句，使它们所具有的超出字典释义之外的言外之意凸显出来；他布局谋篇，使读者几乎是无意识地接受了那些并没有在句子中明确表达出来的信息。而如果使用分析性术语，这些信息是很难——几乎是不可能——得以表达的。这种印象式技巧与科学方法是相当不同的，而功能学派已经着手用分析 2
性的、认识论的术语来描述盘根错节的——几乎是活生生的——整套关系，这套关系就是文化。

很正当也很自然，他们特别关注的是文化中那些最适合于用分析性术语进行描述的方面。他们描述了一些社会的结构，并勾画了这些结构实际运作的主要框架。但他们很少试图去描绘文化的其他方面，而这些方面是艺术家们能够用印象式的方法表述出来的。如果我们读过《阿拉伯沙漠旅行》(*Arabia Deserta*)，我们会被它的那种惊人的记述方式所震撼，在书中，每个事件都渗入了阿拉伯生活的情感色彩。不仅如此，如果在另一种情感背景下，很多事件是不可想象的。显然，情感背景在一种文化中是发挥着积极的因果作用的。如果功能研究不能将结构和带着情感色彩和精神气质[1]的文化的实际运作联结起来，那么从理性上说，这种研究就永远不可能是完整的。

本书描述了新几内亚的雅特穆尔人(Iatmul)的一种特定仪式行为，在这一仪式中，男人装扮成女人，女人装扮成男人；我试图将这种行为不仅与雅特穆尔文化的结构和实际运作联系起来，还将其与他们文化的精神气质联系起来——因为这一技术还不成熟，这种努力还是粗糙和不完善的。

这种探索将使我进入到一种可能会是乏味的、关于各种抽象过程的讨论中，对于那些对认识论觉得费解或者反感的读者，我建议他们先阅读那些描述性章节，尤其是那些论述雅特穆尔文化的精神气质的部分，预先了解这些具体事例会使读者更清晰地理解我的那些抽象过程。有些读者可能会发现“后记”部分会有助于他

3 们理解我目前的理论立场，因为在其中我记录了自己在探索过程曾经陷入的一些理论错误。

在目前这一开始阶段，我希望特别明确一点，即我并不将仪式、结构、实用功能和精神气质视为各自独立的实体，而是将其看作在本质上不可分割的文化诸方面。既然我们不可能在某一时刻同时地呈现某一文化的整体，我在分析中就必须武断地选择一个

① 在后文中我将对结构、功能和精神气质(Ethos)这些概念进行检讨并试图对其进行定义，不过，鉴于精神气质这个概念对于很多人类学家来说还并不熟悉，所以我认为在这里插入《牛津英语辞典》对此词的定义是不无益处的。这个定义如下：“1. 一个群体或共同体的典型精神、其情感的主流风格；一种体制或系统的‘特质’。”最早在此意义上使用“精神气质”这个词的是帕尔格雷夫(Palgrave，1824—1897)，在其1851年出版的《诺曼底和英格兰史》(第一卷)中。我必须请求古典学者原谅我杜撰的“ethoses”这一复数形式，我认为它优于“ethe”一词。后一个词永远也不可能成为英文词。

点作为开端；并且，既然词语只能一行行地排列下来，我也就不可能用词语网络，而只能是用词语的线性序列，来展示这一文化，尽管这一文化和其他所有的文化一样，是由各种相互牵连着的因果关系组成的一个复杂的网状结构。既然这种描述的顺序设置必定是武断的和人为的，那我将选择一种能最鲜明地凸显我的各种研究方法之对比效果的顺序排列。我将首先展示这一仪式行为，将其从背景中剥离开来，使它显得怪异和荒谬，然后我将描述其文化背景的各个方面，揭示出这一仪式是如何与其文化的各方面相关联的。

在整个分析中，我将把自己限定在对这一现象的共时性解释上，也就是说，我的解释只限于引用雅特穆尔文化中当前存在的其他现象，或者是诸如猎头这样相当晚近才消失的现象——在我搜集仪式的时期，它们仍可被视为那些仪式的自然背景。对于这些仪式或是其文化背景的过去状况，我不会在研究中涉及。我的因果推论所指向的是**条件性**(conditional)原因，而非**沉积性**(precipitating)原因。因此，例如在对一堆火作共时性分析时，我会说火之所以在烧，是因为屋里有氧气，[①]诸如此类，但我不会去考察这火是怎样点燃的。

这些仪式当然具有自身的历史，而且，毫无疑问，我们也能够 4
对这一历史进行推测。但这不是我的目标。如果能展示出这些仪

① 我尽力避免使用那些会让人联想起诸如“速度的平方是引发动能的因素”这类陈述的语句。但当我最初清理出作为本书基础的思维路径时，我不时地会陷入于这种措辞错误中，很可能在某些地方，这种错误还未被更正。

式与当前雅特穆尔文化的其余部分之间的某些功能性关系类型，我就很满足了。也许在将来，当我们对社会的共时性的诸方面有了更为清晰的理解之后，我们将能够分离出历时性的东西，即文化变迁的过程，并对其加以解释。

雅特穆尔人[①]居住在新几内亚托管区的塞皮克河的中段地区。他们是一群训练有素的、骄傲的猎头族；他们的村庄很大，每个村庄的人口在200至1000之间。他们的社会组织、亲属制度和宗教系统已发展到具有相当的复杂程度。这一社群又依据两个相互间几乎毫无重合之处、各自独立的系统而分成各个群体。一方面，它被分为两个图腾半偶族（totemic moieties），每个半偶族下又分成各个胞族（phratries）和氏族（clans）；另一方面，它又被分为两对相互交叉的成年礼半偶族（initiatory moieties），其下又分为各个年龄层级。所有这些群体都不是严格意义上的外婚制的。所有这些群体的成员资格都是依父方世系来确定的。

尽管雅特穆尔人对父系如此强调，但他们对经由母亲或姐妹而构成的亲属纽带仍给予了极大的重视，并且历经很多代，父系和母系方面的各种亲属纽带仍会在一个类分系统（classificatory system）中得以维持。因此，沃（*wau*，母亲的兄弟）和劳阿（*laua*，姐妹的孩子，男性使用的称谓）这一对词语就不仅是用来指自己的

① 以我第一次考察为基础的关于这一人群的初步记录发表在《大洋洲》（*Oceania*）（1932年，第11卷，3—4号）上。本书的内容是以我对雅特穆尔人的第一次考察和之后历时15个月的第二次考察为基础的。第一次考察由哥伦比亚大学提供财政支持，由安东尼·威尔金基金会提供基金。第二次是由皇家学会和珀西·斯莱登信托基金共同提供资助。

母亲的兄弟和自己的姐妹的孩子，还可以一种类分的方式使用，由此，沃这个词还包括诸如母亲的母亲的姐妹的儿子这样的亲属(参见第112页图表3)，尽管构成这种亲属关系所涉及的三位妇女都已经嫁到别的氏族。本书所着重要论述的就是这种类分的沃(*wau*s[1])和劳阿(*laua*s)的关系。

① 在雅特穆尔语中，没有表示复数的名词后缀。因此我用了英语中的后缀“-s”来表示复数。对于雅特穆尔语中表示所有格的后缀“-na”，我用了英语中的通常用的后缀“-'s”。书中的土著语都用斜体，但英文后缀仍用正体。

第二章　纳文仪式

举行纳文的场合

6 被称为纳文的一系列仪式是为了庆祝劳阿（姐妹的孩子）的行为和成就而举行的。无论何时，只要劳阿——不管是男孩还是女孩，男人还是女人——完成了某种标准的文化行为，尤其是当这个孩子在其一生中第一次完成这一行为时，沃就要对此加以庆祝。可能举行纳文的场合有许许多多，而且很是常见。就一个男孩来说，可能用这种仪式来庆祝的行为和成就的清单可以列得很长，为方便起见，可以将其分为五类：

1. 重大的成就。第一次完成这些成就时，会用较为复杂的纳文仪式来庆祝，但之后的每一次也会以某些纳文行为来加以庆祝。其中最重大的成就就是杀人。一个男孩首次杀死一个敌人或外来人或某个买来的牺牲者，就是举行最完整的纳文的场合，参加的亲戚人数最多，仪式项目也最为丰富。当劳阿在以后的生涯中再次有此成就时，他的沃还会为他表演某些纳文仪式项目，但也许大部分的项目就被省略了。排在亲手杀人行为之后，最受赞誉的是帮助别人成功杀人的行为。站在独木战船船首的男人并不携带长矛

投掷器，而是拿着一支装在一根长竹竿中的很轻的桨，用它来挡开
敌人的长矛投掷器发射的标枪。只要他船上的任何一个人杀死了
敌人，人们也会为他举行纳文庆祝。另一种受到赞誉的协助杀人
的行为是诱使外人进入村庄，以便其他人杀掉他们。在重要性上
远次于这些行为的成就是诸如杀死一只大鳄鱼、杀死一只野猪或 7
用矛刺杀一条巨鳗，等等——但这些成就也是很重要的，每一次取
得这类成就时，他们的沃至少要对劳阿进行一种仪式性问候，或者
是向劳阿撒上一些石灰。

2. 较小的文化行为。这些行为只是在第一次完成时才加以庆祝。实际上，也许可以这么说，**任何**一种文化行为的第一次完成都会成为举行纳文的契机。明丁比特村的一位信息提供人给我列出了一个长长的单子，我又往上加了一到两项我知道是会举行纳文来庆祝的行为。有必要在这里罗列一下这个清单，尽管它肯定是不完备的，但它可以显示出那些被沃关注到的行为类型。这些行为包括：杀死以下任何动物：鸟、鱼、鳗、乌龟、狐蝠；种植以下任何植物：山药、烟草、芋头、椰子、槟榔、蒌叶、西谷椰子、甘蔗；在树丛中发现负鼠；砍倒一棵西谷椰子树，砍开它并敲打出西米；使用长矛投掷器；用回飞镖杀死一只鸟；使用石斧（或者是现在的钢刀或钢斧）；磨快一只鱼镖；制作一支桨；制造一只独木舟；制作一根掘土棒；制作一个长矛投掷器；在葫芦上雕刻图案；织成一个臂套；制作一条贝壳腰带；打手鼓；敲木梆；吹喇叭；吹笛子；敲打被称作瓦甘的神秘木梆；顺利往返于其他村庄；得到贝壳首饰；买斧子、刀和镜子等；买槟榔果；杀猪并举办宴会。

3. 典型的劳阿行为。劳阿与沃之间的关系是由各种形式的

典型行为——针对对方而做出的行为——所标示出来的。这些行为可以被描述为责任、服务或是特权，在任何一个既定场合，要判定该使用这些词中的哪一个真不是件容易的事。大体说来，不管劳阿在什么时候表现出了任何明显体现他作为劳阿地位之特征的行为时，沃都会以某些纳文行为来作出回应。劳阿的这些行为包括诸如参加展示沃氏族的图腾祖先的仪式、戴着代表这些祖先的
8 面具跳舞，以及将这些祖先的形象刻在柱子上，这些柱子将被竖立在属于沃的氏族的礼堂(ceremonial house)中。上文提到的一些音乐活动，如敲木梆和吹笛子，也可以归入服务于沃的氏族这一范畴。当一个男人学会吹奏他自己的氏族的笛子这一音乐技能时，人们会举行纳文来表示庆祝。但在某些特别的场合，吹奏沃的氏族的图腾笛也是他的责任和特权；这种行为与他对沃的图腾表示尊崇之类的行为一样，每做一次都会被回报以纳文仪式行为。除了仪式性的责任和特权外，劳阿还会在诸如盖房这类劳动中帮助他的沃；在礼堂里举行的正式辩论的场合，劳阿总是会站在他的沃的氏族立场上说话。劳阿每次做出这些举动，都会得到沃带有纳文意味的手势和欢呼。

4. 在沃面前自我夸耀。男孩自我夸耀于他的沃面前，这是件好事，但如果这种行为太过度的话，会激起沃的愤怒。这时，沃会摆出一种暗示性的姿势，将其屁股朝向劳阿。不过，我从来没有看到过沃真正地以将屁股在劳阿的胫骨上摩擦这样的动作(这是纳文的高潮)来回应劳阿的自夸；通常那一威胁性的姿势就足以使劳阿住嘴。但是按照通常的说法，当沃被激怒时，他真会这样做，而他这样做了之后，劳阿就必须向沃奉献首饰。这种在沃面前的自我夸耀

也可能属于典型的劳阿行为的范畴，但它不同于那些行为之处在于沃是以愤怒或烦恼的态度来采取纳文行为的。而在其他的场合，纳文行为总体上是作为褒扬和庆祝劳阿的成就的一种方式。

5. 社会地位的变化。一个男孩一生中的以下事件当时都会以纳文来加以祝贺，这些事件包括：在耳朵上穿孔、在鼻中隔上穿孔、成年礼、婚礼、被一个萨满神灵附体等。我对用“地位的变化”这个词来描述这些事件有些犹豫，因为这一文化并没有明显地强调地位及提升等概念。即使是在级序化的成年礼系统中，沃所庆 9
贺的事件并不是那个男孩从一个层级上升到了另一个层级，而是成年礼的完成，后者是在一般的年龄层级成员资格转换之前的几年前举行的。无论如何，我们必须清楚，纳文仪式绝非过渡仪式(*rites de passage*)，尽管纳文仪式会庆贺和强调那些仪式已经完成这一事实。成年礼的实际操作是由在一个社会群体和半偶族系统内的处于较高年龄层级者来实施的，这一系统在相当大的程度上独立于氏族和图腾制度。在过渡仪式已经完成之后，沃会在以家庭和图腾氏族为基础而组织起来的另外的社会群体中对此事加以庆贺。

男人一生中另外两件最重要的事情——出生和死亡——都不用纳文来庆贺。在出生的场合，在孩子刚出生不久，沃会给孩子送来一个椰子和一个特定的名字，这个名字与沃的氏族图腾祖先有关。虽然我没有见到，但我相信，当婴儿抓住他的手时，沃会大声宣告：“兰门陶！”(*lan men to*，你是个真正的丈夫！)我们在下面将看到，这种宣告是纳文行为中的一个典型细节。我们还将看到，给予一个特别的名字是表明沃-劳阿关系存在的一种举动；而椰子是伴随着纳文和其他仪式的漫长的礼物交换序列的开端。在死亡时，同样不举行纳文，但类分的(classificatory)沃在葬礼上扮演着重要的角色，最终是由他来宣布死者在某种特别的意义上成为其母方氏族中的一员，他用一个钩子将代表死者的人偶拉向自己。从此，在死者的世界中，沃所给予的名字将永远伴随着死者的亡灵。

我认为，在婚礼的场合，不仅是沃，塔旺图(*tawontu*，妻子的兄弟)也要来祝贺。在我收集到的一个神话中，偶尔提到过新娘的一个亲兄弟将他的屁股在新郎的胫骨上摩擦的情节。塔旺图以这种方式来祝贺的其他场合，我还没有听说过。

比起女孩的生活来，男孩或男人的生活中交织着更多次数的纳文和更多举行纳文的场合；不过一个女孩取得成就也会成为举行纳文的契机。女孩的这类成就包括：用钩子和线逮到鱼；采集蜉蝣；洗西米；烤西米饼；煮西米糊；制作鱼筌、雨披或防蚊袋；以及怀孕。这些行动都属于在其第一次完成时要加以庆祝的那类。除此之外，还有两类其他事件也是要以纳文来庆祝的，即成年礼和在茨赫加克普马(*tshugukepma*)仪式上跳舞。女孩的成年礼不同于女性的各种青春期仪式，它包括放血和展示笛子等内容。它是男孩成年礼的简化版，由较长年龄层级的男人来施行。这一仪式只对少数女人施行。而在茨赫加克普马仪式中，劳阿展示沃氏族的图腾祖先，并且戴着代表这些祖先的面具跳舞，因此，这种仪式属于“典型的劳阿行为”的范畴。我没有听说过女孩在她们的沃面前自我夸耀这类事；在任何情境下，沃用屁股在劳阿的胫骨上摩擦这一姿势只是专门针对男孩的纳文的一部分，而在以女孩为对象的仪式中，也许在表演女孩从沃的肚子里生出来的哑剧中我们可以看到与这种摩擦动作类似的姿势。

作为描述基础的资料

虽然关于有可能举行纳文的场合的清单是如此之长，但在实际生活中，大型的纳文仪式并不是很频繁地举行的，这恐怕是因为所需要的花费限制了其频繁程度。在绝大多数场合，当沃得知劳阿的成就时，他只是大声宣告“兰门陶！”(你是个真正的丈夫!)并向劳阿撒一些石灰，然后用一连串自己氏族祖先的名字向他仪式
性地欢呼。在这种情况下，纳文仪式被简化成只是一些姿势和宣 11
告，除此之外，还有很多只是在小范围内庆祝的纳文。我很难对这些小型纳文举行的频繁程度加以判断，因为即使是当其举行时我正在村里，我也常常会对它的发生一无所闻。我只看到过五次完整的纳文仪式。其中一次是在明丁比特村，一群孩子去沼泽地打西米回来，小男孩们砍倒西谷椰子树，敲打它的木髓，小女孩们则洗这些木髓浆，从中淘出西米(参见第45—46页引述的神话)。我在坎卡纳芒村见到过两次纳文，一次是为一个制造了一条独木舟的男孩，一次是为一个杀了一头猪并举办宴会的青年男子。这两次都只有女人(母亲、父亲的姐妹和兄长的妻子)参加，而这类场合显然是沃所不予关注的。我在帕林拜村见到一次为一条新造的大独木舟而举行的纳文，这次纳文只有两个沃参加，妇女们则对这一事件不太关注。最后，我在马林盖村见证了一个事件，一位沃冲进茨赫加克普马舞会，将他的屁股在他的一个男劳阿的胫骨上摩擦，这个劳阿正在扮演沃氏族的一个祖先。除了这些小型的纳文——

它们都根本称不上精细繁复——我还得到了关于明丁比特村一个大型纳文的很好的描述，这次纳文是为一个用钩子和线逮到鱼的小女孩举办的。也是在明丁比特村，我收集到了有关通常是为成功的杀人行为而举行的复杂和多样化的纳文仪式的很好的描述。我对纳文的记述是以这些材料为基础的，并补充了一些散见于信息提供人的谈话和神话中与纳文相关的内容。

明丁比特、坎卡纳芒、帕林拜和马林盖这四个村在语言和文化方面联系密切，它们在社会组织和行为方面微小的地方性差异我会在书中的相应部分提到。

12

仪式描述

纳文仪式的一个显著特征就是男着女装，女着男装。类分的沃给自己穿上最污秽的寡妇丧服，这样穿着之后，他就被指称为“恩亚米”(*nyame*，“母亲”)。图片Ⅱ到Ⅳ展示了两个类分的沃在纳文仪式上的穿着，这次纳文是为帕林拜村的一个平生第一次建造了一条大独木舟的年轻男子而举行的。他们穿着破破烂烂、污秽不堪的裙子，只有最丑最老的寡妇才穿的那种，他们也像寡妇一样满身灰土。着装方面的灵活性相当大，不过都是旨在制造出一种极其老朽的效果。他们头戴一顶破烂的旧帽子，帽子因为年长日久和毁坏已经快散成碎片了。他们腹部像孕妇一样绑着细绳，鼻子上挂着——不是妇女们在节庆场合所佩戴的三角形的珍母贝——陈腐的三角形的大西米饼块，是老早以前的某顿饭剩下来的腐败之物。

穿着这么恶心的一身，同时保持着庄重的神情（他们的这种庄重神情是被旁观者特别关注且欣赏的),这两个“母亲”在村里跌跌撞撞地蹒跚着,各自拿着一根女人用的有柄短桨作为手杖。即使有这手杖的支撑,他们也几乎走不动,他们实在太老了。村里的孩子们用尖叫和大笑来迎接他们,簇拥在这两个“母亲”旁边,他们走到哪儿,他们就跟到哪儿。每当这两个“母亲”由于衰朽而跌跌绊绊、摔倒在地,两腿大大地叉开,摆出各种奇形怪状来显示他们是女性时,孩子们就会爆发出新一轮的尖叫。

“母亲们”就以这种方式在村里转悠,寻找他们的“孩子”(劳阿),并一次次以尖利嘶哑的声音询问旁观者那个年轻人的去向。“我们有只鸡要给那个年轻人”(参见图片Ⅱ)。实际上,在这种表 13
演的当口,这位劳阿或是离开了村庄,或是藏了起来。一旦发觉他的沃们要以这种方式来自我羞辱,他马上会避开,以免看到他们尊严扫地的场面。

如果沃能找到这个孩子,他会更加自贬身份地将他的屁股缝顺着劳阿的腿蹭下来,这是一种带着性意味的致敬,这一举动据说颇有效果,可以使劳阿赶紧去取来一些首饰呈献给他的沃,“让他好起来”(make him all right)[①]。至少在名义上,劳阿应该根据沃做出这一动作的次数去取来相应价值的首饰——每蹭一次,一枚贝壳。

沃的这一姿势被称为“莫加尔恩盖拉克卡”。在这个短语中,“莫加尔”的意思是“肛门”,“恩盖拉克卡”是个及物动词,意思是“开槽”,比如“艾恩恩盖拉克卡”的意思就是挖沟渠。后缀“-卡”很

---

① 这是用洋泾浜英语对雅特穆尔语短语“*kunak-ket*”的翻译。后缀“*-ket*”是表目的的;而“*kunak*”这个词的意思是“准备好”、“修理”或“劝慰”。

类似于英语中的后缀“-ing”，用来构成现在分词和动名词。

我只看到过一次沃做出这种举动。当时一位沃冲进一个舞会，对着他的劳阿做这个动作，这个劳阿正在参与庆祝这个沃的祖先的活动。这个沃冲进人群中，后背对着劳阿，然后迅速地低下身来——几乎要跌倒——做出蹲坐的姿势，这样，当他弯下腿时，他的屁股就顺着劳阿的大腿蹭下来了。

但在我正描述的那场纳文中，那两个沃没有找到他们的劳阿，只好在村里转悠着四处寻找。最后他们来到了劳阿制造出的那条大独木舟前——这是他们正在庆祝的劳阿的成就。他们便一下栽进独木舟，在那里显得无助和精疲力竭地躺了好一阵子（图片Ⅳ），两腿叉开，这使孩子们觉得非常有趣。慢慢地，他们恢复过来，拾起他们的桨，坐在船头，一脸严肃（通常是女人坐着划桨，而男人站
14 着划桨），他们划着船在湖里转了一小段。划回来后，他们上了岸，蹒跚着离开。整个表演结束了，他们走开去，洗干净身子，换上平常的衣着。那只鸡最后给了劳阿，而后者则有义务在之后的某个时候回赠给沃以贝壳首饰。这种礼物回赠是仪式性的，通常会在举办其他舞会的场合上进行。贝壳系在一支矛上呈送给沃。

在更为繁复的，尤其是妇女也参与的的纳文中，仪式行为会在参与者的类别上有所扩展，这种扩展不仅使那个劳阿本人的类分的亲戚来为他举行纳文，而且还使一些不太相关的人向另外一些人表现出纳文行为，后者可能以某种方式认同前面那个劳阿。例如，当庆贺丈夫的弟弟所取得的成就时，兄长之妻的典型纳文行为是鞭打她的小叔子。在纳文的类别扩展逻辑下，不仅是这个制作西米的男孩受到他的兄长之妻的鞭打，而且这个男孩的父亲的兄

长的妻子也来鞭打其父亲。另外，除了正在表演仪式的沃，其他男人们可能也会借此机会给他们的各类劳阿赠送食物。

在为庆贺明丁比特村那个男孩第一次制作西米而举行的纳文中，就存在着某种程度的这种类别扩展。在这个仪式中，只有妇女进行表演，她们的装扮与前文描写的沃的装束形成鲜明对比。沃身着最污秽的女人的衣服，而绝大多数妇女则穿上男人的衣服，作男性的盛装打扮。参与纳文的女性亲戚有姐妹（恩扬盖）、父亲的姐妹（艾奥）、兄长的妻子（茨海希）、母亲（恩亚米）和母亲的兄弟的妻子（姆博拉）——所有这些术语既有狭义的用法，也在类分的意义上被使用。

在这些亲戚中，姐妹、父亲的姐妹和兄长的妻子作男人打扮，
从她们的男人们（丈夫、兄弟或父亲）那里借来最好的羽毛头饰和 15
代表杀人数目的装饰物。她们脸上用硫黄涂成白色，这是给予杀人英雄的特殊待遇，她们手上拿着男人们用的带有装饰的酸橙木盒子和带有锯齿的酸橙木杆，木杆上带有穗状垂饰，垂饰的数目代表着木杆的主人杀死的人数。这套装束女人们穿着挺好看，也是受男人们推崇的服饰。在这种装扮下，女人们深感自豪。她们走来走去，炫耀着她们的羽毛，从盒子里抽拉木杆使其发出很大的声音，男人通常用这种声音来表达愤怒、骄傲和自信。她们如此沉迷于这一特别的男性行为细节，以至于当我在仪式后第二天碰到她们其中一人的丈夫时，他很沮丧地抱怨说他的妻子把他的酸橙杆上的锯齿都磨损了，以至于它再也发不出声音来了。

母亲和母亲的兄弟的妻子的装束是不同的类型。母亲脱掉裙子，但不穿任何男人的装束，而母亲的兄弟的妻子则穿着污秽的寡

妇丧服，像前文描写的沃的穿着一样。

这种装扮上的更改还伴随着对这些女人在亲属称谓上的更改。如下：

> 艾奥（父亲的姐妹）变成“艾奥-恩杜”或“尼艾”（字面意思是“父亲”）。
>
> 茨海希（兄长的妻子）变成茨海希-恩杜或恩亚芒（字面意思是“兄长”）。
>
> 姆博拉（母亲的兄弟的妻子）变成姆博拉-恩杜。
>
> 恩扬盖（姐妹）变成恩扬盖-恩杜。

在这些特别的术语中，后缀“-恩杜”的意思是“男人”。而母亲，这个纳文所涉及的女性亲属中唯一不穿男性装束的人，仍被称为恩亚米（母亲）。

近中午时，孩子们划着独木舟从西米沼泽地返回了，它一进入岸上人的视野，消息就通过叫喊声传到了坐落在与河相连的一个小湖边的村子里。当独木舟驶进小湖时，妇女们聚集在湖边，她们
16 游了过去，用水溅泼那些孩子们，就像对待一条成功完成猎头袭击之后返回的独木舟那样。当孩子们上岸时，村里有一阵子就像是陷入了疯狂；父亲的姐妹们和兄长的妻子们冲出来，分别在寻找她们的各类兄弟的孩子和丈夫的弟弟，目的是要击打他们。那些可能挨打的男人们则躲进礼堂，尽力躲开这一仪式场面；而在这种场合，妇女具有了通常没有的特权（也许是因为她们身着男装）。一旦一个艾奥看见她的康加特[兄弟的孩子，女性使用的称谓]，或者

是一个茨海希看见她的茨哈恩博（丈夫的弟弟）在某个礼堂，她便会拿着棍子冲进这种平常她们不被允许进入的地方，狠狠地敲他几棍子；如果他逃开去，她会追赶他，边跑边打。在坎卡纳芒村的一个类似的情境中，当妇女们在为一个杀死了一头猪并举办宴会的男子举行纳文仪式时，她们对冲进礼堂有些犹豫，因为里面正在进行辩论。男人们为此停止了辩论。然后妇女们排着纵队舞进了礼堂。一进到里面，队伍散开，每个妇女便去追逐并击打相应的亲戚。[①]

在我所描述的明丁比特村的这一仪式场合，我没有看到母亲和姐妹们的活动。那些身着男装的其他妇女的行动则断断续续持续到这一天结束。到晚上，这些妇女们举办了一个小舞会。按照习俗，在天黑以后，男人脱去他们的阴部遮裙，女人也相应地解下她们从丈夫和兄弟那儿借来的狐蝠皮遮裙，光着屁股跳舞，但仍然戴着绚丽的羽毛头饰和各种装饰。男人们对他们的女人的这种暴露并没有表现出明显的尴尬——但老年男人对这种毫无羞耻感的 17
状况深表震惊。舞会在一个小礼堂附近举行，一位老者以反感的语调对我说，看，这些小伙子涌到这个与他们并不相干的礼堂来，只为了看女人们跳舞，真是“世风不古”。这是某个氏族的礼堂，但那天晚上，这里挤满了村里各个氏族的年轻人。

在明丁比特村为一个小女孩——她用钩子和线捕到了一条鱼——举办的纳文仪式则更为复杂些，这并不是因为这项成就特

① 关于这种击打的描述，我还要补充两点，这是我当时没有观察到而事后被告知的。据说，英雄的亲生父亲会被他的茨海希稍作击打，而这位父亲的弟弟（茨汉布威尼艾）则要被狠狠地打上一阵。我还被告知，在这种场合，茨海希会边打边大声嚷“茨哈恩博-凯特旺格吉奥”（*tshuambo-ket wonggegio*，我要强奸我的弟弟）。

别重要，而可能是因为沃很想通过送猪给他们的劳阿而获得贝壳首饰。从我所收集的记录看，在这次纳文中，男性亲戚和女性亲戚都参与了，共杀了八头猪。除了这个捕着了鱼（仪式之前一两个月的事）的小女孩，其他两个小女孩也受到了祝贺，因此这一纳文就波及了村里的几乎每一个人。甚至还有一头猪送给了邻村的一个类分的劳阿。

有四位沃打扮成“母亲”，他们的裙子给卷起来了，露出了生殖器。其中三位被描述为“头顶着”这些小姑娘——模拟母亲通常让孩子们骑跨在自己的肩上的姿势（参见图片V_{B}）。另一位沃也同样作母亲打扮，但没穿裙子。他被绑在某种类似“床”或担架的东西上，一群男人把他抬起来，猛烈地晃动，边晃边唱着沃的氏族的歌。那个逮着鱼的小女孩被放在这位沃的肚子上，女孩的父亲此时站在旁边，拿着一把锛子，上面系着一个新月形的珠母贝。他将这把锛子递到女孩手中，女孩用它来割断将沃绑在担架上的绳子。然后，她将这把带有装饰物的锛子给沃，后者靠它支撑着在担架上坐起来。与此类似，其他小女孩的父亲也送给她们的沃一些贵重
18 首饰，同时解开沃的裙子。沃便恢复了他们正常的男性装扮。

在上述仪式表演中，一位姆博拉，也就是那个被绑在担架上的沃的妻子，卷起裙子露出生殖器跳起了舞。她的头脸蒙着一个网袋，双手在肩后平举着一根掘地棒。舞蹈终了，女孩的父亲送给她一个新月形的珠母贝和三个蝾螺。

整个这场由沃表演的哑剧仪式在我看来象征这女孩从她母亲的兄弟的腹中出生，尽管（我在坎卡纳芒村所询问的）所有男性信息提供者都没有听说过有将生产的妇女绑在担架上的习俗。姆博

拉(母亲的兄弟的妻子)在跳舞时,两臂在脑后伸展开,这可能也象征着妇女在生产时的姿势。

这一仪式之后便是普遍性地赠送食物和首饰。杀了八头猪作为礼物赠送。其中一头是沃送给捕着鱼的小女孩的,她则仪式性地踏在上面。余下的猪有三头由沃送给其类分的劳阿,其中有一头送给赠者在邻村的姐夫的父亲[①]。一头由一位妇女送给了她丈夫的姐妹的孩子[例如,姆博拉送给纳萨(丈夫的姐妹的孩子)]。还有一头送给了一个类分的姐妹的丈夫(也就是送给劳阿的潜在父亲),还有一头送给了一个寡居的类分姐妹。[②]

19 从上文中我们看到,那个小女孩给沃的首饰是由她的父亲提供的。通常情况下,这种类型的食物和首饰赠送范围会大大地扩展,这样,这种交换实际上就是在妻子方面的亲戚和丈夫方面的亲戚之间展开。妻子的氏族和她类分的兄弟等向其丈夫的儿子或其丈夫的父亲或其丈夫赠送猪。在当地语言中,这一系统被概括地称为沃恩亚米纳姆帕(*waunyame nampa*,母亲的兄弟和母亲那边的人)送猪给兰欧阿纳姆帕(*lanoa nampa*,丈夫那边的人)或劳

① 这一亲戚也被称为劳阿。雅特穆尔人的亲属体系与我们在很多澳大利亚亲属体系中所发现的特点类似,即具有隔代交替(alternation of generations)的特点。在他们的观念中,一个男人会化身为他儿子的儿子;一个女人则化身为她兄弟的儿子的女儿。总体来说,一个用于一特定亲属的亲属称谓也适用于父系世系上隔一代的同一性别的任一亲属。因此,恩亚芒这一称谓既可以指兄长,也可以指父亲的父亲。而恩亚米则既可以指母亲,也可以指儿子的妻子。在当前这个例子中,劳阿这一称谓既可以指姐妹的丈夫的儿子,也可以指姐妹的丈夫的父亲。

② 根据我的记录,第八头猪由一个男人送给了他的母亲的兄弟的儿子。这很反常,这可能要么是记录的错误,要么是这两人通过其他路线以倒转的方式而发生亲属关系。

阿尼昂古（*laua nyanggu*，姐妹的孩子那边的人）——后两个词几乎是同义词（参见第 111 页）。在用首饰进行回赠时，类分的兄弟和其他收到了猪的亲戚则共同凑齐作为回赠礼物的首饰，因此，整个名单变得极其复杂，涉及大量的人，他们分别是以极其不同的方式与最初赠送猪的人联系起来的。

我还要提到的最后一种纳文是为庆祝某人第一次成功地完成了一次杀人行为。在我关于这类仪式的记述中，有些资料与我已经描述过的是重合的，但在这种场合中，还有另外四种哑剧场景。这四种场景很明显地各自独立，但都可以归为我在前文已描述过的男女易装行为类型。唯一一个例外是姆博拉的装束，她在头一场景中是穿着破烂的女人服装出现的，但在第二和第三场景时，她便穿上了（也许是破烂的[①]）男人的衣服。

在头一场景中，姆博拉穿着破烂的裙子跳舞，头罩在一张渔网中。她脖子上挂着一个敌人的头颅，双臂平举至肩后，并握着一根掘土棒。另一个姆博拉则在脖子上挂着从这个头颅上取下的下颌骨。舞蹈一直持续到日落时分，直到纳萨（丈夫的姐妹的儿子）将一个蝾螺系在一根矛上送给她，并解开这位姆博拉的破裙子。

在第二个场景中，艾奥-恩杜（着男装的父亲的姐妹）手里拿着一个羽毛装饰物，杀人英雄头饰中带有的那种。姆博拉-恩杜（着男装的母亲的兄弟的妻子）躺在地上，艾奥-恩杜拿着羽毛踩在她们身上走过去。姆博拉-恩杜则抢过羽毛跑开。

在第三个场景中，沃穿上裙子，将一个橙色的果子姆比尤安迪

---

① 很遗憾，我不清楚当姆博拉作男人打扮时，她穿的衣服是漂亮威风的还是破败邋遢的——但我推测她和她丈夫一样，是穿着污秽之装的。

塞在肛门里，一边爬上房梯，一边展示这个果子。在梯子顶端，他和此时穿着男装的他妻子(她举止如男人)做交合的动作。劳阿对这一幕极感羞耻，而劳阿的姐妹则为此哭泣。那个橙色的果子代表靠近肛门的阴蒂，是雅特穆尔人经常想象出的一种解剖学特征，与沃怪异的女性装扮颇为相应。我的信息提供人告诉我，在以男人行事的姆博拉与沃交合后，其他妇女都跟着如此做——我们不难想象那个不幸的沃身旁会是怎样一种混乱不堪的场景。

在第四个场景中，一个带着龙虾捕篓口的梨形对虾大捕套挂在房梯上。村里所有的妇女都裸体并挨着躺在梯前的地面上。那个杀人英雄则踩过这些女人走进屋里。当他走过时，他羞怯地不敢看她们的生殖器；于是只好昂着头，用他的脚摸索着走过去。此时，那些女人就会这样说到阴部：“从这么个小地方却出来了这么个大人物！”他只不踩他的姐妹和母亲。他的姐妹和他一道踩过其他的妇女。她踩的时候可没有半点儿羞涩，而是用手挑逗着那些女人的阴部——尤其是茨海希(兄长的妻子)的。她边看边大声宣告：“一个女阴！”但茨海希会回答道：“不，是个阳物！”

之后，茨海希便唱起一首滑稽的歌曲，同时用一个椰子壳打节
奏。这首歌的歌词，像所有雅特穆尔歌曲一样，是以一系列图腾名 21
字为基础的；这首歌是以挂在梯子上的捕鱼篓的名字为基础的。

捕鱼篓，阿列纳马克①捕鱼篓。

① 阿列纳马克：这是一个捕鱼篓的图腾名字，是曼达利氏族的一个祖先。阿列(*alie*)这个词的意思我不清楚。纳马克(*namak*)这个词是纳姆威(*namwi*，捕鱼篓)的古词。

去吧！你永远也击不中它。

去吧！你永远也刺不穿它。

这是沃利[1]的捕鱼篓。

这是坦布瓦[2]的捕鱼篓。

去吧！你永远也击不中它。

去吧！你永远也刺不穿它。等等。

这段歌词不断重复，每次用其他的名字替换第一行的“阿列纳马克”。歌曲终了，杀人英雄刺穿捕鱼篓，走进屋里。

在最后这一场景中，捕鱼篓显然是女阴的象征，这一象征也出现在秘传神话(esoteric mythology)中，同时出现的还有与其对应的象征：套在捕鱼篓里面的鳗鱼。

在试图解释这一仪式的各种细节之前，我们最好对各类亲戚表现出的纳文行为作一归纳：

沃(母亲的兄弟)穿着怪异的女人衣装；冲着男劳阿露屁股；在哑剧中生下给他松绑的女劳阿；用后者给他的锛子支撑自己；向男女劳阿赠送食物并获得贝壳饰物的回赠；在与姆博拉的怪异交合中以女人的方式行事。这些仪式行为或是由亲沃或是由类分的沃来实施——多由后者。

姆博拉(母亲的兄弟的妻子)穿着怪异的女人服装或(可能是怪异的)男性服装；在脑后平举着掘土棒跳舞；在与沃的模拟交合

①② 沃利和坦布瓦：这是东风的两个名字。在萨满用语中用来指妇女。因此这两句话的意思是说：“这是一个女人的捕鱼篓。”

中扮演男人的角色；与沃类似，她也给纳文的主角赠送礼物并收到首饰回赠。

艾奥（父亲的姐妹）身着男人的盛装；击打作为纳文主角的
男孩；踩着平躺着的此男孩的姆博拉走过；参与姆博拉和艾奥之 22
间的模拟性竞争，在这一竞争表演中，姆博拉从艾奥手中夺走了
羽毛头饰。

恩亚米（母亲）脱去裙子，但未着男装；当杀人英雄踩过其他女人时，她与她们一起平躺于地。

恩扬盖（姐妹）身着男人的盛装；她与杀人英雄即她的兄弟一道，踩过那些女人；他很害羞，她则挑逗她们的阴部，尤其是茨海希的阴部；当沃展示其靠近肛门的阴蒂时，她哭泣。

茨海希（兄长的妻子）身着男人的盛装；击打丈夫的弟弟；她的阴部被丈夫的姐妹挑逗。

塔旺图（妻子的兄弟，即自己的孩子的沃）向姐妹的丈夫（兰多）赠送食物，并获得首饰回赠。我认为，塔旺图会在兰多娶他的姐妹的时候用屁股蹭后者的胫骨。

第三章　结构与功能的概念

结　　构

23 我已经描述了纳文的各种仪式，但基本上没有涉及作为其背景的文化；而任何试图解释这些仪式的努力都必须将其与其背景联系起来进行。即使是要构造一个关于其起源的历史性理论也需要对其文化的其余部分进行详尽无遗的探究；而如果要用文化结构或文化的功能机制这类术语来进行任何可能解释纳文的理论化工作，这种探究就更为必要。既然我打算既用结构的观点，也用功能的观点来分析纳文的地位，那我就应该明确地说明在此阶段[①]我对结构和功能这两个概念的理解。

---

① 这一章说明了我在写作本书主体时的理论立场。本书中各描述性章节是一系列实验，运用了我在这里区分开并加以阐述的各种不同的抽象方法。总体说来，这些抽象方法经受住了实验的检验，运用它们可以引向我认为颇为有趣的概括化。

我赋予**情感的**(affective)和**认知的**(cognitive)这两个术语的意义在此处还不甚明了，而整本书的写作都是在对这两个词的模糊使用上进行的。我希望文化描述的实验能够厘清这个在个体心理学领域中尚未明了的问题。在结语部分，我试图在对各种方法进行比较的基础上解决这一问题，我最后所达致的立场与本章所概述的略有不同。而要根据我的实验结果来重写我关于研究假设的陈述，就会消解这些理论章节中的"探索兴趣"。

田野中的人类学家收集关于文化标准化行为的各种细节。这些资料大部分采取的是当地人陈述这些行为的形式。这些陈述本身就可以看作行为细节；或者，更谨慎一点说，我们可以将它们看作真实的，是对人类学家对于其所见证的行为之记述的一种补充。

我们可以从结构的观点来考察上述任一细节。比如，对于 24
母亲给孩子提供食物这一文化行为，我们可以分析出其中蕴涵的众多结构性假设：母亲喂养孩子；孩子依赖母亲；母亲是善良的；芋头是可食的；等等。当我们研究一种文化时，我们立刻会发现，同样的结构性假设存在于大量的文化细节当中。因此，在所有的雅特穆尔母亲的行为中，我们能收集到一系列各种各样的细节，所有这些细节都隐含着母亲照料孩子这一前提；以结构的观点视之，我们会将“照料”这个词看作对所有这些文化行为细节的某一结构性方面的缩略表达。这种缩略表达并不完全是人类学家的创造；每种文化都包含着一些普遍化的概念，作为集中指涉大量标准化行为细节之结构方面的缩略形式。以这种结构取向视之，诸如“母亲”、“半偶族”、“父系制”等词都是各种概括性的抽象形式，用来指涉大量文化细节——即标准化行为细节——的结构性方面。

在这一意义上，结构这个词就与“传统”这个词具有密切的意义关联。但后一词有其不足之处；在任何共时性分析中它显然无用武之地，因为在这种分析中，任何文化细节的历史起源问题都无甚相关。尽管“传统”这个词也时不时溜进共时研究当中，但在此背景下，它必须被明确剥离其所有对过去和对历时过程的指涉。

这样剥离之后，“传统”就仅指一种文化的**既定**事实，即作为前提“给定”的事实。由此，“传统”一词在共时分析中有时作为这里所定义的“文化结构”的同义词使用。

结构这个词是指涉文化结构性方面的一个方便的集合名词，但它也有不便之处，即它不能方便地用来分别指涉构成结构的各要素。因此我将用“**前提**”（premise）这个词来指涉这些要素。因此，一个前提就是**一个概括化表述，它所指涉的是在众多文化行为细节中某一特定的假设或某一可辨识出的潜在规则**。

25 我们会看到，人们在表达其文化的前提的清晰程度方面存在着极大的差异；在很多情况下，这些前提会以共时性的词语表达出来——通过亲属制度术语、通过程式化的比喻、通过仪式（这种表达更为隐晦），或者像在雅特穆尔文化中那样，通过给予个人名字这样的小把戏。但是，尽管有这种种差异，我们还是可以很方便用这个词来表达任何普遍性的陈述，其表述或者可以从信息提供人那里直接得到，或者隐含在个人的行动中，一次又一次地显现出来。

当然，文化中这些前提或“公式”的存在通常已被认识到，但是对于文化的各种前提在何种程度上被统合成一个内在一致的图式（scheme）这一问题，我们还没有足够的认识。研究文化结构的学者能够推断出以下普遍化的三段论：“母亲给孩子食物，母亲的兄弟等同于母亲，因此母亲的兄弟给孩子食物。”通过这种三段论，整个文化结构就被组结成一个内在一致的整体。在我看来，结构人类学的任务就是调查这些文化中的图式，我把文化结构定义为：**可能是由科学家构建的、由文化中的各种前提组合成的，表达一个内**

在一致的“逻辑”[1]图式的集体名词。

结构这个词除了用来指文化的一个方面之外，还有另一种非常有效的用法，即用来指社会。拉德克利夫-布朗正是主要在这一意义上使用此词的。区分开这两种意义是很重要的。在文化结构研究中，我们将行为细节视作构成单位，其联结构成了“逻辑”图式；而在社会结构研究中，我们将以个人为单位，其联结构成了群体——例如作为亲属、作为氏族成员或作为一个共同体的成员。 26
比如说，对社会系统内的边缘位置和中心位置所作的区分就是在描述社会结构内的区分。

因此，在很大程度上我们在社会学和文化学这两个领域所研究的是同样的现象，但是从不同的视角来研究的。在进行文化结构研究时，我们应该将氏族和亲属称谓看作行为细节的缩略表达，而在做社会结构研究时，我们要将这些群体看作从共同体中剖析出的各部分，是共同体整合与组织机制中的一部分。

到目前为止，我还看不出有什么方法能将社会功能研究从社会结构研究中截然抽离出来，而且我认为，在这些领域中，我们所能使用的最有效的方法，就是将社会结构与社会的整合与分化联系起来分析。因此，我将在“关于纳文的社会学”这一总标题下来同时思考这两个主题。而将文化结构的研究从关于文化其他方面

① 在这个定义中，我当然不是在那种严格的意义上使用“逻辑”这一术语；在我们自己的文化中，这一术语是在严格意义上使用的，用来指一种思维训练，所涉及的每一步骤的类别都受到严格的和有意识的控制。但我使用的“逻辑”这一词的确还包括这样的意思，即结构的因素是一步步地结合在一起的。但可能在将其前提连接在一起的步骤的类别方面，各文化会互有差异，因而在不同的文化中，对“逻辑”的解释也要有所不同。文化的认知理式（eidos）这一概念在本书后文中会有更详细的论述。

的研究中抽离出来则是比较容易的，而且我认为这种区分是有价值的。因此，下文我将分别处理这些主题。

功　　能

功能这个术语更难定义，因为它含糊不清。一方面，我们在广泛的哲学意义上使用这个术语，用它来涵盖文化内部所有共时层面上的因果关联，而不作任何目的性或适应性的考虑。在此意义上运用这一术语，我们可以说纳文仪式是所有那些文化因素或社会特质的功能，纳文仪式的存在是以它们的存在为前提的。更进一步说，如果我们可以显示出纳文仪式对于社群的整合起到了一定作用的话，那我们就可以说雅特穆尔人村庄的规模——以及其

27 他因素——是纳文仪式的一项功能。这一术语的此种用法具有完美的内在一致性，并非常符合逻辑，这也是人类学家很愿意接受的一种用法。[①] 他们会插入限定性的形容词以表明他们所讨论的相互依赖的类型。我们因此就有了下列这些短语：结构功能、社会功能、实用功能，等等。

但遗憾的是，功能这个词在通行的意义上也指**有益的适应结果**，而现代人类学在何种意义上使用此词通常总不是太清楚。马林诺夫斯基试图以适应来界定功能，将所有的文化因素都视作“起

---

① 这一用法所引出的一个主要困难是，以这一原则看，纳文仪式会被看作世界上其他所有事物的一项功能，而人类学家就将面临着如何界定其研究领域的问题。毫无疑问，试图将文化细分为各项制度的努力就是旨在界定研究领域。

着直接或间接地满足人类需要的作用”，由此他推论出每一文化细节都“在起作用，并且是功能性的、积极的和有效的”。[①] 这种研究取向所采取的方法或许是可靠的，其细致的调查有可能为我们提供一个内在一致的人类学体系，与建立在“计算者”基础上的各种经济学体系同属一类。但遗憾的是，功能这一词的另一意义把事情搅乱了。于是我们发现：“最简单和最复杂的人造物都可以以其功能来界定，即以它在人类活动体系中所起的作用来界定；它是通过与其相连的观念和围绕它的价值而被定义的。”[②]由此我们可以设想，“功能”在这里不仅是指满足人类的需要，而且还指文化要素的相互依赖。

这种状况很复杂也很困难；至少对我来说，这不是用以下理论就可以简化得了的，即将文化细分为各种“制度”(institutions)，而每个制度都以其特定的功能加以界定。我认为，在还没有将功能这一术语所涵盖的概念进行分析之前就试图进入这样一种对制度的分析，还为时过早。

不过，如果我们不是强调对文化进行细分，而是考察对不同类 28
型的功能进行细分和分类的可能性，我相信我们可以在一定程度上澄清这一问题，而由此，我们会找到理解社会与文化发挥功能之规律的某些机会。

关于功能这一术语被用来指涉的主要结果类型，以下这个简

① 这两处引文都出自《社会科学百科全书》(*Enc. Soc. Sci.*)，1931 年，“文化”(Culture)条目，第 625 页。

② 同上书，第 626 页。

短且不完全的清单就足以表明当前的混乱用法以及我所建议的某种修正：

1. 直接满足人类需要；
2. 间接满足人类需要；
3. 对人类的需要进行调整、精细化等；
4. 塑造和训练人类；
5. 整合人类群体；
6. 各种类型的文化因素之间的相互依赖和关联；
7. 维持现状。等等。①

在这样一份清单中，给我们留下深刻印象的是这样一个事实，即这些功能类型中的每一项之间都是相互依赖的。正是这一事实给功能论者留下了如此深刻的印象，以至于他们避开了对功能这一概念的分析。

科学的人类学诞生于这样一个时代，那时原有的各门科学已在很大程度上解决了本领域内的问题，它们开始将目光投向了各科学之间的分界领域。这种扩展的结果形成了认为科学和世界都具有基本统一性的意识。但其对人类学的影响则是灾难性的。对统一性的强调阻碍了分析。物理学和化学在彼此的问题和方法的融汇中获益良多，但这并不意味着它们过去没有因彼此的学科分离而受益。知识方面的重大进展是通过对问题的分析和对各种类

① 功能学派的成员所做的出色的田野作业毫无疑问应归功于他们撒入文化海洋中的那张大网。我在这里并不是建议要对这张网的宽广度作任何的缩减，而是建议要对捕获物的类别作出更明确的区分。

型的问题作出区分而获得的。宣称所有的问题都相互关联，这是一种神秘主义，于事无益。将它们相互分离开来的确是人为化的，但这也不比在化学实验室里使用各种纯净的物质更人为化。 29

人类学中的情况也许并不像我所说的那样糟糕。一方面，我们有拉德克利夫-布朗，他倾向于从文化因素对群体的团结和整合之影响的角度来看待这些因素。他坚持认为纯粹的心理学探讨与这种研究无关，他区分了社会结构和实用功能，将它们视为各自有其特定类型的问题，应在各自分别的学科领域内加以研究。另一方面，我们有正在发展中的经济学这门科学，它关注社会功能的一种特定类型，即与人类的需要和欲望的满足相关的功能——这是一种很有价值的方法论尝试，但可能会受阻于对人类需要的狭窄理解。[①]

这些都是相当大的进展，本书将建立在拉德克利夫-布朗所建立的学科区分的基础之上。我将尝试着从五种不同的视角来思考纳文仪式的功能地位（在这一术语的最为宽泛的哲学意义上）。也就是说，我将把功能分为五类，本书的各部分将展示研究文化与社会问题的五种不同的方法取向。我将尽可能地区分开这些方法取向，并会在转换方法时作出提示。

我所选择的范畴如下：

1. 不同文化行为细节的诸种认知方面之间的结构性或“逻辑

① 萨金特·弗洛伦斯（Sargent Florence）(《经济学与人类行为》(*Economics and Human Behaviour*)，第四章，1927 年）讨论了亨德森（Henderson）的经济学立场——设定我们可以始终将“计算者”（calculating man）作为经济学的一个基本假定，这可以使我们不用对进行计算的条件作任何设定。这一限定为在方法论上将经济学从心理学中分离出来提供了便利。

性”关系：行为的认知原因。

30 2. 文化行为细节与基本的或引申的个体情感需要和欲望之间的情感性[①]关系：行为细节的情感动机。

3. 文化行为细节的情感方面与作为整体的文化所强调的情感之间的精神气质性的(ethological)关系。

4. 文化行为细节的认知方面与文化结构的普遍模式之间的认知理式性的(eidological)关系。

5. 个人的文化行为与整个群体的需要(维持团结等等)之间的社会性(sociological)关系。

存在于人类学各种素材片段之间的这五种关系范畴中，有一类，即社会性关系，是明显独立的一类。其他各类，精神气质性关系与情感性关系密切相关，认知理式性关系则以类似的方式与结构性关系密切相关。[②]

除此之外，还有两种方法取向，即发展心理学和经济学的方法，我基本上未加论述。我未提及它们并不是因为我忽略了它们的重要性，而是因为我没有在田野中收集能阐述这些方法的资料。

在目前的考察阶段，对这些范畴我们只需稍作提示。我把结构的概念，不管是社会结构还是文化结构，主要归功于拉德克利夫-布朗；另一概念，即“实用功能”(pragmatic function)，则来自马

① 尽管“情感”和“认知”这两个术语目前在心理学家中名声不是太好，但我还是不得不采用这两个词的形容词形式。我认为，如果我们不说“情感机制”和“认知机制”，而是说作为单个机制的个体的行为的情感及认知方面，那么我们就可以在最大程度上避免内在于这两个术语中的危险及缺陷。

② 确实，这两对范畴相互之间很是相似，所以我把行为的情感功能称为“行为中表现出的精神气质”，并把结构性功能相应地称为“行为中表现出的认知理式”。

林诺夫斯基。出于某些考虑，我对后一概念作了细分。

让我们多考虑一些“实用”功能的具体例子。这一术语被用来指这样一些效果：增加个人之间的社会交往；增强共同体的团结；提升家庭自豪感；确认个人享有的特权并强化他们的权利和义务；使人们对神秘效应的信仰实体化；以及强化传统的法律与秩序。[1] 31
乍一看，这些功能中的多数看上去都是“有益的”，人类学家们一直以来倾向于为这类功能赋予积极的价值，而不另外劳神费事。但当我们认识到这些效果中的很多项相互之间可能产生对立，其积极效果就会颇成问题了。例如，提升家庭自豪感可能正好会破坏共同体的团结，或者，可以想象，过度强调共同体的团结可能导致与外部群体发生战争从而破坏现状。考虑到这些效果之间的潜在对立，看来我们在赋予它们积极价值时应该极其谨慎；在关于有益效果的清单样本中，我们当然应该将功能学派所强调的那些效果的对立面也包括进来——削弱团结、削弱家庭自豪感、减弱责任，等等。

另外，当我们将这一功能清单样本置于更多样化的背景中来考虑的话，其价值更成问题。一个生活在仅能维持其生理生存的边缘、通过杀婴来强行控制人口的游牧民族，大概不会对整合起一个大规模的群体感兴趣。真实的情况是，不同的人会对这些结果赋予不同的价值。一些民族会赞许团结，而另一些可能会对那些

① 这一功能清单样本，以及用来指涉它们的“实用功能”这一术语，取自马林诺夫斯基的文章“人类学”，见 1926 年的《大不列颠百科全书》(*Encyclopaedia Britannica*)的附录部分。他用它们来描述各种类型的神话所具有的功能。

喜欢社交、多嘴多舌的人颇不以为然，认为他有失尊严、冒犯他人。“传统法律的力量”在非洲一些社群中很重要，但是这一短语若应用于具有很强的个人主义文化的雅特穆尔人中则毫无意义，他们会乐于尊敬违反法律者，只要他具有足够的人格力量。雅特穆尔人——和爱尔兰人一样——对过于循规蹈矩的行为也并不特别肯定。他们所希望达到的秩序维持程度与比如说基督教教友派社团所要求的程度差别极大。诸如此类；不管我们选取这些结果中的哪一种，我们都会发现，在一些民族中受到高度肯定的结果在其他
32 民族中则是被忽略或者受到蔑视的。这一结论不仅能应用于像法律力量和群体整合这类抽象的结果，而且甚至对于像食物供给这类具体事务也照样适用，一个民族会很强调考究的生活，而另一个讲究禁欲的群体则可能对肉罐头不感兴趣。

我认为，现在该是人类学家考虑价值观之巨大差异的时候了，因为不同的民族对功能主义人类学给他们列出的各种结果赋予了不同的价值。在这种多样性的观照视角下，宣称一既定文化的某一特定细节的重要实用功能在于提升家庭自豪感，这显然是危险的，除非我们能预先揭示出，在我们正研究的这一特定文化中，家庭自豪感在其他场合中也是真正受到肯定的一种结果。

至此，我们得出了一种极其不同的功能关系类型。我们以前首先考虑的是文化细节与个人的需要和欲望之间的关系。但现在我们要面对这样一个事实：我们不能去猜测那些需要和欲望，而是必须从作为一个整体的文化所强调的诸方面中归纳出这些需要和欲望。因此，如果我们将“**情感功能**”这一概念——我们将在严格的意义上，从文化细节与个人情感需求之间的关系的角度来界定

它——从“实用功能”中分离出来，接下来，我们在研究某特定行为细节的功能时，就必须在其情感内容与作为一个整体的文化所强调的情感内容之间建立另一种关系范畴。我将把这一功能范畴称为**精神气质性的**；而且我将用**精神气质**（*ethos*）这个词来泛指文化所强调的情感内容。

出于类似的考虑（参见第 33 页对“逻辑”一词的注脚），我们不仅要分离出文化结构这一概念，还要将分离出**认知理式**（*eidos*）这一概念。通过考察一特定文化结构中的前提，我们可以将它们拼接成一个内在一致的系统，并最终得到有关认知过程的某种整体性图画。我将这一整体性图画称为文化的**认知理式**。

但是，尽管认知理式与结构前提之间的关系很类似于精神气 33
质与情感功能之间的关系，但我们必须注意到一个差异之处。我们已经看到，要总结出任何实用功能，对精神气质的研究是必要的前提。但在结构和认知理式的关系方面，其过程的顺序是颠倒过来的。必须首先研究文化结构的细节，才能从中归纳出认知理式。这一颠倒是由于这样一个事实，即在研究文化结构时，我们关注的是行为中显而易见的认知内容，而在研究实用功能时，我们关注的是更为模糊的情感内容。显而易见的内容可以一条一条地**描述**出来，而其下隐含着的系统则可以从这种描述中推论出来。而情感的意义则只能在对文化整体考察过之后才能被归纳出来。

除了过程方面的这种区别，文化研究中的精神气质路径和认知理式路径是非常类似的。二者都建立在一个同样的双重基本假设之上：共同体中的个人被其文化标准化了；而文化中具有渗透性的各种普遍特征——这些特征会在迥异的背景中被一次又一次地辨识出来——是这种标准化的表现。从某种意义来说，这一假设是循环式的；它设想文化的普遍性特征不仅表现而且促进了个人的标准化。

这一双重假设的概念主要来自本尼迪克特博士；而我所提出的精神气质和认知理式这两个概念也可以看作她的一个更为普遍性的概念——构型(configuration)之下的一种细分。一种文化的认知理式是个人的标准化认知诸方面的表现，而精神气质则是个人的标准化情感诸方面的表现。精神气质和认知理式，再加上可能是由于其他标准化类型造成的其他普遍性文化特征，共同构成了构型。[①]

34 关于个人标准化的这一假设经历了漫长的过程才厘清我们目前所区分开的各个领域——结构的和认知理式的，实用的和精神气质的——之间的相互关系，但它也使前者发展出另一门独立的学科，即另一种功能的范畴。这一学科一般被称为发展心理学，研究周围环境对个人的模塑作用，以及文化对个人的心理影响。

因此，我们已经从对文化过程的研究进展到个人心理学的研究，用“标准化的个人”这一抽象[②]概念将这一领域的两端连接起来。

现在回到人类学的原始资料，即田野工作者所记录下来的土

① 在本书未完成前，本尼迪克特博士惠然阅读了书稿的大部分，她同意我关于精神气质和认知理式与构型之间的关系的表述。

② 也许将来的工作可以使我们用更为具体的词语来定义“标准化的个人”。但就目前而言，我们不可能说清楚这个概念是指“平均化的”个人还是指“理想化的”个人。我们也根本无法根据我们对“标准”的解释而清晰地指出，哪些差异将被引进到文化理论中来。只有在对各种文化中的正常的和适应不良的个体进行更深入的研究，这些问题才可能厘清。

著人的行为事实，我们可以看到，这一大堆资料是与一门最终可能独立出来的学科相关联的。这牵涉到行为在满足由个体组成的群体的需要以及维持或阻碍那个抽象的有机体——社会的持续存在的效果。我将这一功能范畴称为社会功能，并将用严格意义上的社会学这一术语来指涉其研究，并将其与其他独立的学科区分开来。[①] 正如拉德克利夫-布朗所指出的，个体心理学与社会学这一学科无甚相关，就像原子物理学在方法论上与生物化学毫不相关一样。

① 我认为，马林诺夫斯基用“实用功能”这一术语所指涉的并不只是我用此术语所指的那类功能，而是指我这里用“社会功能”来指涉的东西。我们的观点差异之根源主要在于他是用直接或间接满足个人来界定功能，而我只用直接满足来界定实用功能，而将那些非直接满足的各种迂回步骤留给其他的功能范畴去分别考察。

第四章　与沃-劳阿关系相关的文化前提

35 在以下两章中，我将把雅特穆尔文化的各因素视为在一个结构系统中是相互关联的。我将把母亲给予孩子食物以及孩子对母亲的忠诚视为此文化作为前提而设定并要求的行为细节。在后面的另一章节中，我将从这些文化事实与需要和欲望的关系的角度来考虑它们。不过目前我只试图展示，雅特穆尔文化的各种前提是结合成一个内在一致的、“具有逻辑性的”系统的。我将考察这样一种合成类型：母亲给孩子食物。母亲的兄弟认同于这位母亲。因此，母亲的兄弟给自己姐妹的儿子食物。

在掌握作为一个结构组成部分的文化因素方面，拉德克利夫-布朗已经提出过一种很有效的技术，包括使用**认同**(identification)这个技术性术语。这个术语已经造成了相当多的误解，因此我必须解释一下我是在何种意义上使用此词的。这一术语是一种缩略表达方式，用来泛指大量文化细节的结构性方面。当我说兄弟姐妹是**认同**(identified)的，我的意思是，在此文化中存在着大量文化标准化的行为细节，这些细节表明兄弟姐妹之间具有类似的行为；而且此文化中还存在着许许多多以下这样的行为细节：外人采取同样的行为方式对待兄弟姐妹中的任一人。更进一步，我们将会看到，至少在雅特穆尔文化中，如果两个人是认同的，那么一种常见的情况是，其中一个人会表现出仿佛是他完成了事实上由另一个人所完成的行动。[①] 与此类似，其他人在对待他们中的任一人时，就如同他做了另一人所做的事那样。 36

说兄弟姐妹间是认同的，并不意味着不存在着将他们区分开来的行为细节。因此，认同这个词是在相对意义而非绝对意义上被使用的。在某一系列情境中，两个人是相互认同的，而在另一系列情境中，他们则是相互对立的，这是常见的情况。我们将会看到，在雅特穆尔文化中，儿子与父亲在相对于外界时是相互认同的，而在其他情境中则是完全相对的。在相互认同时，他们被视为同盟者；在处于对立关系时，他们则被视为在各自的利益方面相互对立。

就绘制亲属称谓图表而言，描绘认同的技术是目前最好的一种方法；在对纳文的研究中，我们要考察一种重要的区分和四种主要的认同类型：

1. 母亲的兄弟（沃）区别于父亲的兄弟或父亲（尼艾）。这一区分在亲属称谓上有明确的反映，并隐含在很多对待这两类亲戚的行为模式中。在目前这个阶段，我们可以用一个关于纳文的神话来恰当地表述这一前提：

一个男孩和一个女孩——两兄妹——去一个西米沼泽地

① 这方面最显著的例子是活着的人与他们的祖先之间的认同。在雅特穆尔人中经常会听到这样的宣告："第一批人坐着独木舟来明丁比特村时，我坐在船尾！"他的意思是指一位与他同名的祖先在村子创建时所担任的角色。

> 打西米。他们跨进独木舟时，蜉蝣都飞了出来，布满了整个河面，于是他们开始干活，采集了好多好多的蜉蝣。鱼也游了上来，男孩刺上了许多鱼。然后他们去西米沼泽地，在那里，男孩砍倒了一棵西谷椰子树，从树干中敲出木髓。女孩则去从木髓中洗出西米。在回家的路上，他们遇见了自己的父母亲，他们是乘着独木舟来接孩子们的。他们问："谁刺的鱼？""谁打出了西米？"男孩和女孩回答说是他们两个一起刺上了鱼，一起打出了西米。于是，父亲解下遮阴围裙，母亲脱下裙子，两人开始跳纳文。男孩和女孩问："你们为什么跳舞？"他们觉得很是羞耻。于是他们把西米和鱼又装进他们的独木舟里，划向沃的家。他们到达时，沃和姆博拉（母亲的兄弟的妻子）出来取了鱼和西米，接着沃解下他的围裙，姆博拉脱下她的裙子，
> 37 子，他们开始跳纳文。然后姆博拉将鱼和西米煮熟和沃一起吃。之后，姆博拉牵来一头她养肥了的猪，沃将它送给两个劳阿，劳阿们将脚踩在猪身上。然后他们去筹集了一些贝壳首饰送给沃。

父亲与母亲的兄弟之间的这种区分在下面这种情况中更为明显，即他们的行为受他们各自在不同父系氏族中的成员资格的影响。每个氏族都有一系列关于祖先的神话。这些神话和以神话为基础的咒语是这些氏族世代小心保存的秘密。男人通常会将他的秘传知识传给他的一个儿子；但有时候，他会将这些氏族秘密和咒语分一部分给某个姐妹的儿子。在后一种情况下，这些秘传的知识要用贝壳首饰来进行"**仪式性的购买**"，而且这个姐妹的儿子不

应该将沃的秘传知识传给自己的儿子。

将秘传知识传给劳阿强化了劳阿与沃之间的纽带关系。它意味着沃这一方对劳阿相当信任，并对他很有信心，因为劳阿在得知这些秘密后，可以在辩论中用它们轻易地击垮和羞辱沃。驱使沃冒这一风险的动机，我认为，是他希望劳阿在辩论中能站在自己的立场上。马里金德津尽管认为他在辩论中不需要任何帮助（参见第191页），但他还是把将他的一些秘传知识传给了他的劳阿，他说："这样，我死后，我的劳阿会在辩论中帮助我的儿子。"我曾听到过这样一个事例，即一位劳阿在辩论中用他的沃信任地传给他的知识来反对他。

有时，一个氏族会不幸失去了其祖传的传统知识，而必须从劳阿那里买回。

关于沃和父亲之间的区分的一个有趣例子发生在明丁比特村[1]，这是在小男孩第一次杀人的过程中体现出来的。在这种重大事件中，男孩的父亲会通过猎取或通过购买从邻近的社群中得 38
到一个俘虏，而男孩则将刺死这个俘虏。但在很多情况下，这种刺杀行为是在孩子还不能挥动长矛的时候实行的；因此，必须要有人帮助他实现这一壮举。而给予这种帮助的人一定不能是父亲，因为按照当地人的说法，如果是父亲给予了帮助的话，这一杀人成就会算在父亲身上而不是孩子身上。但沃则能帮助孩子；他会握住

① 这个仪式细节显然在坎卡纳芒村和帕林拜村不被强调，我曾就相应的过程问过那里的信息提供人。他们似乎认为谁在此杀人过程中帮助那个男孩无关紧要，而且可能是父亲来帮助的。

长矛，引导孩子的戳刺动作，之后，这一刺杀行为还是算作孩子的成就。

与此类似，沃和父亲在经济方面也是区分开的。不过在这方面，其模式与成就方面的模式相反。当一个男孩在为他的新娘礼金筹集首饰时，他的父亲理所当然要帮助他，但他并不期望他所贡献的首饰会得到儿子任何形式的回报。沃同样会有所贡献，但在这种情况下，他会期望获得某些回报。通常，这个男孩会通过以下形式来回报沃，即在沃的儿子为得到一个妻子而筹集首饰时给予一定的贡献。因此，在涉及首饰的情形下，男孩与他的父亲归于同一群体而与其母方氏族分隔开；而在涉及成就的情形下，男孩则与其母方氏族结合在一起而与其父亲分隔开。但在这两种情形中，沃和父亲都是区分开的。

尽管有这种区分，还是有某些痕迹显示出父亲和沃之间的认同，而这甚至在他们对待劳阿的某些行为细节上都能表现出来（参见第 100 页）。在这两人所涉及的其他情形中，即不涉及对待劳阿（对于后者来说，他们分别是沃和尼艾），而是在面对外部世界时（这时他们是姻亲兄弟的关系），我们将看到，合作与竞争、认同与区分很均匀地混合在他们的关系模式中。

2. 父子间存在着相当程度的认同。这一前提在诸如氏族的父系体系内，以多种方式表现出来。就当前我们所讨论的问题，我们只需详细考察其中一方面的相关证据，即来自亲属称谓的证据，
39 就足够了，而不用论及其他。我曾发表过一篇文章[①]，举了一系列

① 《大洋洲》，1932 年，第 266 页。

例子说明雅特穆尔人有一种倾向，即通过以类推的方式使用亲属称谓来概括和表述个人的行为。这种用法在我们自己的社会里为人熟知，不用我过多强调，而且因为雅特穆尔人比我们更为深入地运用了这种方式，所以我们可以很有把握地将其亲属称谓图表作为阐述其亲属体系结构的证据。

其亲属词汇中包含很多短语，将两个亲属称谓并置使用，用来表示当地人观念中密切联系的一个亲属群体；从这些组合形式中，我们可以推断出，这些组合短语中各部分所指称的各类亲属之间在行为方面和受到的对待方式方面是颇为类似的。我们举个例子，在恩格韦尔-瓦朗卡（*nggwail-warangka*）这个称呼中，恩格韦尔的意思是父亲的父亲，瓦朗卡的意思是父亲的父亲的父亲。这整个组合形式是一个表示父系祖先的集合名词，是在雅特穆尔文化中被归为同一类的一个亲属群体。[①]

用"一特定亲属和他的父亲"这样的组合称谓来表示整个被等同的亲属群体的，还有其他几例。例如：沃-姆布安博（*wau-mbua-mbo*，母亲的兄弟和母亲的兄弟的儿子）是个表示母方氏族所有成员的集合名词；托瓦-奈萨加特［*towa-naisagut*，塔旺图-奈萨加特（*tawontu-naisagut*）的缩略语，字面意思是妻子的兄弟和妻子的父亲］是个表示整个妻方氏族的集合名词；劳阿-艾南（*laua-ianan*，姐妹的儿子和姐妹的儿子的儿子）是个表示自己的姐妹的丈夫之后代的集合名词。在所有这些称谓中，儿子与父亲的认同都受到

---

① 这一亲属群体在名字歌中以叠句的形式被不断地提及："尼艾啊！恩亚芒啊！"（哦，父亲！哦，兄长！）

了强调。

一个关于母亲的兄弟的儿子及其妻子的亲属称谓的错误用法也暗含着类似的认同意味。这两类亲戚通常都被称为姆布安博(*mbuambo*),这一称谓将他们等同于母亲的父亲和母亲的母亲。但是帕林拜村的一位信息提供人告诉我,母亲的兄弟去世后,沃这
40 个称呼就用于指母亲的兄弟的儿子,姆博拉(母亲的兄弟的妻子)这个称谓就用于指母亲的兄弟的儿子的妻子。其他信息提供人则说这样称呼是不对的,但我怀疑,如果其文化未受到干扰的话,这种用法会更普遍。在其紧邻的茨沃什人(Tshuosh)那里,母方氏族不同代际之间的男性成员在称谓方面没有区分;他们都被称为沃。在雅特穆尔人这里,亲属称谓的这一用法正符合沃将秘传知识传给劳阿时的动机——“我死后,我的劳阿会在辩论中帮助我的儿子”(参见第47页)。

这里需要强调的一点是,父亲和儿子之间的认同——这在他们与外人发生关系时很是明显——并不成为父子间具有宽松、亲密关系的基础。这种亲密是被严格抑制的,取而代之的是对相继代际之间的冲突的强调,以及以一种庄重的方式来处理这种冲突。尽管父亲会对其他人对其儿子的责难和攻击耿耿于怀并且对之进行报复,但他自己处于教管者的位置,发怒时会揍儿子。但是我们发现,尽管与父亲作为教管者的地位对立,儿子终将取代他的父亲。这两个事实是主导他们之间的关系程式的基础。父亲与儿子在社会地位方面发生任何交叉的可能性都被各种禁忌所严格限制了,这些禁忌看来并不是任意的,而是指示出在遇到这种情况时唯一合适的处理方式。父亲绝不能以损害儿子的利益为代价而获

益。他不能吃儿子在园圃里种出的任何东西，也不能吃儿子采收
的食物，即使这些食物是从父亲自己的园圃里采来的。当他们同
在一条独木舟上时，儿子通常是坐在尊贵的船首的位置，而他坐在
那儿时，父亲绝不会从船侧舀水来喝。在成年礼系统中，儿子通常
低父亲两个层级(见第 279 页的图表)。但等级间的平衡是不断在
调整的，偶尔会有这样的事发生，即人们会试图将某个男孩提升到 41
他父亲所在的层级中。这一企图会遭到此男孩的激烈反对，因为
他认为这样会侵犯他父亲的尊严。但父亲不会对儿子的提升表示
任何反对，因为如果这样的话，他便是以牺牲儿子的提升为代价来
保卫他自己的尊严了。我认为在多数情况下，这种提升都得以实
施了。但我见证过的一个事例则是儿子成功地抵制了提升，因为
他最后说他将遵从他的沃的决定。人们咨询了沃的意见，而沃反
对提升。这样，涉及此事的儿子与父亲就避免了社会地位上的任
何交叉。

父亲之所以会遵守这些禁忌，主要是因为他们觉得这是正确的。不过还有一种观念也强化了这些禁忌，即人们认为父亲如果吃了儿子采收的食物，他会很快变老——这也许是对以下这一事实的象征性表述，即如果父亲吃了儿子采收的食物，他就举止如祖父了。[①] 但比这种约束力更重要的是公众情感的力量。父亲与成年儿子之间的亲密举止对雅特穆尔人来说是骇人听闻的事。

① 在雅特穆尔的社会组织中，就像在澳大利亚亲属制度系统中一样，父系世系中，间隔一代的上下代是被归入两个对立的姆巴普马(*mbapma*，字面意思是“一行”)的。由此，一个父亲在认同他的儿子时，他便举止如男孩的祖父。

我在塞皮克时期，一对欧洲父子一起在数英里外的塞兰河区域居住下来，他们开垦了一个独立的小烟草种植园。雅特穆尔人听说此事后很是震惊。他们来问我那两人是否真是父子关系，我告诉他们的确如此，他们很是反感。他们说："那个父亲难道毫无廉耻吗？"

这些禁忌很少在类别上加以扩展。它们只针对亲生父亲、父亲的亲弟弟(父亲的兄长被称为"姆布安博"，这个称呼的诸种意思中有一个是指"母方的祖父")和自己父亲在对立半偶族中的坦宾延(*tambinyen*)，即同伴。[①]

42 父子间的行为模式的一个典型标志就是双方的克制。双方都相互尊重，两人在一起谈话时都很平静和生硬。但这并不意味着一个外人可以当着父子任一方的面对另一方说三道四。尽管父子间相互回避地位的交叉，但他们之间存在着利益和需求方面的真正的认同。

3. 孩子不仅与其父系世系相联系，还以某种方式与其母亲的氏族联系在一起。这一前提通过当地关于怀孕的观念象征性地被承认。据称，孩子的骨头是父亲的精子的产物，他的血和肉(从某种程度上说重要性略低)则是由母亲的经血提供的。这一观念的一个符合逻辑的结论便是：刚生下来的、还没长骨头的孩子只是母亲的孩子。

孩子一方面是父亲氏族的成员，但同时又以很不同的方式是其母亲氏族的成员。这种设定是通过给孩子起两套名字而表现出

---

① 见《大洋洲》，1932年，第264页。

来的。一套是其父亲氏族的图腾祖先的名字，另一套是其母亲氏族的图腾祖先的名字。这两套名字的结尾各不相同，父系的名字是以表示“男人”、“女人”、“身体”等意义的后缀结尾的，而母亲氏族的祖先的名字则是以“-阿万”(*-awan*)为后缀结尾的，这可能是“面具”的意思，或许与前文提到的戴着面具跳舞的习俗有关，这些面具代表着母系氏族的图腾祖先。[①]

这两套名字明确地让人感觉到是代表着个人人格的两个很不相同的方面。男人死后，以沃给予他的名字居住在死者之地，但他同时又以他的父系名字在其儿子的儿子身上转世。在黑巫术手法中，巫师就是用带“-阿万”后缀的名字来指称代表其巫术所施对象 43
的人偶的；人们在天黑以后，会多少注意不用带“-阿万”后缀的名字，以免被巫师听到后用这一名字来伤害此名字的拥有者。[②]

通常，由沃所取的名字较之由父亲所取的名字，似乎代表着人格中更为神秘的方面。在某种意义上说，与母方氏族的纽带类似于与父方氏族的纽带，它们都通过起名字的行为而得以表达；但是，根据父系名字，孩子是一个“男人”或“身体”，而根据母系名字，

---

① 由沃取的名字所附带的这些后缀的词源还不清楚。相应地，给女孩起的名字是以“-耶利什”(*-yelishi*)为后缀结尾的。这个词的意思是“老年妇女”。故“阿万”这个词可能是“老年男子”的意思，它只是比喻性地用于被称为阿万的那些面具。

② 帕林拜村的一位信息提供人告诉我，巫术中所用的名字并不是带“-阿万”后缀的名字，而是带“-班迪”后缀的名字。班迪的意思是受礼者(即新成年者或已通过成年仪式者)，带着这一后缀的名字是在新成年者的成年仪式结束时由沃给他取的。同样是这位信息提供人说，没有这些带“-班迪”后缀的名字的女人和孩子因此也不会被这类巫术所杀死。带“-班迪”后缀的名字，与带“-阿万”后缀的名字一样，指的是母系氏族的祖先。

他是一个“面具”。与此类似，在关于转世的父系理论中，孩子被具体地宣称为是其父亲的父亲的转世，而他与其母亲氏族的祖先的联系则是在仪式行为中象征性地表达的。这种仪式行为可以简易地列举为如下几点：

(a)给予带“-阿万”和“-班迪”后缀的名字。

(b)对“尼艾恩格韦尔”(*nyai' nggwail*)这一称谓的使用。这一称呼的字面意思是“父亲和父亲的父亲”，但它在氏族内并不是作为一个称呼来使用，而只用在召唤全体祖先的场合。不过，它是沃和劳阿相互间经常使用的一个称呼词。而同一父系群体的成员之间使用的相应的称呼词是班迪，它也意味着“新成年者”、“受礼者”或者“年轻人”。①

(c)茨赫特孔迪(*tshat kundi*)习俗。“尼艾恩格韦尔”是沃在
44 对劳阿谈话时所使用的称呼的一般形式，但在更特定的场合，当他问候劳阿、向他打招呼、祝贺他或者是跟他道别时，沃会用更为复杂的词语形式。这些形式被称为茨赫特孔迪。② 其最简单的形式，比如说，用在沃向劳阿道晚安时，茨赫特孔迪的形式就是简单地将劳阿称作一对物体，这对物体是沃的氏族的祖先。沃会说——

① 这里存在着一种我还不能澄清的奇怪的混乱。按照劳阿与祖先之间的普遍的认同关系，沃称呼其劳阿为“父亲和父亲的父亲”是可以理解的。但为什么劳阿要用这同一个称呼来称呼沃就不甚明了了。更加说不清楚的是兄弟与父亲相互之间会用带“-班迪”后缀的名字，因为这种名字是沃取的。班迪这一称呼显然比尼艾恩格韦尔更亲密。

② 茨赫特是一个动词，是“踏过”之类的意思，就像在纳文仪式中，英雄要“踩过”女人们。孔迪是一个表示“嘴”、“说话”、“语言”等意思的普通词。这一习俗还有另一个短语名称——茨希瓦拉孔迪(*tshivera kundi*)，但我不知道这个短语的字面意思。

“你待着吧，椰子和槟榔树，我去睡了。”在这一短语中，作为称呼劳阿的日常词语的这两种棕榈科植物，是沃的氏族的图腾祖先。

在更重要的场合，沃不使用代表图腾物的一对日常词，而是用一整串重要的图腾物或祖辈英雄的具体的名字。他会在走进村子时远远地这样大声地跟自己的劳阿打招呼：

“来，父亲和父亲的父亲，特普明曼和卡姆布古利，韦曼德米和唐古林德米，乌拉卡维和茨哈古卡维，维尤里和维卡马，茨哈古茨哈古和恩嘎克恩嘎克，来，父亲和父亲的父亲。你是我的劳阿。”①

这段话中的那些名字是棕榈树的名字，它也是一条鱼和姆外兰布氏族的一个祖先。作为这一氏族成员的沃会用这一串名字来向其劳阿打招呼，不过，还有其他很多关于这一氏族的重要祖先的长串名字，他可以用任一种来向劳阿打招呼。他甚至可以一串接一串地一气用上好几串。其他氏族的成员则会用他们的一些祖先的名字。

在茨赫特孔迪中使用的绝大多数名字也可以用来给沃的氏族的儿子们取名。但也有一些名字串很明确地不用于给孩子取名而 45
目前只用于茨赫特孔迪中。

有时，沃以外的其他人也会使用茨赫特孔迪，例如它会作为强调以下事实的一种方式，即强调在二者都是同一氏族的劳阿这一意义上，被称呼的人与说话者是“兄弟”。在所有这些情况中，所用的名字都是被称呼者的母方氏族的祖先的名字。

---

① 在这段话中，我在每一对名字间加了“和”这个词。而在大声念诵出这一大段时，人们一般成对地念出这些词，中间不用连词。

最后要提到的是，在茨赫特孔迪中使用的那些名字仅仅是因为它们指称的是母方氏族的重要祖先而被选择使用的。其选择在任何意义上都不受被称呼者的带“-阿万”或“-班迪”的这类名字的影响——除非其带“-班迪”的名字显示出了其母亲（或类分的母亲）所属的氏族。

由此，我们可以总结一下茨赫特孔迪习俗，即劳阿是被当做其母亲的重要祖先的随意组合而被仪式化地称呼的。

(d)戴着面具跳舞的劳阿代表着母方氏族的祖先。他吹的笛子是代表他们的祖先的。他在礼堂房柱上雕刻他们的祖先的象征。他雕刻祖先的姆外头颅（参见图片XXVIII$_{B}$），这些头颅将要装饰在母方氏族的面具上——这些面具是劳阿以后跳舞时要戴上的。

(e)劳阿有资格用代表其母方氏族的图腾祖先的植物来装饰其身体；他会怨恨那些没有这种权利而佩带这些植物的人。

(f)当氏族成员向其氏族祖先献祭时，是劳阿来吃这些祭品。

在土地所有权被侵犯的情况下，在其过程中能很清晰地显示出类似的状况。

一个氏族的土地是由安格考(*angk-au*)所看护的。这个词的字面意思是“陶器碎片”，它是个表示由屋子下的古老陶片所象征的祖先灵魂的词，这些陶片是很多代以前的居住者所扔弃的。当
46 安格考看到任何外人来侵犯氏族的土地，例如在上面种植作物或偷窃土地上的产物时，他们会在晚上在屋里发出一种“像是老鼠在吱吱叫”的微小声音。房子的主人听到这种声音后第二天就去查看什么东西丢失了。他发现有人在他的土地上种了椰子。他便在地上放上恩德詹布威阿(*ndjambwia*)。恩德詹布威阿可以是一些

竖立着的、用来刺伤侵入者的脚的长钉，也可以是一些导致侵入者生病的巫术用具；这两种技术都可以用这个词来指称。那个入侵者以后再来，他的脚就会受伤并疼痛不已。安格考会让入侵者的伤痛不得愈合，直到他来找拥有此土地的氏族成员。入侵者要杀一只鸡并送些椰子给他们。他还要到那块土地上，在那儿挂上一个装着首饰和一根坦博因特沙[①]的篮子。安格考会拿走这些首饰和坦博因特沙的"魂灵"，过些日子，这些首饰就会被还给入侵者，但那只鸡和那些椰子则由土地的主人的劳阿吃掉。

(g)劳阿吃他的母系祖先。明丁比特村周围的一个湖中，有一个由浮草形成的岛(阿格威)；有一条鳄鱼在上面产蛋。这条鳄鱼有一个专属的名字：姆万迪-恩特欣，是曼达里氏族的一个祖先。这个氏族的成员从村里出来去收集这些蛋。据说他们发现了多至60个蛋，其中有两个是很大号的蛋。他们吃掉了那些普通的蛋，但把那两个大蛋送给他们的劳阿吃了。

从这一细节中，我们只获得了有关劳阿吃沃的祖先的一个孤立的例子。但除此之外，还有一种惯例性的仪式也表现出同样的行为。这一仪式被称为普威维尤(*pwivu*)。母方氏族在一个大碗里装上一种混合物，其中包括从其祖先的骨头上刮下来 47
的碎屑和其他一些奇怪的氏族纪念物。这种混合物由村里的孩

① 坦博因特沙(*tambointsha*)是绑在绳上的羽毛穗子。它们是成功杀人的标记，装饰在酸橙杆上作为其主人成功杀人的记录。通过恩德詹布威阿的方式致人而死的杀人可以记录下来，而以其他巫术技术杀人则不被记录下来。因此，将坦博因特沙奉给安格考的行为就不同于第118页所描述的呈送坦博因特沙的模式。在这两种情况中，我们都可以看到对以下事实的正式认可，即由此所造成的伤害是一种合法的复仇行为。

子们——尤其是这个氏族(其祖先存在于这种混合物中)的劳阿——吃掉。[1]

(h)最后,当劳阿死时,会举办一个叫明茨汉古(*mintshanggu*)的仪式。一个人偶被放置在一个平台上,人偶的脑袋是以劳阿的头颅为模子装饰而成的;平台是从屋顶上悬挂下来的,这样一推它,它就会前后摆动。这个平台被称为阿格威(漂浮的草岛),这一景象代表着鬼魂的航程,在漂浮的草块上,沿着塞皮克河漂流而下,到达死者之地。这一平台悬挂在离地面两英尺高的地方,边缘垂着一条条棕榈叶穗子,形成一个屏风,这样,屋里的妇女就不能看到平台下的空间。这道穗子被称为茨欣布沃拉,这个词在关于萨满神灵的特定仪式行话中用来指水。

与这一景象相伴的仪式被分成两部分,第一部分是由死者氏族的成员施行的,第二部分是由其母亲的氏族成员施行的。这两部分基本类似,每部分都包含着吟唱名字歌。在我亲眼目睹过的一次特定的仪式上,死者氏族的成员在黄昏后不久就聚集在阿格威前唱名字歌,直至第二天清晨。他们氏族的笛子被偷偷带进了屋里,藏在阿格威下。一首首名字歌的接替随着音乐一次次变化,而音乐是由藏在阿格威下的男人(他们的劳阿们)用笛子吹奏的。这些藏在下面的人还时不时地让悬挂着的阿格威晃动起来,代表着起伏的波浪。

---

① 关于普威维尤的更详细的记述发表在《大洋洲》,1932年,第472页。在雅特穆尔人中,吃母方氏族的行为只以这种多少有些象征性的形式进行。但雅特穆尔的信息提供人告诉我,在周围的部落,在萨德河流域,姐妹的孩子吃一片从其母亲的死去的兄弟的大腿上割下的肉是很平常的事。

第二天一早，死者氏族的成员就散开去，取而代之聚集来的是其母亲氏族的成员。他们带来了很多图腾物，即他们的祖先——树枝、短桨等。他们把这些东西加到阿格威的装饰之上，这个阿格 48
威已经装饰有死者氏族的各种图腾标记。他们还带来了一根带钩的木棍和他们自己氏族的笛子，用这些笛子换下了阿格威下面的其他笛子。然后他们开始唱他们的名字歌，直至傍晚。在唱歌期间，他们时不时用那根带钩的木棍来晃动阿格威：母方氏族的成员很明显地将阿格威和代表死者的人偶拉向他们这边。

我提到过的这三个前提都是针对孩子与其父亲、母亲和母方氏族的关系的。我们可以用一种将其特别与纳文联系起来的形式总结如下，即孩子与其父亲密切认同但又与他形成竞争关系。孩子认同于母亲，但他与其母方氏族的联系更为模糊。但孩子并不是母亲的竞争者，而是母亲的一项成就；孩子的成就就是母亲的成就，是**母亲的**氏族的成就。

这一结论可以在另一葬礼中得到进一步的确证。一个大人物死后，他在成年礼所加入的那个半偶族的成员会为他立起一个代表他的人偶，上面装饰着象征着其所有成就的东西。插立的矛的数量代表他杀死的人的数目，人偶肩头垂下的篮子的数量代表着他的妻子的数目。但没有什么象征物来表示他有几个孩子。如果死者是女人，要树立起一根杆子（恩甘巴特），上面装饰着成年礼等级中年长层级给予其儿子的各种饰物。她的显赫是通过儿子获得的，取决于她儿子的成就。

与此类似，在用纳文来庆祝的场合清单中，我们发现，对于一个男孩来说，他娶妻时是要以纳文来庆贺的，但他的第一个儿子的诞生则并不以纳文来庆贺。而对于一个女孩来说，当她生下头胎时，要举行纳文来庆贺，而她结婚时则不举行。

有一个奇怪的神话可能与这种关联相关，它显示出如果漠视
49 这种纳文模式将会出现怎样的状况。神话里说，在一个男人的第一个孩子和第二个孩子出生时，他的妻子的兄弟和父亲为他举行了纳文。这些亲戚送给那个丈夫一些首饰，并将他们的屁股在他的胫骨上蹭了蹭。他则以赠送食物作为回报。（也就是说，赠送物的惯常模式被颠倒了过来。）在第二次纳文之后，这些亲戚留了下来，要求得到更多的食物，直到那个丈夫说："没有东西了。"他们说："你撒谎。"丈夫说："我没有撒谎。"他说完此话后，应该将他的孩子刺死，但是他的妻子刺死了孩子。

根据这一线索来理解这些模式的普遍意义，我们会发现，小男孩第一次杀人的过程正与这一普遍模式相符。男孩的成就就是其母方氏族的成就；因此他的沃帮助他握住矛也就是被允许的。但是如果这一帮助是由父亲提供的，我们可以猜想出，那么这次杀人就会被父亲的母方氏族归于自己并加以庆祝。

最后，我们要探询塑造孩子与其母方氏族的关系的前提中一个明显的矛盾之处。一方面，有很多的行为细节表明孩子是母亲的成就，他的成就就是母亲的成就；另一方面，还有一些细节表明，孩子是其母亲的氏族的祖先。我相信，除非我们对雅特穆尔文化的精神气质进行考察，否则这一问题是不能得到圆满解答的。后面的各章将记述骄傲感与祖先之间的关联；在这里，我将越过从结构角度考察的严格界限，提出骄傲是连接成就和祖先的因素，这两种表面上很不相同的观念，只在它们的情感内容上

具有相似性。

4.还存在一个表明兄弟与其姐妹认同的因素。这一前提也像
前一前提一样，在个人的名字系统中图表式地显示出来。性别相
对的兄弟姐妹往往取相同的名字，只是在表性别的词尾上有所不
同（参见第 277 页）。同样的规则也可以在我已提及的组合亲属术
语构成中发见。这个术语叫沃-恩亚米（母亲的兄弟和母亲），是个 50
用来指称母方氏族的集合名词，它事实上是我前面提到过的沃-姆
布安博这一称谓的同义词。姻亲兄弟之间所用的称谓也表现出了
同样的认同。这些称谓包括：将姐妹的丈夫称为兰多（*lan-do*），将
妻子的丈夫称为塔旺图（*tawontu*）（即塔格瓦-恩杜，*tagwa-ndo*）。
兰（*lan*）这个词的意思是丈夫，塔格瓦这个词的意思是妻子。这
样，姐妹的丈夫就被称为“丈夫-男人”，在与自己的姐妹的丈夫的
关系中，作为说话者的男人将自己等同于自己的姐妹；与此相应，
妻子的兄弟被称为“妻子-男人”，说话者将妻子的兄弟等同于妻
子。因此这两个称呼都包含着兄弟与姐妹的认同。这种认同机制
的一个具体例子可以在前文引用过的哥哥和妹妹一起去打西米的
神话中看到。

在这种对立性别的兄弟姐妹之间的认同中，有一点是被强调的，这我们将在后面的一些事例中看到，即强调纯粹谱系意义上的位置是不够的，这种认同还必须在行为中落实——尤其是在仪式行为中。在氏族名字——这些名字是在父系谱系中隔代传递的——的传递中，一个男人有权利把他自己的父亲和类分的父亲的名字给予他的儿子。但氏族的妇女也有氏族名字，而一个男人

不能直接用他父亲的死去的姐妹的名字给他的女儿取名。[①] 如果要得到她的名字的话，那么她的兄弟与她之间的认同必须明确地以仪式行为表现出来。这种仪式要在这个妇女死后，或者在其丈夫或其兄弟死后马上举行：

51 (a)一个妇女死后，他的兄弟会去给尸体穿上一条裙子，给她绘脸，操持其葬礼的各种事务。然后他会说："我是有权得到这些名字的人。"

(b)一个男人死后，他的儿子会马上去到死者的姐妹家里。他会将一个贝壳首饰——通常是一个蝾螺——放在她的一个装着水的罐子中，然后为她剪头发。贝壳成了她的财产，而其兄弟的儿子则获得了将这些名字用作他的孩子的名字的权利。(在进行这一过程的那个实际事例中，那个女人已经没有活着的兄弟了。)

(c)一个男人死后，他的寡妻的兄弟或其兄弟的儿子要剪下她的头发，将一个贝壳首饰放在水里送给她。(不过，在我们所提到的那个事例中，没有提到对于名字的权利。也许这一仪式的背景是要肯定此寡妇作为其出生氏族之成员的资格，因为她与其氏族的纽带由于她的婚姻而在某种程度上被分隔开了。)

(d)如果一个女人成为了她的氏族的唯一幸存者，此氏族的所

① 这一点是我所搜集的这方面的材料总体反映出来的状况。但我的一位信息提供人则声称，不仅是女性的名字，而且包括男性的名字都必须要从父亲的姐妹那儿取得。当时我们所讨论的一个事例就是这样的，一个男人在他父亲死的那一天，剪下他的父亲的姐姐的头发，用一个蝾螺"买下了他父亲和她的名字"。

我不知道蝾螺被放置于其中的水的象征意义；它也许是指这些贝壳出自海中的波浪这一神话起源，是一种生殖象征。这一仪式片段是我所知道的首饰被仪式性地给予自己氏族的成员的唯一情形。

有名字都归属于她，而她的新娘礼金因此会特别高，因为她的丈夫或她的儿子将获得给予这些名字的权利。在这种情况下，与此氏族关系很近的氏族的成员，即这个女人的远房的类分兄弟就会努力使她成为他们中某人的妻子，这样就可以将这些名字保留在氏族集团(phratry)内。在这一过程中，我们看到建立在类分的兄弟关系上的微弱认同，通过建立在婚姻基础上的附加认同而得以加强。①

5. 妇女在某种程度上被等同于她的丈夫。在这种情况下，我 52
们要考虑一种非双向性的认同。似乎是妻子得到了她丈夫地位的一部分，但他从妻子那儿得到的即使有的话也似乎很少——一种与父系制和从夫居婚姻之主导地位相一致的不对称。在分析纳文仪式时，我们将只关注妻子获取其丈夫之地位的情形，这正好就是姆博拉(母亲的兄弟的妻子)和茨海希(兄长的妻子)的行为。这类记述与纳文中沃的行为模式没有关联。

① 从这些仪式的复杂性中可以想见，在妇女所掌握的这些名字的问题上有时会出现争端。我就碰到过一次这类的争论：一些年前，姆贝氏族的最后两名男性成员被一群入侵者杀死了，只留下了两个女人。一个与其毫无关系的人茨哈迈尔万为那两个男人的葬礼提供了食物(或首饰?)，因此他声称——“我拥有那些名字!”并给他的儿子取了姆贝氏族的名字。

但这个氏族还剩下了两个女人，一个叫特丽，一个叫塔姆皮安姆。特丽是一个老寡妇，有两个儿子，她给他们取了姆贝氏族的名字。塔姆皮安姆是一个年轻女人。

与姆贝氏族有近亲关系的伊阿沃氏族便安排塔姆皮安姆嫁给本氏族的一个年轻人茨哈瓦(我的信息提供人)，这样就可以把姆贝氏族的名字保留在氏族集团内。

我在坎卡纳芒村时，他们还没有孩子。塔姆皮安姆仍然为茨哈迈尔万偷了姆贝氏族的名字而很是生气。由于没有孩子，她就尽力通过给她的猪、独木舟等取上这些名字的方式来保存它们。她还把她的不育归结为是受了巫术的影响，并怀疑是茨哈迈尔万施加的巫术。

茨哈瓦说茨哈迈尔万否认自己施加了巫术，并说不育是由特丽造成的。

妻子与丈夫之间的认同通常在文化中很少有集中的体现。比如说，我们在名字系统的各种花样中就看不到这种认同的表现或设定。婚姻并没有使配偶任一方改变他或她的名字；而且，尽管作为婚姻的一个结果，会有一些新的亲属称谓加于配偶之上，但这些新称谓很大程度上在配偶之间仍是相互区分的。所有的近亲之间的婚姻都是如此，包括父母的兄弟姐妹的所有婚姻和在类分的亲属术语意义上等同于他们的人的婚姻。在近亲中的唯一例外就是奈萨加特(*naisagut*)，它既指妻子的父亲，又指妻子的母亲。

但是，在不那么重要的亲属关系分支中，我们发现妻子是用与其丈夫相同的称谓来指称的。例如姆布安博是个既用于母亲的父亲，也用于母亲的母亲的称谓，它还用于母亲的兄弟的儿子及其妻子。与此类似，凯希-恩杜(*kaishe-ndo*)和凯希-拉格瓦(*kaishe-ragwa*)这两个只用代表不同性别的词尾区分开的称谓，分别相应地指称丈夫的父母亲和妻子的父母亲。

53 关于茨海希(兄长的妻子)的术语很有趣。她经常通过称呼其丈夫的弟弟为茨哈恩博(*tshuambo*)的方式来认同于丈夫，这个称谓在其他情况下是专门用于称呼说话者的同性别的弟弟或妹妹的。通常与茨哈恩博对应的一个称呼是恩亚芒(*nyamun*，同性别的兄长或姐姐)，但是丈夫的弟弟不用这个称谓来称呼他的茨海希，**除非**是在纳文**仪式**中。

在某种程度上，在日常生活中体现的男人与妻子之间的认同比在亲属称谓中表现得更为明显。我们已经看到，在与近亲的关系中，丈夫与妻子是区分开来的，而在与外来者交往时，他们则是等同的。日常生活的情形与此相符，我们发现，特别是在夫妻俩与外人或无生命的物体打交道的情形下，夫妻之间是等同的。例如，我们发现他们共同劳作，共享一处房子[①]，在物物交换中互相作为对方的代理人。男人和妻子之间存在着很紧密的经济上的相互依赖；尽管每一项财产都被明确地界定在丈夫或妻子的名下，但还是可以将家庭作为一个单一的经济单位。这一点可以从明丁比特村的一位男子的情况中表现出来，一场大火摧毁了他的房子，他自己的和他妻子的财产全部丧失。我问他将如何恢复元气，他很快回答道："我妻子养猪，我再去卖掉它们。"与此类似，如果一个妻子没带嫁妆嫁入一个家庭，其他妻子就会将此作为把柄来反对她，因为她没有为这个群体的共同财富作出贡献。[②]

① 需要指出的是，丈夫通常是不在家里的，他大多数时间是在礼堂里和其他男人在一起。对于一个男人来说，花很多时间待在居室里的女人们中间是不受赞许的。

② 在这点上，我们会注意到我们论证中的一个弱点。我将在后文中讨论到，姆博拉和茨海希的行为是与这一结论相一致的。不过我还不能从丈夫和妻子在对待丈夫的弟弟和丈夫的姐妹的儿子的语境中推论出丈夫认同于妻子的结论。在他们应对外人时，丈夫和妻子是认同的，但我们还不清楚，在与目前所考察的情况密切相关的那些语境下，他们是否是认同的。"认同"这一概念必须加上"语境"这一概念，在缺乏有关人们认同的语境提示的情况下，我们要很谨慎地使用前一概念。

第五章　巫术与复仇

54 在前一章中，我已经说明，在雅特穆尔的亲属系统中存在着四种认同，我们可以将其视为此系统的主要前提：

1. 父子之间的认同。

2. 男孩与其母亲的氏族之间（在另一线路上）的认同。

3. 兄弟与姐妹之间的认同。

4. 丈夫与妻子之间的认同。

本章将展示这几个前提的运作，所用材料是我所搜集的关于雅特穆尔文化中一种特别的语境，即有关报应（retribution）的材料。

在调查雅特穆尔人关于巫术和报应的观念时，我们立刻就会遇上恩格拉姆比（*ngglambi*）这个本土概念。这个词我们可以翻译成一个抽象短语，如“危险的和有传染性的罪恶”。但在当地人的观念中，恩格拉姆比要比这远为具体。它被认为是像一朵笼罩在某人——当他犯下了某种罪行时——房屋上的黑云。一些特定的行家可以看到这种云；当人们就某些疾病或灾难的原因来向他们咨询时，他们会用一种树叶白色朝下的一面擦擦自己的眼睛，于是他们就能够看到悬浮在某人房屋上的黑云，正是此人的罪行引起了疾病。还有一些行家能够闻到恩格拉姆比，说它闻起来有一种“死亡的味道——像一条死蛇”。恩格拉姆比的一个特点是它会“转向运行”(turn and go)，这个特点使它能够造成有罪的人或是他的亲戚生病。正是恩格拉姆比这一可传递的特征使它和亲属之间的认同问题联系了起来。

人们能够很明确地说出是哪些中介力量造成了恩格拉姆比的各种危险，他们的陈述可以分为以下四种相互间紧密相关的类别：①

(a)据说恩格拉姆比自身就能导致疾病和死亡。这种无介质 55
的疾病致因说法是一种完全不指涉个人的理论，它与雅特穆尔人的另一种说法是相同的，即一个人所实施的巫术本身会反过来折磨他自己。这类的短语表达几乎可以看作下面的更为个人化的陈述的委婉说法。

(b)据说疾病是由特定的神灵即瓦甘造成的。他们会依据自己的意志，但通常是根据他的氏族后代的利益对罪行进行报复。

(c)据说被犯罪者侵犯了的人会向他氏族的瓦甘诉苦，而后者将会对这一侵犯行为进行报复。这类诉苦可以采取各种形式：在有些情况下，只要瓦甘听到了他的后代的哭声就已经足够了；当他听到哭声，他会立即着手对伤害他的后代的行为进行报复。如果光哭还不能促使瓦甘实施报复的话，受到侵犯者会有节奏地敲击

① 还有第五种情况，尽管这种情况与恩格拉姆比的传染性作为认同关系指针这一功能无甚关联，但对于理解雅特穆尔社会来说还是很有意思的。据说一个狡猾的巫师会将受害者成对地干掉。被杀害者中其中一个是巫师所怀恨的，另一个则选自他自己的亲戚——这样就可以避免报复，并可以由他自己来选择他的亲戚中哪一个来为他的敌人之死抵命。

他们希望报复的那人的恩甘巴特(*nggambut*,坟边的柱子)。其节奏用的是木梆召唤(*tavet*)瓦甘的节奏。瓦甘会听到这种节奏声,“而且一旦他听到了,就不会忘记。不用再诉说什么。第二天瓦甘就会去闻出恩格拉姆比”。还有一种办法就是在瓦甘附体于其萨满时,被侵犯的人自己去见他。他们会向那个被附体的人(也就是向瓦甘)诉说,付给他槟榔果和贝壳首饰,作为对他实施报复的报偿。

(d)据说被侵犯的人可以自己施行巫术来使那个犯罪者或他的亲戚得病或致死。另外,他们也可以付酬请一个专业巫师来做这事,可以在其瓦甘的协助下,也可以不需要瓦甘的帮助。[①]

56 在以上所有情形中,所得的病都被归结为是犯罪者的恩格拉姆比造成的。因此,关于恩格拉姆比的说法摇摆在两种观念之间,一种是相信罪恶会自然导致具有传染性的后果,另一种是一些具体的陈述,如说某某会将报复加于侵犯者或是其亲戚身上。

按照恩格拉姆比的这种双重意义,让我们来看看一个犯罪者的哪些亲戚最容易处在这一黑云的危险之下是颇有趣味的。因为我们可以将这一表述——A 的恩格拉姆比导致 B 生病——恰当地翻译成我们关于认同的行话:“A 侵犯了 C,C 认为 B 等同于 A,于是就通过对 B 实施巫术而将报复加于 A 上。”

尽管这似乎是对恩格拉姆比之传染性的自然解释,但关于报

① 在这个暴死是常见现象的社群中,生病而死(即巫术)并不会被看作是很严重的事情。在很多原始文化中很典型的、几乎是偏执性的对巫术的恐惧在这一群体中很少见。

应的观念中还应强调一点，这一点乍看起来似乎是使这个问题有些混淆不清了。这就是对同态复仇法则的强调。例如，如果 A 用法术杀死了 B 的妻子，B 会愤怒地杀死 A 的妻子以实施报复。雅特穆尔人是赞同这种明确的报应的；[①]但他们仍会将 A 的妻子的死亡归结为 A 的恩格拉姆比，尽管在杀这个女人时 B 并没有将她等同于她丈夫。但我认为，这种混乱更多地是表面的而非实质性的。A 的妻子的死还是应归结为丈夫与妻子之间的认同：B 将自己等同于妻子，使他一定要为她的死复仇，而同态复仇的法则则指示出他要杀的人就是 A 的妻子。我们用"谁最可能将自己认同于被杀的人"这一问题替代了"谁最可能被等同于犯罪者"这一问题。从这一角度进行分析，那么用同态复仇的法则对报应机制的这一表述就可以使我们有充足的理由将发生在两个亲戚之间的恩格拉姆比传染看作这样一种标示：以同样方式相联系的人也在同样程度上被认同。 57

从结构的视角看，另外一条似乎可以佐证恩格拉姆比与同态复仇法则是一致的观点是恩甘布瓦（*nggambwa*）这个词的双关意义。这个词一方面意味着"复仇"，比如在"恩甘布瓦克拉"（*ng-*

① 在这类事例中，复仇者首先是秘密地实施法术（magic），不过在那个女人死后，他会站在礼堂前宣布他所做的一切并陈述他这样做的理由。如果这种以牙还牙的同态复仇法则（*lex talionis*）是这样精确地对应实施的话，那么这件事可以就此了结；否则漫长的巫术世仇可能导致多达 15 条人命。

考虑到巫术（sorcery）和恩格拉姆比导致疾病和死亡的效力，我采用了当地人对此事的表述。从一个欧洲人的视角来看，在雅特穆尔社会中巫术世仇报复中的大多数死亡或许应该归于"自然原因"，世仇这种事可能大部分是编造的。但是在当地人的观念中，死亡被归因为世仇报复的过程；而那些通常不能准确地对应于同态复仇的死亡事例则被归因为瓦甘和巫师的不可理喻。

gambwa kela，实施复仇）——一个男人在其亲戚被敌人杀死后要负担的责任——这一短语中。但另一方面，这个词也可用来指某些神灵，如在“克里加恩甘布瓦”（*kerega nggambwa*）这种短语中，其字面意思是“吃复仇”，这些死者的神灵会用长指甲从尸体上撕下肉来。由此，我们发现，在恩甘布瓦这个词里，就像在恩格拉姆比这个词中一样，其中某种超自然的概念和各种具体的复仇观念是混合在一起的。

通过对有关巫术和复仇的本土观念的初步探讨，我们现在可以进一步来考察一系列有关疾病与死亡的故事，我们有把握说，如果我们看到一个人在为另外一个人的行为而遭受痛苦的话，那么在这一事件中肯定会找到某种认同，或者是犯罪者与受害者之间的认同，或者是像这样以同样的方式联系起来的两个人之间的认同。

严格说来，以下将呈出的这些材料只是在当时语境中，也就是在揭示各种不同的认同方面才是相关的。但因为这些个案从其他视角来看也会很有意思，所以我详尽地记述了这些故事，而阐明认同问题本不需要如此的详细程度的。

个案1是对一个口述文本的翻译；其他故事则是通过很详细的笔记重构出来的，这些笔记是我在人们用混杂的英语，或是本地土语，或是二者的混合语慢慢讲述这些故事时记录下来的。为了使其能够被读懂，我在这些文本中插入了一些连词和限定从句，但每个插入的比较重要的解释性陈述我都将其置于小括号内了。所
58 涉及的人名是以某种缩略形式给出的。

个案1　这是从对一个男人的生病及死亡之全过程的叙述中

抽取出的一段。这一报告是由坎卡纳芒村的姆巴纳提供的。它描述了对疾病根源的占卜过程：

他（那个得病的男人）的儿子和妻子从火盆里取了些灰，放在一棵棕榈树的佛焰苞上的各个小尖儿上。每个佛焰苞上有好几个小尖儿（每个小尖儿代表不同的亲戚，后者对别人的侵犯可能是造成这场疾病的根源）。然后他们就问："这事的根源是什么？他为什么死？是不是因为他父亲跟别人的妻子有染？他是不是因为他父亲的父亲所做的事而死的？"

然后，带着灰堆尖的棕榈树佛焰苞被收到一个防蚊袋内。瓦甘就用手挤压这些灰。然后他们把佛焰苞从防蚊袋里拿出来（查看哪个尖儿被压坏了），于是他们说："瞧，是因为他父亲的缘故。"

这一片段似乎表明，恩格拉姆比的传染性主要是沿着父系脉路传染的，它也标示出父亲与儿子之间的认同。

个案2　在与坎卡纳芒村的茨哈瓦的一次交谈中，我问他兰多（*lando*，姐妹的丈夫）是否会被塔旺图（*Tawontu*，妻子的兄弟）的恩格拉姆比传染上。我的这个信息提供人告诉我，如果兰多给过妻子的兄弟食物的话，他就肯定会被传染上①；而且，与巫师交朋友是件危险的事，因为巫师的恩格拉姆比会很容易传染给为他提供食宿的人。他说，如果任何一个人看见某人在吃一种特定的用在巫术中的藤蔓植物，他就会向他人发出警告："不要给那个人食物。"但此危险

① 茨哈瓦的评论似乎是说，尽管塔旺图的恩格拉姆比会传染给兰多，反之则不然。但这种对单向性的强调也许是由于他的家庭与马里金德津的关系。

只与馈赠的食物联系在一起，而与那些首饰礼物不相干。

59 “如果你给一个巫师食物的话，你的猪就会死，或者你的狗会死，或者你的孩子会死。”

为了说明这一点，我的信息提供人引述了他父母的例子：他父亲德久艾娶了马里金德津[①]的亲妹妹恩亚卡拉。她总是给她哥哥送食物，为此德久艾老是责备她。因为她与巫师友好，所以她的“很多”孩子都死了，最后她自己也死了。后来，马里金德津的母亲，老妇人瑙扬邦住到了他家里，（因为与那个巫师有了这种关联）我的信息提供人开始不断地生病。

回到他母亲的死的问题上，茨哈瓦跟我详细地描述了他和马里金德津是如何为她报仇的：[②]

马里金德津在为恩亚卡拉悼念时，他过来找到我，对我说：“我们去某片树丛那儿。”我们就去了，在那里发现一个叫塔姆威阿的人。马里金德津说：“现在我们要用这个人为你母亲复仇。”他要我藏起来，他则使用巫术使塔姆威阿看不见自己。塔姆威阿在“黑暗中”，马里金德津让他“打冷战”。他没有叫喊。马里金德津径直上

---

① 关于这位老巫师马里金德津的人格描述，参见第190—191页。

② 这里所描述的法术事件与福琼博士（Dr. Fortune）在多布人（Dobu）那里搜集到的一个案例极为相似。在这两个事件中，信息提供人所充当的都是放哨人的角色，而所用的法术是被称为“瓦达”（vada）的那类。在这种法术中，受害者首先被杀死，然后又复活，然后再死去。这两个故事的差别在于：在多布人那里，移走的是受害者的心脏而不是他的头，不过我也在另一场合听说过，雅特穆尔巫师有时也会取走心脏。还有一点区别，即福琼博士的信息提供人在故事叙述中，几乎进入一种歇斯底里的状态，而我的信息提供人是以冷静、疏离的态度在描述这些事件的，就像他在描述一种使山药增产的巫术过程。［参见《多布巫师》（*Sorcerers of Dobu*，1932）第158—164页和第284—287页。］

前去用一把扁斧砍破了他的脑袋和脖子。他杀了他。他割下他的脑袋，安上一个用恩盖拉卡弗威(*nggelakavwei*，一种块茎状真菌)做的头代替。然后他把那个真头扔了。

我们各自拽着他的一条胳膊，把尸体藏在象草里。马里金德津说："别说出去，不过也没什么可怕的。我们只是在复仇。"然后 60 我就走开去，到马里金德津的园圃里干活，回来后发现那个塔姆威阿躺在地上，病恹恹地在呻吟。马里金德津把他叫醒，问他："你睡着了吗？"塔姆威阿说："是的。"马里金德津又问："你能看见我吗？"塔姆威阿说："能。"马里金德津问："我对你做了些什么？"塔姆威阿说："我睡着了，你把我叫醒了。"马里金德津说："好。就这样说。现在你走吧。"

马里金德津还告诉他："你不准马上就大叫大嚷说得了病。先要过一段时间。"他给了他一个期限——从那时算起五天。[①] "你不准提到我。你活在坎卡纳芒村也没什么好。你还是死了的好。"马里金德津用塔姆威阿的带"-阿万"后缀的名字来称呼他。[②]

然后我们回到村里，马里金德津对德久艾说："不要再穿丧服了。我已经复了仇。你可以脱去丧服，或者只服轻丧。"那个可怜的人塔姆威阿不久就死了。

这事之后，马里金德津想教我他那些符咒，但我很害怕。如果我没有付给他足够的首饰，他会杀了我。后来，马里金德津在礼堂

① 雅特穆尔人施行法术时定下的期限永远都是从当时算起五天。

② 我是用一个引导式提问来获取这一细节的。不过在另一场合中，信息提供人主动告诉我，在称呼巫术的受害者或受害者的人偶时，用的是他的带"-阿万"后缀的名字(参见第 53 页的脚注)。

前对这件事进行了论辩，他说："我妹妹的死已经由一个男人的死摆平了。你们为什么要让你们的瓦甘来杀害我妹妹？不过现在我们已经复仇了。"

但是，克温古派了他的茨亨巴克[①]（一种人格化了的尖棒）去杀马里金德津的一个妻子，她死了，于是马里金德津又杀死了克温古的妻子，并说："你杀死了我的妻子，现在我复仇了。我没有必要隐瞒这件事。"

于是克温古杀死了马里金德津的一个孩子，而马里金德津则杀死了伊阿里梅的妻子。伊阿里梅为此事提出抗议："你为什么杀死我的妻子？"马里金德津说："克温古杀死了我的孩子，而你给了克温古食物。你为什么要给他食物？现在他的麻烦就转移到你身
61 上，所以你妻子就死了。"伊阿里梅说："是的，我真蠢。"他没有为他妻子的死实施报复，而是搬到廷邦克村去住了，后来在一场战争中，他在那儿被卡拉劳的当地人杀死了。

从这个故事中，我们可以归纳出下列认同，我们可以用恩格拉姆比来表述它们：

(a) 恩格拉姆比可以由巫师传给其姐妹的丈夫；也就是男人与其姐妹认同、姐妹与其丈夫认同。

(b) 恩格拉姆比可以由巫师传给其母亲并由此传给对她友善的人。

(c) 恩格拉姆比可以由丈夫传给妻子（A 杀死了 B 的妻子，B

---

① 茨亨巴克是一种尖棒，通常是一杆截断了的长矛柄。我所见到过的唯一一个样品在矛柄中间有一个黏土人面像。

就杀死 A 的妻子)。

(d) 恩格拉姆比可以由父亲传给儿子。

(e) 恩格拉姆比可以由对巫师友善的男人传给其妻子。

个案 3　我的信息提供人坎卡纳芒村的茨哈瓦给我举了另外一个例子,说明对巫师友善的危险性。他说,茨海经常给马里金德津食物,这就是他的孩子老是生病、他的很多猪都死掉的原因。

有一次,马里金德津说:“我做了一个梦。有人必须要杀一头猪。”(也就是说,他梦见了恩格拉姆比,或是某种灾难,而当事人必须杀一头猪来平息瓦甘的怒气。)于是人们进行了一场反对马里金德津的论辩。很多人说,“肯定是茨海的猪,他现在要付出代价了。”他们对茨海说:“你经常给马里金德津食物,现在他的麻烦要传到你身上了。”德久艾(马里金德津的妹夫)说:“马里金德津的妹妹老是给我家里带来麻烦,现在马里金德津去你家,你的孩子也会死的。如果任何人杀了一头猪,你都得赔偿他。”(也就是说,如果某人为了避免一场灾难而杀死一头猪的话,那么茨海也难逃其咎;除非他赔偿了那头猪的钱,否则他的孩子就会死。)但茨海说:“马里金德津是我的(类分的)父亲;我不能不帮他。”[①]

这一事例清楚地显示出,恩格拉姆比可以传给一个对巫师友 62
善的男人(他将这个巫师视作“父亲”)。这个男人甚至被要求提前

① 父子间的回避,以及由此导致的父亲绝不能吃儿子生产的食物这一禁忌仅限于亲生父亲和父亲的坦宾延。一个男人给远支的类分的父亲(在这个事例中,是父亲的母亲的姐妹的儿子)提供食物是正当的举止。而且,当父亲年事渐高时,这一禁忌也没那么严格了。

赔付那个巫师的邪恶行为所造成的后果，以避免有可能降临到他自己的孩子身上的危险。

个案4　这是一个有关丈夫和妻子之间认同的事例，是我在帕林拜村收集人口普查数据时听到的。

那个丈夫曾协助澳大利亚政府取缔猎头行为。他和另一个人利用他们的影响使帕林拜村人烧掉了他们的长矛。后来他妻子死了，肚子肿得老大。人们在她肚子里发现了一片烧焦了的矛。（这片东西很可能是由一个开业医生用某种伎俩放进去的。）这被视为她死于由烧毁长矛而导致的巫术之证据。

个案5　信息提供人：帕林拜村的吉梅尔万。德久艾[①]和潘杜之间因打扫礼堂而发生了争吵。德久艾在打扫礼堂，用一对厚木板撮起垃圾。他很生潘杜的气，因为后者什么也不干。潘杜踢了德久艾，德久艾就用“一根小木棒捅破了他的肚子”，把他杀死了。潘杜被埋葬了。

潘杜的儿子拉普恩达瓦将一根长矛投进了德久艾的家里（一种表示愤怒和挑战的姿态）。德久艾于是送了20个不同种类的贝壳首饰给拉普恩达瓦。

但事情并未到此结束。后来德久艾的“几个孩子和妻子都死了，他现在孤身一人”（暗示其妻子和孩子死于在那场争吵之后施

① 这个故事中的德久艾是帕林拜村人，不是我们在前面故事中提到的同名的茨哈瓦的父亲。

行的巫术)。

另一方面,潘杜的哥哥利纳格万也被厄运缠身。“他在坎卡纳芒村撇嘴了”(也就是说他生气了)。他想娶坎卡纳芒村的一个女 63
人,但没有如愿。他便去到坎卡纳芒村的礼堂里的辩论席上,召唤里面的男人出去袭击卡拉劳,他们便去刺杀那些在卡拉劳湖上捕鱼的女人们。利纳格万投出他的长矛,但没有杀死人,袭击失败了。后来,卡拉劳人组织了一次报复袭击,杀死了坎卡纳芒村的三个女人,最后利纳格万因为组织了那次不成功的袭击,被坎卡纳芒村人实施的巫术杀死了。“现在潘杜那一族基本上就完了。”我的信息提供人还提到了这一氏族中其他两个已死的成员,其中一个是被欧洲人杀死的,一个是被巫术杀死的。

这一个案中包含了父亲和儿子之间、男人和妻子之间、哥哥和弟弟之间的认同,在故事的结尾还隐约暗示出建立在氏族成员资格基础上的认同。

个案 6　信息提供人:帕林拜村的瓦因德加马利。这个故事是他在向我解释我最近看到的一次萨满降神时告诉我的。这次降神是为了探究特普马纳格万的死因,这位大人物的葬礼人偶将在后文描述(第 180 页)。他的死是始于四五年前的各对立成年礼层级(initiatory grades)间世仇的新近一轮的结果。我的信息提供人是层级 By_4(参见 279 页中的表格)的成员;特普马纳格万是 By_2 中的成员,而那场争斗最早是在 Ax_3 和 By_4 之间开始的,后来扩展到几乎包括了所有的 Ax 和 By 层级。

班迪(Ax_3)挑逗我们(肯贝雷尔,By_4)出来打斗。他们敲打着木梆，羞辱我们的父亲。“你们这群毛孩子都是些废物和杂种。我们已经玩过你们的母亲了。”接下来便是一场混战，没有用长矛而是用木棒。我们挨打了，但我们说：“我们会报复在他们的孩子（Ax_5）身上。”后来另一半偶族的人要求我们买来猪，我们将猪送给了他们。库姆布威（Ax_1 的一个男人）和他的兄弟马利水在这场打斗中表现突出。是库姆布威敲了木梆①将他的半偶族召集起
64 来，他还带着一支长矛。马利水只带了一根木棒。因此特普马纳格万便来找库姆布威算账。他拿起一根带倒钩的长矛（这种矛一般不用在村内人的打斗中）刺进了马利水的大腿。后来所有的对立半偶族都联合起来对抗特普马纳格万，他自己的半偶族则来帮他，另外，他的类分的劳阿和他女婿也来帮他。那场打斗后特普马纳格万说：“他们欺压得我们也够了；明天我们要反击。以前我们一直都用竹尖，明天我们要用倒钩。”在第二天的打斗中，特普马纳格万被“很多矛”刺伤了，那天晚上我们就都散了。我和其他一些肯贝雷尔级（By_4）的人去了泰格威村。特普马纳格万去找他的类分的哥哥，坎卡纳芒村的马里金德津。他给了那位老巫师一个新月形的珠母贝和一些芋螺——于是，马利水死了。

之后不久，万登（特普马纳格万的弟媳）死了。“马里金德津用一根莰亨巴克（人格化的尖棒）杀死了她，作为对马利水之死的赔付。他之所以‘倒转过来’杀她，是因为他怕他们会将恩格拉姆比转向他自己和他的亲戚。”

① 人们通常是从谁敲了梆开始描述一场打斗的；从个案 7 看来，敲梆的人似乎被认为是应对那场打斗负责的人。

而库姆布威向他的瓦甘(祖先的灵魂)哭诉,并将一些首饰献给他的瓦甘,他说:"祖上,我唯一的弟弟已经死了,而他们也别想安生。"

后来特普马纳格万的两个儿子死了,其中一个是在外做雇工时死的。

接下来又死了五个人。[①] 我试图了解这些死者与这场世仇所涉各人之确切关系,但我的信息提供人对此略去不提了,"他们都没有直接的关系。只是转来转去。马里金德津做事就是这样。"

最后,库姆布威将一个珠母贝奉献给了他的瓦甘,于是,特普
马纳格万死了;在询问他死因的降神仪式上,瓦甘(也就是被附体 65
了的萨满)拿出了这枚新月形的珠母贝,说:"就是这枚贝壳杀死了特普马纳格万。"他把这枚贝壳在礼堂的柱子上碾碎了,以此作为这一世仇已经完结的标志。

首先,这一个案体现出了成年礼半偶族内部的团结,但是劳阿与沃之间的纽带,以及女婿与岳父之间的纽带被赋予了比半偶族内的联盟更优先的地位。在这一巫术世仇中,我们看到了兄弟之间、弟弟的妻子与丈夫的哥哥之间、父子之间的认同。

个案7　这是关于坎卡纳芒村的一个漫长的巫术世仇的故事,是由我的信息提供人茨哈瓦告诉我的。与帕林拜村类似的世仇事

---

① 这场巫术世仇中的多数死亡很可能是当时的流感造成的。但我们在这里所关心的不是欧洲人的医学,而是雅特穆尔人的医学。通常说来,没有哪次死亡被雅特穆尔人认为是"自然的",他们将其统统归结为巫术。即使一个人是被敌人杀死的,他的亲戚也会怀疑是村里的某个巫师在袭击前把这死者的灵魂出卖给了敌人。

件一样，一连串的死亡是以成年礼半偶族间的一场争端开始的：

一个男孩在小礼堂里吹排箫，一个叫伊阿利格威什的女人从屋外走过。男孩说："过来，让我看看你的伤口①。"女人走开了，但后来又回到小礼堂前叫嚷道："我的温德津布②，我要见你。"那个男孩便藏起来，跑到自己家里去了。后来传言伊阿利格威什在一架犹太人的竖琴上弹奏排箫曲，那个男孩便和其他一些人去责备她。她说："怎么了，难道你们以为我不懂排箫曲子？姆怀瓦利（她的丈夫）教过我。"长者卡特卡无意中听到这话，很是生气。他走开去，告诉了其他一些男人，然后拎了根棍子去追伊阿利格威什。他看到一些男人在敲打一根悬挂木，③便说："别干了。一个女人已经泄露了我们所有的秘密。"于是，德津德吉姆敲打木梆发出信号，所有的男人便聚拢来。他们袭击了伊阿利格威什的家，打破了她的罐子；后来她的兄弟们过来帮她，他们和卡特卡打了起来。最初他们这边人多，卡特卡这边只有一些（小礼堂的）小男孩在帮助他。卡特
66 卡在打斗中跌倒了，其他人过来帮他。他的眼睛被打破了。

第二天，马里金德津过来看到卡特卡的眼睛受伤了，便问他是发生了什么事，卡特卡说："我们打架了。"马里金德津问："为什么？"卡特卡说："是关于男人的事（即成年礼秘密）。"他们为此事争论了一番，马里金德津站在伊阿利格威什和姆怀瓦利这边。他说：

① 这是一个暗指女性生殖器的淫秽的比喻。

② 各种秘密的发声物体，如笛子、排箫等，被认为是与树木的精灵即温德津布联系在一起的。当地流传着很多关于妇女与温德津布发生性爱的故事。

③ 这是瓦甘木梆的一种较低级的类似物，是成年礼的一个秘密。排箫曲也同样是秘密。

“有人要因这件麻烦事而死。”后来，他派出他的茨亨巴克（一种人格化的尖棒），杀死了克温孔。

克温孔死后的一天，一些年轻人结束了他们的契约工作回到家里，他们的箱子里装满了各种买来的东西。马里金德津到礼堂向这些年轻人索要一箱他们带来的商品。“在你们不在家的时候，我在替你们照看你们的女人。你们必须付给我一箱东西。”那些年轻人给了他一箱，不过他们说：“那个箱子以后会吃掉一个人的。”

那个箱子吃掉了卡特卡。（也就是说，卡特卡死于巫术，因为正是为了要对抗他，伊阿利格威什才去寻求马里金德津的帮助。）卡特卡的死又报复在伊奥利和他的弟弟克威利吉身上，他们曾经帮助过伊阿利格威什。这两人是在同一个晚上死去的（也许是在一场流感期间）。后来，卡特卡的妻子死了，以抵消克威利吉的死。后来瓦甘问：“谁还帮助过卡特卡？”接着德津德吉茂死了，而他的死后来又由基萨克的死抵消了。

后来瓦甘问：“是谁敲的木梆？”于是德津德吉姆死了。最后，伊阿利格威什死了，是被马里金德津的咒符杀死的。那位老巫师两边都帮。这场麻烦就是由这个女人引起的，所以她得死。于是，人们都说：“争论结束了。这件事就此了结。”

但是后来，伊阿利格威什的丈夫姆怀瓦利娶了卡特卡的寡妻卡甘，她给他生了一个孩子。马里金德津的瓦甘茨胡古说：“好啊，先是一个女人惹了麻烦，结果卡特卡死了。现在你又娶了卡特卡的妻子。”后来那个孩子死了。

接着，姆怀瓦利氏族的一个成员姆外布万说：“这件事儿早就结束了，但现在你们又想重新开始。”于是他弄死了对方的一个孩子。

67 最后进行了一次降神。马里金德津进入恍惚状态，茨胡古（通过马里金德津的嘴说话）让所有与这场世仇有涉的人杀一头大猪来结束这场世仇。他询问了参加最初打斗的双方所有人的名字，叫两边的人都拿出些首饰。猪买来了并被杀死，各瓦甘（通过他们的萨满）和所有的男人把猪吃了。宴席过后，按照茨胡古的建议，所有的瓦甘带上猪骨头，在礼堂的梯子旁挖一个洞，把骨头埋在里面；他们说："如果谁再提起这次世仇，谁就会死。"

但后来马里金德津病了。[①] 这是因为所有人都想对他进行报复。所有懂得一点符咒的人和所有瓦甘对此达成了一致意见。

在这个故事中，可以辨认出以下这些认同：

(a)建立在性别一致或成年礼半偶族成员资格基础上的认同（参见第113页中引述的个案，在那一个案中，一个女人被发现在探听笛子的秘密）。

(b)妇女的兄弟站在她这边，其关系优先于他们对性别认同或半偶族认同的效忠。

(c)帮助过那个违反规矩的女人的人都遭到了报应，包括那两个兄弟。

(d)卡特卡的妻子死于他丈夫的恩格拉姆比。

(e)最后，姆怀瓦利娶了卡特卡的寡妻，这使各种关系纠结在一起，以至于说不清楚他们所生孩子的死亡是该归因于伊阿利格威什的罪过还是卡特卡的罪过。

---

① 四个月后他死了。我询问过关于埋猪骨头的事，人们告诉我这并不是一种惯常的做法，而只是遵从瓦甘的建议。

个案 8　坎卡纳芒村的茨哈瓦给我讲了下面这个故事，是关于他父亲的两个妻子迈特和乌恩德迈之死的。

马里金德津的两个妻子姆怀姆和伦博因在吵架。姆怀姆说："德久艾（我的信息提供人的父亲）老是跟你玩[①]。"马里金德津听 68
说了，便从特戈威村搬援兵来报复德久艾；他们在坎卡纳芒村打了起来。后来德久艾杀了一头猪送给帕林拜村的男人，请他们来杀死伊奥威梅特，一个居住在坎卡纳芒村的特戈威村人（伊奥威梅特和马里金德津是类分的兄弟）。不过伊奥威梅特逃到特戈威村去了，他们只是捣毁了他的财产，偷走了他的贝壳首饰。后来他回来了，为他的财物哭泣。他还有一个绳袋、一个涡螺、一串芋螺项链和一个蝶螺。他把这些给了马里金德津。马里金德津问："你为什么把这些给我？"伊奥威梅特说："我在为我的财物哭泣。他们杀了我的猪，还毁了其他东西。我要让他们死一个女人。"于是他们两人约好了一天——"那天，我们在树林里碰面。"

到了那一天，他们碰面了，并在河岸上一个叫通威马利的地方等着迈特（德久艾的妻子）。她划船过来时，他们骗她说："这里有鳄鱼蛋。"等她上岸后他们就杀了她——先把她杀死然后再让她复活。她回到家，告诉我父亲（德久艾），"那两个人杀了我。他们骗我说有鳄鱼蛋，我就上岸了。"德久艾刚听完这些话，她就死了。德久艾为她哭泣，召来他的瓦甘茨胡古。[②] 他说："只我一个人在哭

① 性交的一种委婉说法。

② 这是个附体在马里金德津身上的瓦甘。我的信息提供人解释说，当德久艾召唤茨胡古时，能听到他的召唤的是那个神灵，而不是萨满。

泣。他们都毫发无损。我要让他们以后也得哭泣。”后来，茨胡古杀死了马里金德津的妻子姆怀姆。

后来举行了一次降神，茨胡古附体在马里金德津的身上，对他说：“你，我的萨满，你为什么发疯把所有的女人都杀死？现在她们在报复了。我的氏族后代呼唤我，所以我来杀死了那个女人。你的一个妻子已经死了。以后某个属于伊奥威梅特的人也要死。”后来，伊奥威梅特的女婿伊维特死了。接着，马里金德津和伊奥威梅特又杀死了我父亲的另一个妻子乌恩德迈。这样就平衡了。

69 但是伊奥威梅特给一把扁斧施了符咒，他发现了我的一个脚印。他用扁斧砍那块地面，然后用荨麻把扁斧包起来，放到一个罐子里，再把罐子放到火上烧。我的伤口就痛得让我直叫唤。然后伊奥威梅特加了些水在扁斧上让它凉下来，我的伤口也凉下来了。他不断这样做，直到我拿出个蝾螺，我的妻子把它送给伊奥威梅特。然后伊奥威梅特说：“你已经付给我东西了，你的伤口会干的。”伤口干了一点儿，但医生（即政府的医药官员）带我去了安本蒂（政府医院）。医生问：“伤口为什么这么严重？”我说：“这都是因为伊奥威梅特。”医生问：“你们为什么争吵？”我说：“是我父亲跟他吵。但是儿子帮助父亲是不对的。”[①]然后医生派了个传唤员去让伊奥威梅特过来，问他：“你为什么伤害这个孩子？”伊奥威梅特说他不知道，医生说，“茨哈瓦已经告诉我了。你为什么撒谎？”

伊奥威梅特差点进了监狱，但他是我的（类分的）沃。医生问我是否同情他，我说“是”，于是医生说“不要紧的”，于是就不再提

① 参见关于父亲不能吃儿子种植出的或准备好的食物的禁忌。

这事了。

这个故事显示了以下等同：

(a)马里金德津和伊奥威梅特；兄弟与类分的兄弟。

(b)马里金德津和姆怀姆；丈夫和妻子。

(c)德久艾和迈特；丈夫和妻子。

(d)伊奥威梅特和他的女婿。

(e)德久艾和乌恩德迈；丈夫和妻子。

(f)德久艾和茨哈瓦；父亲和儿子。

(g)最后，茨哈瓦"同情"他的类分的沃。

个案9 这个故事是坎卡纳芒村的茨哈瓦告诉我的。它描述了瓦甘对一个开业医生的报复，这个医生插手他们的事务，而且对自己的服务不索报偿。伊冯的氏族的瓦甘蒙韦维要他杀死一只鸡，但伊冯说："为什么我要杀鸡？我应该什么时候杀？"他拒绝杀鸡。于是瓦甘便背弃了他，让他儿子生病了。一个叫坦盖的拥有 70
一些咒符知识的人治好了他。但瓦甘说："这不关他(坦盖)的事。这属于人们所说的'他就该死'之类的事，而坦盖却用了符咒。"

接着瓦甘就让坦盖的妻子生病了。人们说："是啊，他们没有为符咒付给坦盖任何东西，他也没有这样要求(也就是说，只要人们没有付报酬让他做这事，这就不关他的事)。"庞庞比的女儿说："这是巫师们在捣鬼。伊冯的人也不可能没事的。我们的瓦甘会报复他们。这是他们的恩格拉姆比。"庞庞比同意她女儿的意见，她叫来她的丈夫坦盖，对他大发脾气。然后把他赶走了；尽管之前他们相处得颇为融洽。很长一段时间里，他们没有召唤瓦甘，但最后他们叫来了蒙韦维的萨满，他被瓦甘附体，后者要求坦盖献上槟榔果。在他们献上槟榔果后，蒙韦维才扫清了通往死亡之地的道路。魂灵本要先去往死亡之地，但蒙韦维却（出于怨恨）关闭了那条道路。那个女人病得很重，却死不了，后来才死了。

在这个事例中，伊冯最初对蒙韦维的冒犯首先是报复在他的孩子身上（父子之间的认同）；然后恩格拉姆比传到了坦盖那里——这个例子表明帮助那些带着恩格拉姆比的人是危险的。然后恩格拉姆比又从坦盖那里传给了他的妻子。

个案 10　这个故事是坎卡纳芒村的茨哈瓦说给我听的。我重新组织了这个故事，以使其事件序列更加清晰：

阿特恩德金娶了一个叫茨胡格瓦的女人，后来她用自己养猪的收入帮助丈夫积攒起了作为新娘礼金的首饰，从而帮助他娶到了她的妹妹瓦玛。我的信息提供人告诉我姐姐帮助其丈夫娶自己的妹妹是很平常的事。

后来阿特恩德金死了，留下了这对寡妇姐妹。按照习俗，她们
71 要成为阿特恩德金的弟弟的妻子，但实际情况不是这样。詹茨乾村的一个叫茨胡阿特的男人想要娶那位姐姐，后来把她带到了詹茨乾村，但马里金德津也想要她，于是他派出了他的茨亨巴克（人格化的尖棒）。茨胡阿特在梦里见到了这根茨亨巴克，很害怕，就让那个姐姐走了。马里金德津便娶了她，付给了阿特恩德金的弟弟一份新娘礼金。后来马里金德津说："那个妹妹结婚时，我要获得一部分新娘礼金，要像她姐姐当初所贡献了的那么多，一头猪可是远远不够；不过如果他们没有足够的首饰，付给我一头猪也行。"

但那位妹妹的各任丈夫都竭力在逃避这一偿付。开始一个叫特弗瓦的男人娶了她，但他后来病了，他很惧怕马里金德津，就把她送回去了。她独居了一段时间，直到茨豪南蒂娶了她。但他其他的妻子则因她而死；马里金德津派出了他的茨亨巴克，因为他没有得到偿付。人们说："茨胡格瓦的东西（即那些首饰）吃掉了你的妻子。"于是茨豪南蒂把那个妹妹送走了。后来姆巴姆布昂加娶了她，但因为他没有杀一头猪给马里金德津，他前妻生的一个孩子死了。尽管他的孩子死了，他还是没有偿付给那个巫师什么东西。马里金德津年纪大了，姆巴姆布昂加说："他不中用了。他以前炙手可热，但他现在不中用了。"

在这个事例中，我们首先看到丈夫（马里金德津）与其妻子认同，在此认同基础上而要求得到她所贡献的首饰补偿。之后，我们看到那个妹妹后来的各任丈夫们的过错被报复在（1）他们自己身上，（2）他们的其他的妻子身上，（3）以前妻子所生的孩子身上。

个案11　这个故事是坎卡纳芒村的茨哈瓦告诉我的。它与我们正在讨论的认同问题无关，不过，在谈论了一连串的世仇事件后，引述以下这个事例是颇有意思的，这个故事说的是一个男人杀死其妻子，之后再从她的亲戚那儿得到象征杀人的饰物。

莱因德金杀死了他的妻子图阿利什。她是沃尔根氏族的成 72
员，（因此）是我的（类分的）姐妹。

图阿利什用一根长竹管去取水。她回来后莱因德金问："你怎么去了这么久？"她说："我没去多久。你在想什么呢？"莱因德金说："我只是问问。"她说："别的男人都不会问，就你问。你是妒忌了。"莱因德金说："是啊，我知道女人们都在干些什么勾当。"他就跳起来，抓起那根竹管发狂地打她，把她打死了。他们用竹刀在她皮肤上切开口子并用了符咒，但没能治好她。莱因德金哭得很伤心。

沃尔根氏族的人得知此事，我们说："我们的姐妹死了。"然后我们就拿上矛去了莱因德金家。他封住了门(可能是用一个垫子)，自己待在里面。我们对着那房子投了很多支矛，莱因德金的兄弟的儿子受伤了，但没有死。

我们送了一个坦博因特沙(代表杀人的穗子)和涂成黑色的文殊兰叶子给莱因德金，他杀了一头猪奉献给瓦甘和其他人，但我们没有吃；那是我们的姐妹的猪。

后来，莱因德金说："这个女人并不是无缘无故死的。是马里金德津杀死了她。"于是他叫来马里金德津，说："我们用矛决斗吧。"马里金德津定下了日子："后天中午我会来。"马里金德津带来了一大捆长矛，说："你梦见过我吗？我杀了那个女人吗？"莱因德金说："是的。我派出了我的茨亨巴克(去查看)。茨亨巴克叫醒我并告诉我——'马里金德津无缘无故杀了她。那个女人没有恩格拉姆比。她不是被很多男人杀死的。只有马里金德津是罪魁祸首。'"于是马里金德津说："好吧，那就决斗吧。"莱因德金说："我正恭候着呢。决斗吧。"

他们两人就拼命打斗起来。他们的拉诺阿(姐妹的丈夫等)想要拉住他们但拉不住。后来莱因德金手上受伤了，他的拉诺阿终于制止了他。

73 作为对那个女人之死的赔偿，[①]莱因德金付了一个新月形的

---

① 我不太清楚送杀人饰物的行为是在此补偿行为之前还是之后。在其他个案中，似乎是杀人者先付了赔偿，被杀者的亲戚才给他坦博因特沙。

珍珠母贝、一个龟甲臂环、两串芋螺项链和三个蝾螺，这些都装在一个绳袋里挂在沃尔根氏族的礼堂里。

这一系列故事包含了大约 40 种认同。但是据此远不能对各种类型的认同出现的相对频次和重要性作出评估。这些故事只是显示出了在这些语境下认同的一整套作用方式。不过，值得提出的是，如果能记录下具有亲属关系背景的大量系列故事，那么就能够提供足够多的认同，以使我们能够考察影响认同的各种因素。

第六章　对沃-劳阿关系的结构性分析

74 我们已经看到“母亲”这个称谓在纳文仪式被用于母亲的兄弟。这种用法并不限于这一仪式；在成年仪式中也有这种用法，从某种程度上说，在日常会话中也有这种用法。因此，一些当地的男人根据我被给予的母系名字，将我视为他们的类分的“姐妹的孩子”；在强调与我的亲属关系时，他们偶尔也会自称是我的“母亲”。某人甚至会这样对我说：“你是我们生下的孩子。”（“我们”在这里指的是其母系氏族。）在某些时候，我的信息提供人在提到这个氏族——我拥有这个氏族的母系名字——时，会加上以下这个短语：“他们是你的母亲。”[①]

因此很清楚，母亲的兄弟与母亲的认同在称谓中已经得到了很明确的表达，从这一语言用法上我们可以发现，与整个母系氏族的关系是受与母亲的关系的影响的，而与母亲的类同在与沃相关的事例中被最明确地标示了出来。但我们不必指望将母亲的兄弟的全部行为描述为男性母亲的行为。[②] 我在前文中已提到，男人

① 他们的语言中没有名词的复数形式，因此我不能肯定，这句话中的“母亲”这个词是单数还是复数。

② 这一分析得益于拉德克利夫-布朗论母亲的兄弟的经典论文[载于《南非科学杂志》(*South Afican Journal of Science*)，1924 年，第 542 页]。

在某种程度上认同于其父亲，我们可能会希望发现这一认同会对与母亲的兄弟的关系产生某种影响。劳阿在某种程度上认同于他的父亲，在他与沃的关系中我们会发现，沃有时是把他当作自己的姐妹的丈夫来对待的。因而我们至少可以根据以下两种方式将沃的行为分为两类，一是他的行为以兄弟与姐妹之间的认同为基础，75
他对待劳阿就如母亲对待其孩子，一是他的行为以父子间的认同为基础，将劳阿作为其姐妹的丈夫来对待。

经过某些必要的修正，这种推理也可以运用于对劳阿行为的分析，因此他可能在对待沃时既把他当作母亲又把他当作妻子的兄弟。最后，沃-劳阿关系还可能具有一些基于我们还没有考虑到的其他认同因素而产生的特征，或者它具有某些其自身的特征。

这样，我们就被引向在以下三个标题下对沃-劳阿关系进行一种实验性的分析：

1. 母亲与孩子之间的典型行为。

2. 妻子的兄弟和姐妹的丈夫之间的典型行为。

3. 不符合以上两种模式的其他行为细节。

通过这三种类别框架，我们就能将我们所获得的关于沃-劳阿关系的所有信息都置于一个图式之中，从中可清楚地显示出沃和劳阿的行为在多大程度上可被视为其自身具有的特征，多大程度上是基于这些认同。

1. 雅特穆尔人的母亲对待其孩子的行为很简单，不像父子间的行为模式那样，被一些自相矛盾的因素复杂化了。她的各种行为态度可以看作是围绕着一个核心文化行为而建立起来的；她喂养孩子，先是哺乳[①]，而后是为他提供食物。从沃的行为中也可以明显地看出，提供食物的行为被当地人视为在某种程度上是母亲行为的基本特征。

这些食物是作为免费的礼物给予的，孩子不需为此回报什么，但母亲总是很担心孩子饿着，她对孩子的关怀是通过以下方式获
76 得报答的，即她从孩子的成长中所获得的愉悦和为后者获得的成就而骄傲。她的骄傲在纳文仪式中的一个程式中很明确地表露了出来，即当杀人者踩过他的“母亲们”俯卧着的裸露的身体时，她们说：“从这么个小地方却出来了这么个大人物！”这种态度是在对孩子的成就表示骄傲和高兴的同时，自己则保持谦卑而低调。最后，我们认识到，母亲还是孩子的安慰者；她劝止孩子的哭闹、在孩子生病的时候守护在其身旁；如果孩子病得很重不能吃东西，那她自己也不进食。[②] 母亲的特征可以归纳为以下几点：提供食物，为孩子骄傲并自我贬抑，进行安慰。

母亲这些方面的特点在沃的行为中都得到了很明确的强调。我们看到，他是食物的给予者：我已经提到过，存在着一条不间断的、以食物为内容的仪式性礼物之流，从沃流向劳阿。在小型的纳文仪式中，沃赠送的是一只鸡，而在更为重要的仪式场合中，沃的

---

① 也许有人会提出异议，认为哺乳孩子是一种“自然的”而非“文化的”行为。但至少它是一种被包括在雅特穆尔文化规范中的一种行为，而且毫无疑问已经以多种方式经过了文化的改造。从某种结构的视角看，我们有理由将哺乳孩子的行为视为雅特穆尔文化中的一个既定因素。

② 我没有证据证明母亲行为的这一细节是否被带入到沃的行为中，但在成年仪式的某一特定阶段，恩亚米(母亲)这一称谓也被用于年龄更长的层级，而在此期间，这一层级的成员和受礼者一样遵守食物禁忌。

礼物则是一头猪。我们可以将这些礼物看作类似于母亲对孩子的持续喂养。当地人很明确地声明，沃总是很担心他的劳阿是否会饿着。小男孩自小就知道，即使他向沃要一个山药，他都要很小心，否则他的沃就会以很夸张的焦虑叫起来："什么！我的劳阿饿着了?"然后会跳起来，跑去把自己的猪杀了送给他的劳阿。

我们看到，沃结合了自我贬抑和为男孩成就感到骄傲这两种态度：为劳阿骄傲之态度的日常体现是他用母方氏族的一系列最显赫的图腾名称来向那男孩欢呼；更为戏剧性的表现是，不管什么时候当他的劳阿在公众场合——比如说在辩论中——有突出的表现，沃都会向他撒石灰。而且，在纳文仪式中，这种骄傲感又混合着谦卑和自我贬抑，沃穿着污秽的女人衣服，通过羞辱自己来表达他对劳阿的骄傲。不过，即使是在我们分析的这一阶段，我们也可以总结出，纳文仪式中沃的大部分行为是母性的这一特定方面——母亲的自我贬抑和对孩子的骄傲——的夸张表述。但纳文的其他很多细节——尤其是沃的行为中的滑稽因素和他向劳阿露 77
出屁股的行为——还有待说明。

我们看到，在成年仪式中沃是孩子的安慰者。这时他被称为"母亲"，而在成年仪式中小男孩被隔离于其亲生母亲的严酷的第一天，以及在其被施行割礼时，沃实际上也充当着进行安慰的母亲角色。沃在成年仪式中的第一个举动就是把劳阿扛在肩上——母亲经常用这种方式携带孩子——把他带到一条翻转过来的独木舟处，在这里要对孩子施行割礼（参见图片V_{B}）。

在实施手术时，沃坐在独木舟上，在对小男孩的胸部割切口子时，孩子先是坐在沃的腿上。之后，男孩趴下来，头放在沃的腿上，背部朝向施礼者的刀子。在背部开切口远比起初在其胸部割出月牙形切口更为痛苦，这时小男孩尖叫起来，用双臂拼命环抱着他“母亲”的腰部。他尖叫时沃会安慰说，“不哭不哭”，并抓住他，让他保持不动，同时对付着孩子的疯狂抓挠。切割最后完成时，沃又将孩子扛在肩上，将他带到一个池塘边，将他的血洗净。然后沃再把他带回到礼堂，用一根羽毛蘸着油轻抚孩子的伤口（参见图片Ⅹ、Ⅺ）。

现在我们转而讨论孩子对沃的相应行为，我们可以再次将一些要点回溯到他对其母亲的行为模式上。在对待母亲的态度方面，很强调忠诚这一点：我已发表过一篇文章①，讨论一个儿子被卷入其母亲及其第二个丈夫之间的争吵的事件。那个丈夫大发雷霆，用烧火棍狠命地抽打那个女人，她的儿子进到继父家把母亲带

78 走了，并安排她在自己家里住了好几天。这种对忠诚的强调同样也表现在对待母亲的兄弟的行为中。不管什么时候，只要沃被卷入了某场争吵，人们总认为男孩应该站在他的沃这一边，即使与他母亲的兄弟争吵的另一方是他的父亲。

同样的忠诚在与秘传事物（符咒、神话等）相关的事件中也被强调（参见第 47 页）。

对应于沃为劳阿的成就感到骄傲，劳阿这一方则极尽自夸之能事。他会当着沃的面自我吹嘘，带着夸张的手势说：“我是村里最了不起的人！”“我是这个村子的支柱！”但同时他也不能吹嘘过度，特别是他不可以冒犯沃，否则后者会跳起来，在劳阿的胫骨上

---

① 《大洋洲》，1932 年，第 286 页。

蹭自己的屁股。在男孩与其母亲的早期关系中，这种自夸行为并不明显，它在沃-劳阿关系中得以发展，大概是与沃的行为的普遍性夸张特征有关。

在这种夸张中，沃的行为有别于母亲的行为。母亲给孩子食物是平常之事，但沃给予食物时要么是在仪式场合中送上几头猪，要么是在劳阿要一个山药的情况下，跳起来，以戏剧化的姿态去杀一头猪。母亲让幼儿骑跨在肩上，因为这样便于携带他；而沃肩扛男孩的行为只是成年仪式中的一个程序，孩子这时已经长大并能走得很好了。对于孩子的成就，母亲会报以轻松的微笑，而沃至少必须向他撒石灰。在每个场合中，沃的行为都是母亲行为的夸张和戏剧化的版本。关于男人与其姐妹之间、沃和母亲之间的社会认同这一结论可以充分地解释和描述这两种亲属行为上的类同，但是什么因素导致了沃的行为中的滑稽和夸张因素还有待解释。

2. 我们现在可以考虑一下一个男人与其姐妹的丈夫之间的典型行为模式，以及这些模式被沃采用的程度。在雅特穆尔人中，79
姻亲兄弟关系的一个首要特征是对以下这一事实的矛盾态度，即一个男人将他的姐妹给了另一个男人做妻子。在此文化中，这二者之间被定义为一种相互亏欠和互不信任的感情①，丈夫要给予新娘的兄弟相当数量的新娘礼金。尽管这种交易被称为韦恩加（*waingga*，购买），但新娘的兄弟会在她去新家时给她身上佩戴上相当数量的贝壳首饰，这些首饰是回报其丈夫的礼物。当地人

① 参见第124—125页所描述的妻子的父亲们和丈夫的父亲们之间的争吵：夸什欣巴对基利马利。

很明确地说，新娘礼金的目的是“为了使新娘的亲戚不致用巫术来加害其丈夫”，而且他们说，即使是付出了最多的新娘礼金，也只能是在有限的一段时间里避开这种巫术施用。因此，那种亏欠感就持续了下来，妻子的亲戚一直有权利在各种工作——比如建房，这一工作需要大量的劳力——中叫其丈夫来帮工。在工作结束后，妻子家的人会为劳力们举办一个小宴席，或者至少要给他们分一些椰子。这些赠品是免费礼物的性质，要作为其工作的报酬则往往是很不够的。

但姻亲兄弟之间的关系是正反面共存的；其特征不仅包括亏欠和不信任，还有合作。在很多情况下，新娘的兄弟在其婚姻安排中起了很重要的作用。他可以通过对其姐妹的火炉施加巫术使其坠入爱情来帮助他的朋友即那个未来丈夫的求婚；最后，他还可以在晚上将她从家里带到新郎的家里。到达那里时，他和他的姐妹会收到那个未来丈夫的仪式性的欢迎。姑娘的兄弟会被安排坐在一张凳子上，那个未来的丈夫将油抹在他脸上，剪下他的头发，最后将一些首饰放在他的肩上。① 第二天早上，村里人醒来，发现这桩婚姻已是既成事实。

80 在很多情形下，人们并不将姻亲兄弟之间的对立看得很严重，只是将其作为开玩笑的对象。如果一个男人在无所事事地看着他的塔旺图干某件事，后者就会拿他逗乐，“在监视你的塔旺图？我可不是那种人。你应该明白我在帮我的塔旺图。”当姻亲兄弟之间

① 注意，未来的丈夫所做的仪式行为与侵犯者对他所侵犯的人进行补偿时所做的仪式行为是一样的。

的关系是对等的，即他们的关系建立在相互交换姐妹的基础上时，他们的对立可能是最弱的。但我没有收集到关于这一印象的本土表述。

但即使没有这种交换，社会依然强调一个男人应对其妻子的兄弟保持忠诚——这一特征类似于男人与其母亲及母亲的氏族之间的关系。在这里，我们发现了与我们在男人与其母亲氏族的关系中所注意到的规则类型相同的规则——在这种关系中，一个男人在任何争吵中都必须支持他的妻子那边的人，即使对立的另一方是他自己的氏族。因此，从这一点看，父亲和儿子是类似的，他们都要对同一个氏族怀有完全的忠诚，因此，可以说，强调对沃的忠诚是和沃与男孩母亲的等同，以及男孩与其父亲的等同一致的。

如果一个男人的母方氏族与他妻子的氏族之间发生争吵，那他要么站在中间进行调解使之停止争斗，要么就缄口不言。通常，这些规则被认为是规定男人应该如何做，而不是在描述男人们实际上经常如何做。不过，我有几次都看见男人们对礼堂里发生的争斗加以干预。遗憾的是，我从来没有考察过他们与那些争斗者之间的亲属关系。在这种时候，我自己总是担心争斗会造成严重的伤害，引起政府对我所在的村庄进行惩罚，而且或许会使我失去我的那些很有价值的信息提供人。我猜想，调解人的出现是现代文化接触和害怕政府的产物。即使我知道这些规则，但我从来不认为，调解这种煞风景的行为对于雅特穆尔人的文化来说是一种常态。

除了对忠诚的强调，姻亲兄弟之间关系的其他方面也被带入 81
到了沃-劳阿关系中。丈夫付出首饰和劳力而获得一个妻子——

这些礼物被一种亏欠感联系在一起。姻亲兄弟之间的关系中这一令人尴尬的经济方面已经被带入到了沃-劳阿关系中。我们在前面已经看到，沃送给其姐妹的儿子大量的食物——尤其是猪和鸡。但这些礼物——与母亲所给予的相应的食物礼物不同——使那个男孩产生亏欠感，后者则送给沃贝壳首饰作为回报。实际上在很多情况下，男孩没有自己的财产来回报沃，一般是男孩的父亲提供作为礼物的贝壳。这个事实表明，姐妹的丈夫和姐妹的儿子之间的认同在这一场合中表现得最为鲜明。从沃的角度来说：他送了一头猪给他的姐妹的儿子，他姐妹的儿子和丈夫从他们的财产中共同拿出一些首饰来作为回礼。

82 最后，我们来探讨沃朝劳阿露屁股这种反常举动。这类举动当然不会是母亲的典型行为，但我偶尔听到一个神话中提到，一个男人将屁股放在他妹夫的大腿上蹭。如果我们还记得男人是等同于他的姐妹的，这一行为就是可以理解的了——至少从结构的视角上看是如此。男人作出仪式性的性交姿势，将自己等同于自己的姐妹，以此表达出他与他姐妹的丈夫的关系。在沃这方面，他的位置更为复杂，但是如果我们想到作为他的行为基础的两种认同，他的行为就是完全符合逻辑的。为了清晰起见，我们以母亲的兄弟的口吻来陈述这些认同，即如下："我是我的姐妹"，以及"我的外甥是我的姐妹的丈夫"。如果我们将这两种认同同时考虑进来，那么沃对男孩做出带有性意味的动作就是很"合逻辑的"了，[1]因为

① 或许我应该强调这一事实，即这是我对沃的这一姿势的解释，并不是以当地人的表述为基础的。我们也可以将这一姿势想象为是沃生下劳阿的象征性表达，它进一步强调了沃之地位的母亲性方面。

他是男孩的妻子。

最后这一点的分析似乎是在胡思乱想，但有证据表明，在这一仪式片段之下存在着某些这类符合逻辑的、具有象征意义的发展过程。在这一假设下，沃的感叹“兰门陶”（“你是个真正的丈夫！”）[①]立刻就变得很好理解了。最后，我们也可以解释沃所做出的带有性意味的姿势对劳阿造成的强烈刺激，以及他跑去拿首饰送给他这一事实，如果我们将这些礼物确实看作某种形式的新娘礼金的话。

尽管沃的结构性位置如此，他在纳文仪式中的行动可以描述为此地位的逻辑发展，但我们还是不知道这一文化为什么会遵循这样一种逻辑路线。为什么这一文化会经由这种种等同，最后达到一种荒谬的结果，即沃在他的劳阿面前表现出带有性意味的姿态？我们所归纳出的男人与其姐妹之间的等同和男人与其父亲之间的等同在很多原始社群中都可以发见，但纳文仪式中的哪怕是更为简单的一些要素——沃穿着女人的衣裳等——相对来说在那些社会中也是少见的；而像沃摆出带有性意味的姿势这种现象恐怕只存在于塞皮克地区。因此，我们只可能得出如下结论：结构性位置设定了各种文化可以沿其发展的可能路线，但这些路线的既定存在并不能解释为什么文化选择了对这些方面加以强调。我们

① 虽然这一感叹所显露出的证据不如它的字面翻译所显示出来的那样有说服力，因为“兰门陶”(*lan men to*)这个短语也一直用于表示服从、请求同情和表示投降的喊叫。这个短语甚至可用来称呼一个女性的强势者，在这种情况下它被修正为“莱因尼因陶”(*lain nyin to*)。(*nyin*，女性，第二人称单数代词。我认为，将“lan”改为“lain”并不是由于性别变化而作的改动，而只是为了“音调好听”。)

已经展示了其既定的文化路线，但我们还需说明导致文化沿此路线发展的“动机力量”。

3. 最后，我们必须考虑沃的行为的其他不同方面，这些方面既不能被归纳为沃是劳阿的男性母亲，也不能说劳阿是沃的姐妹的丈夫。

83 (a)沃不会从劳阿的家里取火。如果他自己家里的火灭了，据说沃会用劳阿家的火点着他的纸烟，然后再用他的纸烟点着家里的火，但他不会从劳阿的火堆里抽走一根燃烧着的木棍。这种类型的规避在男孩的父亲那里更为突出，就如我已经提及的，父亲在任何场合都不能吃由儿子获取来的食物——在雅特穆尔人的观念中，食物和火是很相近的类似物。

沃避免从他的劳阿家里取火这一点似乎可以通过沃与劳阿的父亲之间的认同这种结构性关系来描述；而且，如果考虑到以下这一点，这种解释就更为肯定，即不能吃男孩获取的食物的一整套禁忌也适用于其父亲的坦宾延。坦宾延是搭档，坦宾延之间的行为遵照相互交换姐妹的男人之间的互相合作的普遍模式。因此当我们发现纯粹的姻亲兄弟之间在某种程度上具有类似的认同，也就并不奇怪了。

(b)沃还在另一方面与父亲类似：与父亲一样，他也要避免与他的劳阿进行赤裸裸的商业交易。不过我们还不很清楚，这两类亲属之间的类似是基于他们之间的认同，还是有不同的原因作用于这两种亲属，导致表面上类似的行为，由此造成某种一致性。在父亲方面，避免与儿子建立商业关系，毫无疑问，是符合避免从儿子的损失中获利这一普遍性准则的。在沃方面，人们告诉我，他之所以避免与劳阿进行交易，主要是由于以下这一事实，即他收到过劳阿的母亲的新娘礼金的一部分；但我弄不明白为什么这一事实会使沃不利于或不适合与劳阿做交易；我对姻亲兄弟之间是否会进行商业交易这一点也不清楚。

（c）还有一种习语用法似乎也可以归于这种认同：如果劳阿帮
他的沃做了些事，他就会被称为后者的“狗”。我不是很清楚，在这 84
种情况下沃与劳阿关系中的哪些细节等同于一个人与他的狗之间关系中的细节；但值得提及的是，狗的主人通常被称为它的“父亲”。

（d）我已经描述过一系列的行为细节，这些细节似乎将劳阿等同于其母方氏族的祖先，我还提出，这种认同是建立在对祖先、劳阿和成就的类似的骄傲感取向上的。

（e）沃的行为是**夸张的**。其行为不是母亲或他的姻亲兄弟行为的简单翻版，而是对这些亲属的行为的某种滑稽模仿。这种滑稽因素目前只能被描述为是沃的关系中所特有的，而不是从任何认同模式中提取出来的。

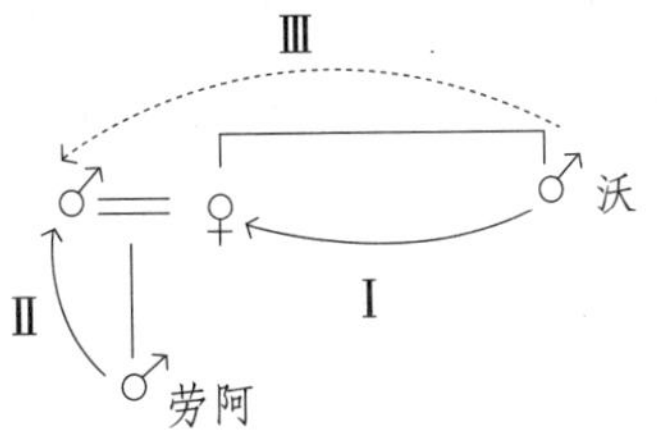

图表 1　沃所处的亲属关系位置

由前面的分析我们可以用一个图表（图表 1）来归纳出沃的地位的基本特征。这个图表标示出了沃和劳阿在亲属谱系中的位置，其中三个箭头代表了三类认同，沃与劳阿的行为就是基于这些认同之上的。箭头Ⅰ标示的是沃与其姐妹的认同，根据这一认同，沃会举止如母亲，而劳阿则会以儿子对母亲的行为来对待沃。箭头Ⅱ标示的是劳阿与其父亲之间的认同，根据这一认同，沃对待劳阿就如对待自己的姐妹的丈夫那样，而劳阿则将沃作为妻子的兄弟来对待。认同Ⅰ与认同Ⅱ的结合是沃将劳阿作为妻子对待的基础。

85 箭头Ⅲ标示的是沃与劳阿的父亲的认同，根据这一认同，沃会举止如同他是劳阿的父亲，而劳阿则会举止如同他是沃的儿子。因为这最后一种认同比其他两种存在更多的问题，而且我没有任何关于劳阿符合此模式之行为的记录，所以在图表中我只用虚线来标示这一认同。

我们的实验表明，沃的几乎全部的文化行为都可以用前两种认同来加以解释。至于那些遗留下来的未得到解释的细节，我们也许可以用第三种认同来加以解释，但还有一些细节是用这些认同无法解释的。我们现在还不清楚为什么沃的行为倾向于是夸张的和滑稽的，为什么劳阿被视为母方氏族的祖先，以及为什么这一文化遵循其认同逻辑而达致了那样一些极端的结果。这些问题必须留待我们从雅特穆尔文化的诸方面而不是仅从结构的角度，来加以解释。

第七章　关于纳文的社会学

至此为止，我们一直把自己严格限制在我称之为结构视角的 86
范围内。我们把自己置于此文化中一个假想的智者的位置，并且展示了——在这样一个智者看来——纳文仪式中沃和劳阿的行为在某种意义上与雅特穆尔文化中的其他一些既定因素在逻辑上是一致的。但在这一章节中，我们要从一个完全不同的视角来思考纳文，即从一个处于此文化之外的观察者的角度来考虑，而且这个观察者关注的是雅特穆尔人社群的整合和分裂。我们将只关注纳文仪式中那些与那个抽象的统一体（即作为整体的社会）的维持相关的诸方面。这样一种视角转换要求对此文化作彻底的重新定位，而且要完全重新表述我们的问题。

现在我们所关注的基本问题是：纳文对社会的整合是否有影响？我要先作一个假设——这种假设类型是人类学家所不熟悉的——来对这一问题作些修正。很显然，纳文仪式表达和强调了相关的沃和劳阿的亲属关系纽带，由此我将假设，通过这种强调，这一纽带被强化了。[①] 按照这一假设，纳文的社会学功能的问题

① 这不是一个社会学假设，而是涉及相关个体的心理塑造的过程。因此，其有效性不应该在这一章中加以考察，而要在专门讨论雅特穆尔人性格形成的一章中加以考察，而这是个我在田野中没有调查的主题。

就变成为：这一纽带的强化对于作为整体的社会之整合起了什么作用？

要回答这个问题，我们必须回答许多辅助性的问题。这些问题的形式与我们在结构考察中所提出的辅助性问题的形式截然不同。

87 在开始，社会学的调查似乎应该引证一些统计资料，这种处理方法在文化结构研究中完全没有用武之地。唯一与我们的结构考察相关的统计学问题至多只能以以下形式来表述：“有多少行为细节意指着如此这般之意义？”但在我们当前这一部分，整个问题表述是不同的，我们要问的统计学问题要采取以下这种普遍化的形式，即“有多少人在如此这般地行动？”这种形式的问题可以在田野中收集到答案。[①]

我们只要想一想我们自己文化中诸如父亲打孩子这样一个简单事例，关于统计学问题的表述方式的差别就一目了然了。我们可以对这一事实进行结构性的考察，由此表明打孩子这一现象是与父子关系中的其他细节相一致的；即使我们的笔记本上只记录下了一例打孩子的事件，但我们仍然能够证明这种一致性。但如果我们要从社会学的视角来考察同样这一事实的话，我们就需要统计资料。我们会猜想打孩子对于普遍维持社会秩序是重要的。但要确实证明它的这项功能，我们则需要能回答以下这些普遍类型的问题的统计资料，“有多少比例的某类个人在做某某事？”更具体地说，在目前这个例子中，我们要了解的有：

---

① 遗憾的是，我没有任何统计数据，也没有抽取随机样本。因此本章的结论是未经证明的。之所以收录本章，只是为了阐明社会学——在这个词的严格意义上——路径的问题和方法。

1. 有多大比例的父亲打孩子？

2. 有多大比例的挨过打的孩子在以后的生活中因为暴力行为而进了监狱？

3. 多大比例的未挨过打的孩子后来进了监狱？等等。

从这一例子中，我们可以推论出，社会学的问题所强调的可能是“有多少人……？”而不是“有多少文化行为细节……？”更进一步 88
说，在社会学考察中，似乎是更应该关注个体的分类——“挨过打的孩子”、“未挨过打的孩子”、“打孩子的父亲”等。实际上，我们要做的不是根据行为细节所包含的预设对其进行分类，而应是根据各人的行为对个体进行分类。

回到纳文的问题上。这一问题我在前面是从沃和劳阿之间关系的社会重要性方面来阐述的；而现在凸显出来可以作为阐述线索的是这样一个事实，即进行纳文表演的是类分的沃。[①]

我们发现，在很多原始社会，婚姻是以一种积极的方式受亲属制度规制的。它不仅禁止某些亲属之间的通婚，而且也从正面的角度规定某个男人必须以某种方式从与其有关系的——真正血缘的(real)或类分的——的女人中选取妻子。在这类系统下，姻亲之间的忠诚和亏欠随着世代的延续会有规律地更新。但在雅特穆尔社会却不是如此。（由于缺乏统计数据，我这里只好代之以用正

① 在帕林拜村和坎卡纳芒村是如此。但明丁比特村的情况或许相当不同。我在此村中只详细调查过一个纳文仪式，这次仪式是为一个逮着了一条鱼的女孩举行的，在这次仪式中只有她的亲沃参加。在帕林拜村，一次为制造了一条新独木舟的男孩举行的纳文仪式是由类分的沃施行的；也正是在帕林拜村，人们告诉我，一个男人有两类塔旺图，一类是接受过此男人的妻子的一部分新娘礼金的，一类是会为此男人的孩子庆贺纳文的。在明丁比特村，纳文的社会学功能可能迥异于我就帕林拜村和坎卡纳芒村的纳文所提出的功能。

式术语对其婚姻系统的描述。）的确，这一文化包含着许多规则，如果它们能一直被遵守，便可以从积极的方面规制婚姻。例如，我们发现有以下这些表述：

1.“一个女人应该爬她的父亲的父亲的姐妹爬过的梯子”，也就是说，她应当作为新娘，进入到她的父亲的父亲的姐妹进去过的屋子。这就是说，一个女人应该嫁给她父亲的父亲的姐妹的儿子的儿子。（或者反过来说，一个男人应该娶他的父亲的母亲的兄弟的儿子的女儿，即艾埃[①]。）
89 如果这一婚姻规则得到持续的贯彻，会导致一种重复的系统，婚姻纽带会每隔一代便重新续上。但是这一规则并没有得到贯彻，而且我们还发现了其他一些与之相冲突的规则。

2.“女儿要作为母亲的偿付。”它说的是一个男人要娶他父亲的姐妹的女儿；如果这一规则得到持续的贯彻，其实践也会导致一个重复的系统，[②]这一系统虽然与上面提到的艾埃婚姻

① 参见《大洋洲》，1932年，第263页。另外还有一句俗语如此定义艾埃（*iai*）婚姻：“劳阿的儿子应该娶沃的女儿。”这用来指一个男人与他的父亲的母亲的兄弟的女儿的婚姻，这一亲戚也被称为艾埃。我在明丁比特村和坎卡纳芒村都听到过这一俗语，但那条说梯子的俗语我只在坎卡纳芒村听过。有可能在明丁比特村，纳文的社会学功能是要促成劳阿的儿子和沃的女儿之间的婚姻。因此，纳文就并不只是一种延续姻亲关系（这种姻亲关系在社群中不会以其他方式被重复）的“机制”，而且还要促成这种关系的重复。不过，我没有支持这一说法的统计资料或当地人的表述。

② 参见福琼博士论亲属关系结构的论文，《大洋洲》，1933年，第1—99页。不管怎么说，在雅特穆尔人中，这种交换类型并不只严格地限于婚姻规制方面。在某些事例中，如果此类婚姻的后代都是男性而没有女性，那么其中一个儿子就会在他还是婴儿的时候，被送到另一个男人的家庭和氏族中收养，而这个男人要将其姐妹给此孩子的父亲做妻子，也就是说，这个男孩被他的母亲的兄弟所收养，他是作为对他母亲的偿付而到他家去的。

冲突，但仍以一种令人好奇的方式与其在普遍的意义上联系在一起。

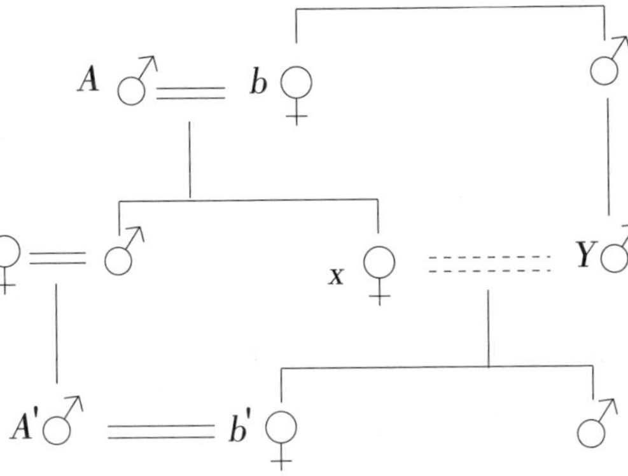

图表 2　与父亲的姐妹的女儿的婚姻

这两个系统之间的一般性关系在图表 2 中已经标示了出来。90
A'♂与 b'♀的婚姻是艾埃婚姻，它重复了起初的祖父母辈的婚姻（A♂=b♀）。艾埃系统和父亲的姐妹的女儿之系统之间的区别就在于，是否有 x♀=Y♂这样的婚姻插入到中间这一代来。如果有这种婚姻，整个系统就转变成为一个基于与父亲的姐妹的女儿的婚姻的系统，而最终的婚姻，A'♂=b'♀，就成为一种男人与他父亲的姐妹的女儿的婚姻了。这一插入婚姻的引入又是与另一项规则相关的：

3. “应该交换妇女。”当地人在提到姐妹交换——一个男人将他的姐妹给另一个男人做妻子，后一个男人的姐妹则成为前者的妻子——时更经常地引用这句话。这一以姐妹交换的方式表述出来的规则自然与艾埃婚姻或与父亲的姐妹的女儿的婚姻原则相冲突。不过交换妇女这一基本概念对于姐妹交换和与父亲的姐妹的女儿的婚姻而言都是共同的。[①]

因此,雅特穆尔社会是建立在三种婚姻规则之基础上的,它们相互冲突,但又以一种奇怪的逻辑方式相互关联。与父亲的姐妹的女儿的婚姻可以与艾埃婚姻相比较,因为二者都符合相同的隔代重复的模式,而姐妹交换则可以和与父亲的姐妹的女儿的婚姻相比较,因为二者都依赖于妇女交换。

之所以要引入这些对婚姻规则的讨论,是为了说明,这个社会并不存在任何固定的系统,姻亲纽带可依此定期更新。在当前这
91 一章中,我给出了一个详细的描述,其程度超过了本章说明所必需的,因为此处给出的文化细节与后面一章也相关。我们将会看到,这个社会不断在将一些相互矛盾的观念接合在一起,也许在纳文仪式之下的混乱逻辑之间有着某些共同的东西,而婚姻规则就是建立于其上的。在对图腾系统的讨论中,我们将会看到(第 149 页),当地人很能为他们的系统的规则明确而深感骄傲,尽管这一系统已被种种矛盾和欺骗弄得千疮百孔。当地人同样也对他们的婚姻规则很感自豪,他们很蔑视他们的邻居,说他们是"随意交配的狗和猪"。

这种嘲笑出自雅特穆尔人之口可是很不恰当,这不仅是因为他们的三个从积极方面规定的婚姻规则之间相互冲突,其自身就

① 很可能与父亲的姐妹的女儿的婚姻是通过艾埃婚姻和姐妹交换这两个系统的相互作用而被纳入到此文化中的。整个亲属称谓系统表明,艾埃系统是更为古老的,而交换妇女这一概念很可能是他们从邻近地区吸收过来的。了解了这一关联,以下这件事就显得很有趣:曾是我的信息提供人的一个年轻男子开始很肯定地说,对父亲的姐妹的女儿的正确称谓应该是艾埃。但在我们详细地讨论了这个问题后,他变得不很确定了,于是询问了一位年长者,后者明确地说,对这一亲戚的正确称谓是纳(*na*)。

会将某种随意性因素引入婚配关系中，而且还因为他们甚至都不很坚守他们的禁止性规则。这些禁止性规则很含糊，但他们强烈禁止与自己的姐妹结婚，我没有收集到一例这样的婚姻。其次他们强烈禁止与任何他们称为奈萨加特（例如妻子的母亲）的亲戚结婚。这种情况我只发现了一例，那个男人[①]在社群中有足够显赫的地位，使他能娶他的妻子的亲生母亲，而后者在那位妻子还活着的时候就嫁给了他。他是一个著名的巫师，同时也是个了不起的辩论者和打斗者。在这个个人利益至上的文化中，没有人会自找麻烦地去反对他。这种婚姻是很少见的，即使是在雅特穆尔人当中；但当我们转而讨论一些不太严格的禁止性规则——比如说不能与类分的“姐妹”（即那些可以很容易追溯与其的世系关系的本氏族妇女）结婚——时我们发现男人们有时会娶她们为妻。当我调查这些婚姻时，人们总是以这样一句套话来回答我：“她是个好女人，所以他们在氏族内部娶了她，以免其他氏族得到她。”雅特穆尔人甚至还很赞同这种族内婚，他们说，这种族内婚所繁衍的后代支脉众多、绵延不绝——这一观念的社会学意义和文化意义我完全不清楚。

不过，有时某个大氏族的成员们会明确意识到他们的族内婚 92
程度已经过度了，他们就会着手制定出一项声明，宣称半个氏族属于氏族战船的船头，另外半个氏族属于船尾。这样，为了婚姻的目的，这两个群体就被视为两个分别的氏族；也就是说，在某种意义上，真正的族内婚就可以被令人满意地表述为族外婚了。

---

① 此人是马里金德津，对他的性格概述见第 190—191 页。

与类分的“母亲”结婚也并不罕见。

最后，除了这些族内婚，还有许多与氏族外女人——在战争中捕获的女人、作为求和礼物送来的女人，以及在商业旅行中遇到的女人，等等——的婚姻。因此，我们可以这样来总结其婚姻系统：在实践中，婚姻几乎是随意组合的；我们可以设想，当一个村子很大，人口在 200 人至 1000 人之间时，要使重要的亲属关系通过后来各世代的类似的婚姻而延续下去，这似乎不大可能。而如果为了社群的整合，这些原有的姻亲关系是必需的话，人们就会创立出某些方式来形象地强调这些关系，而这就是纳文所履行的功能。

我们还需要考虑的是，这些关系是否真的重要，以及它们是如何用于促进社会整合的。在这种关联中，最有意义的事实是，适用于姻亲的有关正确行为的规则在此文化中不仅可以应用于自己的妻子的亲戚和自己的姐妹的丈夫的亲属，而且可以围绕着作为中心的基点人物以类分化的方式扩展到整个系列的亲属。那些基本原则，如兄弟姐妹之间的认同、男人与其父亲以及与父亲的父亲之间的认同，以及将整个氏族结群为单一的单位，都被应用于这种姻亲关系的扩展。但这并不是说每一婚姻所产生的姻亲关系都会根据这种认同图式而没有区别地向各个方向扩展。

关于正确行为的规则包括以下观念：男人应该对其妻子的亲
93 戚忠诚；在他们建造居室和礼堂的时候要给予帮助；他应该帮助他们拖拉造独木舟的原木；清理他们的园圃；他应该在他们所卷入的所有争吵中站在他们一边。但是如果在所有的姻亲关系中都遵行这些规则，那么没有人可以跟社群内的任何其他人争吵，每个人都要去所有地方，帮任何一个人做任何事情，因为事实上世系关系是无所不在的。

我们只要在一个雅特穆尔人的村子里待上几天，就会发现，村里人之间并不存在着这种完全的整合（这种整合是这种姻亲关系和义务的完全和无差别扩展所蕴涵的）。各种争吵并不少见；每当要进行一项艰巨的劳动，诸如修建房屋或修缮礼堂之类，总是很难将人们聚集起来并使他们进行协作。但最后总能聚上一群人，并使他们开始协作干活，这之所以可能，当然是因为其所强调的姻亲纽带是依照明确界定了的方式、按照某些选定的分类系统的线路加以扩展的。

主要有两种扩展姻亲系统的类型，有各种各样的集体名词用来称呼这样的扩展群体。最常见的称谓是兰欧阿纳姆帕（*lanoa nampa*，字面意义是“丈夫那边的人”）和劳阿尼昂古（*laua nyanggu*，“姐姐的孩子那边的孩子们”——在此语境中，“孩子们”一词不过是“人”的同义词）。

兰欧阿纳姆帕这一称谓严格说来最适用于通过姻亲系统第一种扩展类型形成的群体。与这一群体的姻亲关系是由同时代的婚姻形成的，包括以下亲戚：姐妹的丈夫（兰多），姐妹的丈夫的兄弟（兰多），姐妹的丈夫的父亲（劳阿）和姐妹的丈夫的儿子（劳阿）。因此，当亲戚关系是以新近的婚姻为基础而形成的，那么兰（*lan*）这个称谓就扩展到包括各种各样的劳阿。（对妻子方面的亲戚的相对的集体称谓是托瓦-奈萨加特。）

在姻亲系统的第二种扩展类型中，群体间的关系是通过以往的婚姻来追溯的，但这些群体之间关系的现实是通过纳文系统来 94
展示的。在这种类型的扩展中，对于以前的丈夫的亲戚群体的正确称谓是劳阿尼昂古(不过有时候人们也用兰欧阿纳姆帕这个称谓)。相应地,以前的妻子的亲戚群体则被称为沃恩亚米纳姆帕(*wau nyame nampa*)。因此,劳阿这个称谓在这里就扩展到包括类分的姐妹的丈夫,与前述的兰这个称谓扩展到包括姐妹的儿子这种用法正相对。

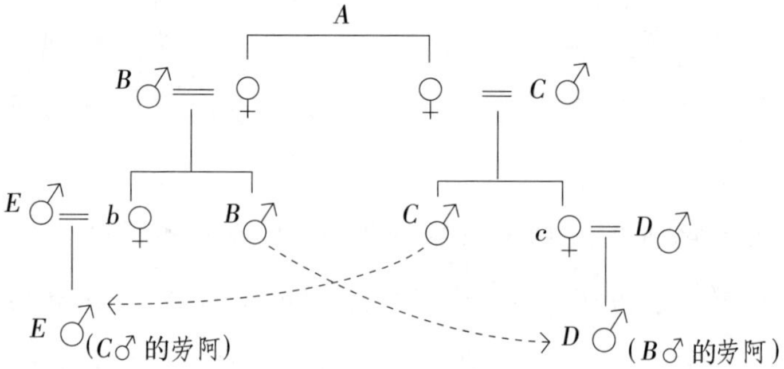

图表 3　由女性追溯的亲属关系

当地人对作为这一劳阿亲属群体构成基础的世系谱系,即
95 以往婚姻的延续关系,很清楚。当地有句俗语,"孔雀椰树[①]的腿,露兜树的腿;女人在这里,女人在那里。"孔雀椰树和露兜树都有看得见的气生根从树干上分叉垂生至地面;这句俗语的意义是,分散的群体由姻亲纽带而联合在一起,而这种姻亲纽带是由于以往的成对姐妹的婚姻而形成的。图表 3 体现了这种纽带扩散的世系模式。

A 氏族的一对姐妹结婚了。一个嫁入氏族 B,另一个嫁入氏

① 我不能确定这里说的树就是孔雀椰树。更恰当的说法应该是"一种看上去像孔雀椰树的棕榈树",但这一短语很难插入到那句俗语中去。

族C。她们的孩子被认为是类分的兄弟姐妹，尽管一个女人生的孩子是B氏族的，另一个女人生的孩子是C氏族的。子辈这一代的女孩可以再嫁入其他氏族，例如B氏族的那个女孩可以嫁给E氏族的男人，而C氏族的那个女孩可以嫁给D氏族的男人。最初一辈的婚姻的孙辈仍然相互视为类分的兄弟姐妹。而现在已成为中间一辈的成员则成为这些孩子们的类分的“父亲”、“母亲”、“母亲的兄弟”和“父亲的姐妹”。这样，由于最初A氏族的两姐妹的婚姻，现在氏族B的一个男人在氏族D中有了一个劳阿，而氏族C的一个男人在氏族E中有了一个劳阿。

但是，尽管劳阿尼昂古这一称谓可以用于所有这些类分的劳阿，甚至可以扩展到用于称呼他们的父亲和他们氏族的其他成员，但对于他特别想与之结成联盟的劳阿群体[①]，一个男人会采取行动特别标示出他与这一群体的关系；他会通过给小劳阿取一个名字——这个名字的词尾的意思是“面具”——的方式表明他确是孩子的沃。送出这个名字时，沃还要附送一个椰子，在以后的年月里，还要伴随着整套的纳文仪式程序。沃把经常提醒劳阿与他的关系视为自己的责任；不管什么时候看见那个男孩，他都会用他给男孩取的那个名字来称呼他，他会为劳阿的成就欢呼，并送肉给劳阿。劳阿则要回赠首饰给沃，而且，不管什么时候，沃因建房或清理园圃而需要召集他所有的兰欧阿纳姆帕和劳阿尼昂古来干几天重活时，劳阿都要来帮忙。

一位帕林拜村的信息提供人更明确地界定了这两类姻亲关

① 遗憾的是，我没有收集可能影响沃选择某个类分的劳阿而不是其他劳阿的因素这方面的资料，来说明这一点。

系，他向我解释说，他有两类塔旺图（妻子的兄弟）。在这些亲戚中，一类是“收取了他为他妻子付出的一部分新娘礼金的男人”，即
96 他妻子氏族的与她同辈的人，另一类是“会为他的孩子举行纳文庆贺仪式的塔旺图”。这样，新娘礼金就成了界定一个姻亲群体的因素，而纳文系统和母方氏族给予的名字则成为界定另一个姻亲群体的因素。[①] 通过这两种[②]系统的结合，整个社群就能联结在一起，能完成宏大的建筑工程和进行大规模的战事。

读者也许会问，为什么这一文化在保存这些原来的姻亲关系时采用的是强调由此关系形成的类分的沃-劳阿关系，而不是强调相应的类分的兰多-塔旺图关系——而对于欧洲人来说，后者似乎更简单和更直接。这一问题的答案，我以为与以下这一事实有关，即实际存在的这一系统与此文化的其余部分是很相匹配的，例如，它与沃赠予劳阿名字的取名系统相适应。实际上，对这类问题不应该从社会学的角度，而应该从文化结构的角度来探讨。[③]

如果除了内部整合的脆弱外，还有其他因素使雅特穆尔人的社群限制在有限的规模上，那么我们也许还不能确定纳文的整合

① 我认为，那个作出这一界定的信息提供人在某种程度上或许表述得过于确定了，此文化所确认的实际事实恐怕没有这么确定。很多情况下，孩子的亲生母亲的兄弟会给孩子取一个名字；不过在这方面各村之间似乎有些差异。

② 还有第三种姻亲系统的扩展类型，它在礼堂内的仪式-建筑事务方面很重要。这种关系发生于特定的两个氏族间，它们相互视对方为兰欧阿纳姆帕或劳阿尼昂古——这两个称谓都用——并相互为对方做很多事。这种关系是氏族间的互惠关系，很明显，它不是基于现在或过去的某桩特定婚姻，而是基于一种惯例，即一个氏族的妇女往往嫁给另一个氏族的男子，反之亦然。这一关系在各种场合都有仪式化的表现，尤其是在葬礼时，但我认为，它从来不会以纳文系统来标示。在实践中，这种氏族间关系在礼堂之外便没有影响了。

③ 参见“结语”部分，第 305—306 页，在那里对这一问题有另一种回答。

效力。例如，我们可以设想，一个其规模受自然环境限制的社群永远都不会达到这样的规模，即其中所有有助于整合的因素都与规模相关。但实际上，在雅特穆尔文化中，很清楚，制约村庄规模的因素是村庄内聚力的薄弱。稍大的村庄一直处于分裂的边缘，而 97
已经发生了的分裂总是被归结为争吵，是这些不和分裂了原来的社群。不仅如此，这些分裂总是必然伴随着各种父系世系群体——一个氏族、一个胞族(phratry)或一个半偶族(moiety)从原来的社群中分离出来，从而打散了整个姻亲关系系统。从这种分裂模式看，很明显，父系关系较之姻亲关系为强，后者表现为似乎是社群的脆弱的一面。在这些背景下，能强化姻亲关系的任何因素的重要意义都是很明显的，我们有理由说，如果没有纳文仪式或一些与之类似的现象，那么村子的规模不会像目前这么大。

“一些与之类似的现象”这个短语可以表示迥异于纳文的某种机制，甚至其效果并不是通过强调姻亲关系来达到的。社会的整合可以建立在，比如说，所有的成员个体依附于某个首领之上，他们对此首领的效忠便会通过某种极不相同的仪式来加以强化。同样，任何强化成文法的机制所达致的都是这种社会学功能。[1] 的

---

① 马林诺夫斯基在霍格宾(Hogbin)的《波利尼西亚的法律和秩序》(*Law and Order in Polynesia*)的“序言”中声称，与我们社会的“法律”类似的东西在所有文化中都可以见到，如果我们以一种足够抽象的观点来看待这一问题的话，这无疑是正确的。但我们不要忘记，欧洲的法律系统与雅特穆尔人的系统之间唯一的类似之处就在于它们在最广泛意义上的社会学功能。例如，我们可以说，成文法体系或强有力的领导地位在高等文化中所具有的功能与雅特穆尔人中复仇所发挥的很多功能是相同的 。但在进行功能分析时，我们不能忽略相关的机制——将水母与鱼等同，只因为它们都在水里游。就笔者看来，在雅特穆尔人的外围化趋向(peripherally oriented)系统和西欧的向心(centripetal)系统之间，存在着一种根本的对立。

确，一个欧洲人，除非他对一个没有官员或法典的社会如何运行的情形稍有了解，否则他几乎不能理解纳文的社会学地位。

98 从本质上说，雅特穆尔人是没有法律的。我这么说并不是指他们没有习俗和制裁，只是说他们没有成文法典，没有既定的权威来依其职权以整个共同体的名义实施制裁。他们有一条普遍原则——尽管当地人自己并没有将其表述为具有普遍性，即任何重要的制裁，包括罚款、损害财产和身体伤害，都不是由群体（氏族、半偶族、成年礼群体或村子）加诸个人的；而且，任何重要的制裁也不是由群体内部的某一代表群体的更高权威或群体内任一显要人物来施加的。一般说来，那些内部制裁只限于非难和辱骂。①

在缺乏这类内部制裁和由上级施加的制裁的情况下，雅特穆尔人的社会秩序几乎完全依赖于我们所说的外部制裁或横向制裁。他们倾向于将每一次侵犯都归结为是针对某个人的侵犯，而让被侵犯者去处理有关惩罚的事。

这一系统的运作可以用最简单的形式表示如下：A 侵犯了 B，B 用武器和巫术为自己进行报复。或者，B 会公开表现他的愤怒和力量，或者当众辱骂，从而使 A 由于害怕或由于羞愧而对 B 进

① 这一原则的仅有的例外情况是：(a)群体内某个显要人物会劝告侵犯者对非群体内的被侵犯者给予补偿。这种建议可以以他的愤怒和咆哮表达出来，但它仍然只是建议而已，在任何意义上它都不是指定的权威对这场争执的判决。这位显要人物在说话的时候，就好像他也是卷入这场争执中的一员，如果这场争执继续下去的话，他会被正式地卷入。他不是一个不偏不倚的局外人。(b)在家庭内部。在这里，丈夫具有对妻子的权威；如果两个妻子相互妒忌，他会把她们都打一顿。父亲对儿子，哥哥对弟弟，都具有权威。但这一模式只局限在家庭内，而不能在更大的群体或者是在作为整体的社会中应用。

行一定的赔偿，或者是用贝壳首饰，或者是用猪或槟榔果。B会正式地接受这些赔偿，他或者是踩在那头猪身上，或者站着让A将一束槟榔果放在自己肩上，或者让A剪他的头发、往他脸上抹油，以及其他装扮行为。在某些情况下，B最后会向A做一番慷慨陈词。

这种用个体性的指代词来对这一问题所作的表述，如我们在 99
“巫术与复仇”一章中所看到的，在某种程度上会被各种认同现象弄得含混不清：当A侵犯了B，所导致的争执是在他们的亲戚间、他们的氏族成员间，以及他们的同一成年礼群体的成员间展开的。但侵犯者总是希望他的人站在他这边，争执总是在两个边界化的(peripheral)群体之间进行的，它永远也不会采取向心化的(centripetal)形式，我们经常将后者表述为“王室或国家对某某”的形式。而这种形式的确是被雅特穆尔人所普遍排斥的，他们反对局外者以任何形式掺和到与他们并不相干的争执中来。[①]

雅特穆尔人的整个制裁机制从根本上与我们的迥然不同，我必须用一些例子来说明这点：

1. 我的信息提供人坎卡纳芒村的茨哈瓦，是一个约35岁的男人。以下这一事件发生在他还是个小男孩的时候。另一个男孩茨哈古利-姆布昂加从茨哈瓦的家里偷了他的东西。茨哈瓦跟父亲抱怨起这事。父亲就监视着茨哈古利-姆布昂加，当他发现后者进了屋，便给茨哈瓦发了个信号。茨哈瓦用一支矛刺死了茨哈古利-姆布昂加。他的父亲帮助了他。

在茨哈瓦对此事的叙述中，他并没有提到那个被杀的男孩的

① 参见第85—86页的案例9。

亲戚方面的恼怒，但他们肯定是很恼怒的。不管怎样，茨哈瓦给他们送了些首饰。他声称自己付给了他们一个蝶螺、一个新月形珠母贝、一个龟甲臂环和一串芋螺项链。

他杀死的那个男孩的亲戚送了一个坦博因特沙穗子给茨哈瓦。他以后会将这个穗子挂在他的酸橙杆上（参见图片 XXIV_A），作为成功杀人的标志。只是至今他所处的成年礼层级还没有上升到可以佩上这类装饰物的级别。

2. 我在明丁比特村观看成年仪式时，人们发现一个从别村来观看的女人爬在一棵马来苹果树上偷看笛子。我听到人们在礼堂
100 里纷纷叫喊，便冲到那儿。我看到很多人跳起来，手里拿着棍棒，而另一些人仍然平静地坐在平台上。愤怒地行动起来的那些人是半偶族 B 的成员，尤其是 Bx_4 和 By_4 的成员（参见第 279 页的图表）。这些群体刚为获得看笛子的特权而进行了有偿支付，因此偷看就被认为是特别针对他们的侵犯，而不是针对礼堂里的所有男人群体的。确实，半偶族 A 的一个男人给了半偶族 B 的某人一根尖端带很多分叉的长矛，说，"去，刺死她！"但这是半偶族 A 在这场纷乱中做的唯一一件事。有一群愤怒的年轻人拿着棍子冲出去，满村地找那个女人。但他们没有打着她便回来了——我想他们是找不到她。而其他人则只是拿着棍棒和长矛在礼堂里跳舞和蹦跳。

最后半偶族 A 的人安抚了他们，劝他们接受赔偿。因此，Ax_4 和 By_4 两个头领，即纳姆布韦尔（*nambu wail*，字面意思是"鳄鱼的头"——一个成年礼层级被称为一条"鳄鱼"）站在相应的位置，人们把一束束系着首饰的槟榔果放在他们的肩上。这些首饰包括：两个新月形的珠母贝、两个蝶螺。这些日后要被用来为某次宴席买头猪。

3. 我在坎卡纳芒村时，姆布沃尔（*mbwole*）即小礼堂中发生了一桩丑闻。一个叫威-恩德朱阿特-马利的男人在半夜看到有一对人在小礼堂里性交。他认出那是 T 和 T 的妻子。这本不关威-恩德朱阿特-马利的事，因为他属于 B_4 组，因此是大礼堂的成员，与小礼堂没有干系，后者的成员主要是属于 Ax_5 和 Ay_5 组的。但是半偶族 A 和半偶族 B 之间经常相互对抗，因此作为 B 半偶族成员的威-恩德朱阿特-马利在告诉 A 半偶族的人他们的姆布沃尔所遭到的不幸时可能会怀有某种恶意的快感。不管怎样，威-恩德朱阿特-马利将他看到的事情告诉了 A_5 组的一个成员，后者迅速将这一消息告诉了 A_5 组的其他人。犯禁者 T 自己是这组中的成员，于是，一场争吵就在 A_5 组**内部**爆发了。

[①]他们敲响了姆布沃尔的木梆传唤 T，但他没有来。直到夜 101
晚之前，没有任何举动。晚上，木梆再次被敲响，T 来了。然后他们与他论辩，"你为什么在我们的姆布沃尔里性交？你已经让我们没了性欲。我们所有人都完蛋了；而且永远也好不了了。下一次你再待在家里（不听梆子声的传唤），我们就去你家里揍你一顿。我们会给你老婆施加咒符，让她跟别的男人跑掉。"

接着 T 说道，"去叫威-恩德朱阿特-马利马上来。他们在开玩笑。他们在撒谎害我。"但威-恩德朱阿特-马利说，"我没撒谎，这是真事。"

然后他们说，"你的老婆——我们要杀一头猪，用她的财物（来支付），我们都是没有财产的孩子，如果那些年长层级的人要一头

① 以下是对这场争论的口述记录的翻译。非原始资料的解释性词句被置于括号内。

猪的话，我们就杀了它，用她的财物来支付。”

“她不是个用小阴户性交的女人。她的黏液流进了我们的姆布沃尔，而且，她还怀了孕。是啊，你射出的精液会包住那个孩子。它出生时，人们必须给它刮身。”[①]诸如此类。

一个聋哑人也参加了辩论，他花很大的力气弄出各种声响和做出各种手势来表达自己的意思；但他的意见没人能懂。

在这场辩论中，指责 T 的各发言者都是半偶族 A 的成员，一个例外就是我们已经提到过的威-恩德朱阿特-马利（B_4 组），他是作为证人发言的。绝大多数发言者是 A_5 组的成员，但有一两个正准备从 A_5 组被提升到 A_3 组的人也发了言。辩论进行到深夜。

几天后，我问起这件事。我问，“既然 T 和他妻子有自己的家，他们为什么要在姆布沃尔性交呢？”人们回答我说，“他和他妻子在结婚前有很长时间的恋爱史，他们在各种地方做那事，婚后也就继续这样做。”

102 我又问，“他们要去杀 T 的猪或是拿走他的一些财产吗？”人们回答我说：“不。当然不会。**他是他们自己成年礼群体的人啊**。”

最后这句陈述是此事的关键所在，之所以没有采取任何惩罚措施，皆归因于此。但不施行任何惩罚措施这种情况相对来说还是少见的。这种情形之所以成为一种例外，是因为整个丑闻是与姆布沃尔相关，而这个姆布沃尔中只代表着 A、B 两个半偶族中的 B 半偶族，而此半偶族内的半偶族 x 和半偶族 y 之间的竞争还不

① 不管何时，当发生这种情况时，就暗示着其父母没有遵守怀孕期间禁止同房的禁忌。

是很激烈。如果与此相当的侮辱行为发生在大礼堂里，其可能的结果就是在半偶族 A 和半偶族 B 之间引发争斗，每个半偶族中各层级组的人都与对立的那个半偶族相对抗。不管怎么说，大礼堂的成员还具有其他类型的分裂形式，礼堂被根据不同的氏族和半偶族 x 和 y 再进行划分。因此这种侵犯如果是发生在礼堂的某一特定部分，就会被视为对一个特定氏族的侵犯，或者被看作半偶族 x 对半偶族 y 的侵犯。

4. 我在帕林拜村的时候，遇到同住一屋的两个类分的兄弟科拉弗万和门比阿万（参见下页的谱系图）之间发生一场争吵。这一对兄弟都已结婚，但门比阿万的妻子最近生了个孩子，在哺乳期间，门比阿万是不能与妻子同房的。科拉弗万一天晚上去一个灌木村庄做生意，把妻子凯因德什-姆博利-阿格威留在了帕林拜村。他回来的第二天下午，他母亲卡普马-茨哈特-塔格瓦和家里的其他女人告诉他，门比阿万昨晚钻进了凯因德什-姆博利-阿格威的防蚊袋。

那天晚上实际发生的事情过程似乎是这样的：门比阿万去到凯因德什-姆博利-阿格威的防蚊袋那儿，揭开其尾段，将手伸进去，但却摸到了她的头。她醒过来大叫起来，卡普马-茨哈特-塔格瓦钻出自己的防蚊袋看看发生了什么事。门比阿万赶紧藏在坛坛罐罐中间，但他还是被认出来了。

这立刻就引发了大约三场争吵：

(a)科拉弗万和门比阿万这两个类分的兄弟之间的争吵。科 103
拉弗万向村里的“塔尔塔”申述，后者是一个由政府指派的、作为地区长官的翻译的当地人。这个官员听了两方的陈述，但并没有采取任何措施。门比阿万竭力为自己辩护，说他那天看到凯因德什-姆博利-阿格威将一片蒌叶给了她姐夫旺珀恩迪米，而他之所以去她的防蚊袋那儿是要证实一下他这个兄弟媳妇是否有越轨行为。这一理由被反驳。她说："你就是想跟我做爱。你现在撒谎。"

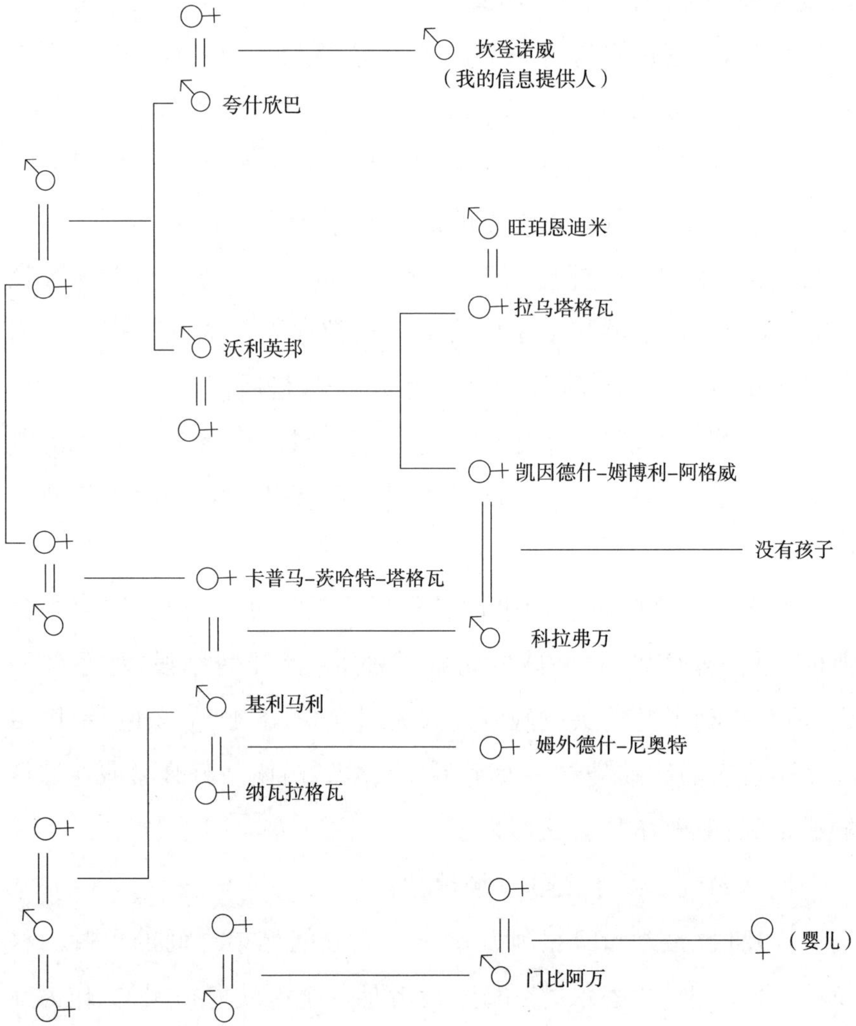

科拉弗万辱骂门比阿万:“是啊,以前我们去为白人干活,你只 104
不过是个厨子[①]。而我有体面的工作。”

(b)科拉弗万与其妻子之间的争吵。他打了她,“因为她没有自己把这事儿告诉他,而要等到卡普马-茨哈特-塔格瓦来告诉他”。她则竭力安抚他,说,“我的丈夫从来不和别人乱搞。我也如他一样。我的丈夫坦诚直率,我也是如此。”而且,她还指出,由于她已经料想到有可能发生这类事,她已经让一个小姑娘姆外德什-尼奥特来与她同睡,以防万一。

但我的信息提供人,她的类分兄弟,对科拉弗万说,“去,揍我的姐姐,她应该赶紧告诉你这事的。”于是科拉弗万就打了她。

(c)科拉弗万与妻子的争吵引发了另一个家庭内的争吵:同情科拉弗万的基利马利开始打他的妻子和孩子,他说:“她们都睡死了。她们本应该听到所发生的事儿的。”

在入夜之前,这三场争吵表面上已偃旗息鼓了,事涉各人都像往常那样去睡觉了。

但是,到午夜时分,科拉弗万醒了,还是很生气,他钻出自己的防蚊袋,跳到门比阿万睡的防蚊袋上。这两人开始打起来了。

打过之后,科拉弗万还没有出够气,又打起凯因德什-姆博利-阿格威来。这夫妻俩掉进了屋子下面的水洼里——这时正值洪水季节——她尖叫着向单独睡在临近房子里的坎登诺威求助。他冲

① 即为劳工做饭的厨师。在欧洲人家里担任厨师是个高级职业,而为劳工做饭的厨师则是受到鄙视的。

到现场来保护她——“我们都属于同一个恩格韦尔-恩格古。”[①]

105 接着沃利英邦和夸什欣巴也来到现场给凯因德什-姆博利-阿格威撑腰。他们责备科拉弗万——“凯因德什-姆博利-阿格威是你的母亲。你不应该打得那么重。”(这种说法基于以下关系:凯因德什-姆博利-阿格威是沃利英邦的女儿,而沃利英邦是卡普马-茨哈特-塔格瓦的类分的哥哥。因此凯因德什-姆博利-阿格威是科拉弗万的沃的女儿,这一亲戚被称为恩亚米,即母亲。)

沃利英邦拿了支短桨,夸什欣巴拿了根西米叶柄,打了科拉弗万一顿。

接着科拉弗万的父亲基利马利过来了,他很生沃利英邦和夸什欣巴的气,说他们没有权利来干涉此事。“凯因德什-姆博利-阿格威不再是你们的女儿。她是属于我们的。”

作为对此的回答,凯因德什-姆博利-阿格威的两个父亲立即开始抱怨对方所给其氏族的、作为凯因德什-姆博利-阿格威的新娘礼金的首饰不好;基利马利则以对对方所给予的恩格瓦特凯兰达(*nggwat keranda*,即新娘方面的人赠送给新郎方面的人的首饰)的评头论足作为回答。这又引发了他们对相互之间所亏欠之事的揭丑。夸什欣巴指出他总是在帮助基利马利对付他的恩格拉姆比(即付给基利马利首饰,以使他能够向瓦甘奉献各种牺牲)。“事实上,”夸什欣巴说,“我是你的兄长。”

---

① 恩格韦尔-恩格古(*nggwail-nggu*)这个词用于指氏族内部比较紧密的父系群体。我认为此词是恩格韦尔(*nggwail*,父亲的父亲或儿子的儿子)这一词的复数形式;雅特穆尔人的语言一般没有复数后缀,这个词是个例外。我所知道的其他类似的词有“*nyan-nggu*”(孩子们)和“*mbwambo-nggu*”(母亲的诸父亲)。

基利马利不承认他亏欠了对方什么，并说夸什欣巴一直是个穷人，直到科拉弗万娶了凯因德什-姆博利-阿格威，给了他一些新月形珠母贝。

夸什欣巴接着提到了很久以前发生过的一件事，即他将一个人杀个半死后，让基利马利最后完成这一杀人行为，从而使功绩归于后者："事实上是我杀死了那个人，你却因此拥有了杀人的荣耀。你自己杀死过几个人呢？"

最后科拉弗万插到基利马利和夸什欣巴中间来说："我们的父亲们不应该争斗。"这场争论终于停止了。夸什欣巴和沃利英邦说："是啊，科拉弗万身体里有我们的血。"（即"科拉弗万通过他的母亲与我们相连"）然后他们和基利马利相互交换了槟榔果，作为和解的标记。之后所有人都去睡觉了。 106

雅特穆尔人处理侵犯的这四个例子，再加上我们在"巫术与复仇"那一章里所给出的事例，已经足够展现出这一系统的原则和扩散性质。在当前的语境下，即在考察姻亲纽带的社会学功能时，我把从这些材料中得出的结论归纳如下：

在每个社会中，对文化规范的背离都可能会威胁到社会的整合，这在雅特穆尔人那里非常明显。但是，在雅特穆尔人的系统中，可能导致分化危险的类型与威胁我们社会的分化类型稍有不同。

在我们的社会中，危险在于文化规范的混乱，一种可能传遍整个社群的腐化，它首先会导致个人无法定位，而后会造成社会的崩溃。偶尔，在某些情况下，背离具有积极的意义，它可以带来新的定位，背离常规的个体结合起来，在一个大社群内部形成一个群体，一个具有与其他人不同的文化规范的群体。这种群体一旦形成，只要它不是过于激烈地站在这个向心系统核心的对立面，这个社会是可以容纳它的。而这个背离群体或者能够成功地改变社会的文化系统，或许它会离开，到另一处，在那儿创立一种**不同**于其母群体文化的文化。

但在雅特穆尔人那里，形势迥然不同。在这里不存在由文化规范模糊而导致普遍混乱的危险，因为没有明确定义的规范是其文化的常态。① 这里也不存在组织中心与背离此中心的群体之间的冲突，因为在雅特穆尔人纯外围性的（peripheral）系统中不存在一个具有组织力量的中心。而它的危险在于社群的**分裂**。

107 我们已经看到，每一场争吵是如何导致了围绕着事件主角的、各个松散定义的对立群体之间的整合。正是这一过程在持续地威胁着雅特穆尔人村庄的整合。伴随着更为深刻的对抗状态的持续，这些群体会一直发展，直到——在极端情况下——分裂确实发生。于是，这些竞争群体中的一个会离开村庄，在另外一个地方开拓出一块聚居地，但他们仍持有与母群体同样的一套规范。

这两个系统之间的一个更为深远的差异隐含在我以上的陈述中：在我们的社群中，从母群体中分离出来的次群体常常是，也许一直是，由这样一些个人构成的，其背离行为是建立在某种形式的**教条**基础上的。在我们的社群中，威胁现状的是这样一种人，他们摒弃各种文化规范，他们或者通过言说或者以自己的行为为榜样，“教导别人这样做”。而在雅特穆尔人那里——似乎在他们看来，

① 不过，与白人联系在一起的极剧烈的现代文化环境在某种程度上已经影响了这一性质。参见第 195—196 页上的茨欣巴特的故事。

规则往往是可以打破的东西，只要你足够强大的话——不会发生这种情形。他们的分裂不是由于教条之间的冲突，而是由于个人或群体之间的对抗。

因此，这便是持续威胁雅特穆尔社群的危险；当点明了这一社会学立场后，我们立刻就很明显地看到，强调姻亲纽带之于社群整合间的关联是正确的。这些纽带形成了一个关系网络，它跨越由氏族、半偶族和成年礼群体构成的各种父系系统，并因此将各种相互冲突的群体联系在了一起。不仅如此，姻亲关系的模式及其普遍存在还确保了以下这一状况，即无论何时，只要一场争斗达到了一定严重的程度，就注定会有某些人出来充当调解者，在对立的双方之间进行干预，就像在上文的例子中科拉弗万在他父亲和他的沃之间进行调解一样。

第八章　问题和探究的方法

108 **问题**。在我们努力要把纳文的各种细节与其背景联系起来的过程中，我们首先考察了仪式自身，然后是沃这一关系赖以建立的一些基本条件，最后考察了这些仪式表演对社会整合所具有的功能。结构性视角和社会学视角的分析揭示了两个重要的事实：(1)文化结构提供了一个框架，纳文仪式与此框架是一致的；(2)纳文仪式表演的一个重要功能就是强调了某些类分的关系，从而有助于雅特穆尔社会的整合；简略地说，如果没有纳文仪式，没有那些与纳文具有类似的社会学功能的现象，村子的规模就不会这么大。因此我们有了两类因素，结构上的和社会学意义上的，二者自然都有助于解释纳文这一复合体。

但是，在研究平衡(equilibria)——所有的文化和社会人类学的研究都是关于平衡的研究——时，我们永远也不能确信我们已提到了所有的相关因素。提出某些因素，说它们构成了我们所要解释的结果的全部成因，这一做法是极其危险的。在当前这一事例中，指出纳文复合体赖以建立的结构性因素，而认为其社会学意义上的诸方面与之并不相干，这是危险的；另外，只偏执于社会学的视角而忽视结构的重要性同样是危险的。在这种情况下，比较保险的做法是，确认我们已知的各种因素对所讨论的结果有所影响，然后继续去探索其他类型的因素对平衡所发挥的作用。要确定某结果的所有细节是否能被已知的成因所解释通常是会很困难的，但在目前这一阶段，还存在很多没有被结构因素或社会学因素所充分解释的细节。

首先，纳文丛(*naven* plexus)自身还有一些特点我们没有说 109
明。我们还不知道为什么沃的滑稽举止要被如此夸大，也不知道这种滑稽为什么应该是喜剧性的。为什么在强调他与那个男孩的母亲之认同时，他就该把自己打扮成污秽的、令人恶心的老巫婆？为什么他穿的是最难看的女人衣服，而父亲的姐妹则穿戴着她所能找到的最光耀的男人服饰？

其次，当我们顺着这一因果网络的各脉络进一步加以探究时，一大堆问题就冒了出来。我们关于纳文形成原因的推理是建立在一个封闭的系统之内的，在其中，比如说，一个村庄的大小是假定的。但是一种稳定的文化本身就是一个完整的功能系统，因此我们不能这样假设某些因素是固定的，而是要努力将这些因素与文化的其他特征联系起来，直到我们获得一个关于因果关系的完全循环式或网络式的解释。因此，我们必须问：村庄为什么会形成这样大的规模？

在目前这一阶段，我们还不能立刻回答说猎头战争是其成因，它导致了村庄的大规模以及社群的紧密团结。如果只就雅特穆尔文化自身来说，我也许会认为战争这一因素就足以回答这一问题，但我从福琼博士那儿得知了住在尤阿特河(塞皮克河的一条支流)边的蒙杜古马人(Mundugumor)的一些情况，由此我认为战争最多只能是被看作起作用的因素之一，因为蒙杜古马人具有某些我们会认为在功能上相互矛盾的特征。他们居住在小型的社群中，这些社群又进一步被划分为各个小的家庭村落；社群的整合度很低，各人之间，甚至是亲兄弟之间充满着强烈的相互妒忌和敌意；最后一点，他们是敏锐和成功的猎头者和食人肉者。

但是，比以上两种类型的问题更重要的是个体的动机问题。
110 即使我们是在研究某个其个体的“公民感”已得到高度发展的社群，我们是否有充足的理由将人们的行为的社会学功能视为潜在动机的表现都还是很成问题的。在任何场合下，雅特穆尔人都不大可能会用社会学术语来表述他们行为的原因。

与此类似，如果我们所研究的是一个很重视其行为之逻辑一致性的民族，我们在判断他们对其行为所作的逻辑解释是否为其动机的真诚表述时，要颇为谨慎。当一个父亲告诉我们他之所以打他的孩子“是为了国家的利益”或者是“因为这顺理成章”，那么我们对之可要质疑再三了。

不过，尽管结构视角和社会学视角的表述都不能作为动机陈述被接受，但我们曾附带提到过的一个事实也许可以视为对沃的纳文表演之动机的充分表述。我们已经看到，纳文的一个结果就是沃赢得了他的劳阿的忠诚，我们也许会认为用这种说法便可以解决这个问题了。

但是，这样一种解决方式预设了沃是希望获得效忠的，而在我看来此预设是有问题的。难道他希望获得效忠是因为所有的男人生来就注定渴望获得其他人的效忠吗？或者说他深受他所生活于其中的文化的模塑，以致他会希望获得效忠？

如果我们放弃对事物的发生学研究视角，而假定对忠诚的渴求是由文化植入个人中的一种倾向，那么接下来的问题就是，这种渴求在不同文化中会表现出不同的形式。拥有众多忠诚的支持者是与极其多样的满足感形式联系在一起的。比如说，一个人希望得到其他人的忠诚，是因为他已习惯于在与朋友共享欢乐时能感受到一种情感上惬意的温暖。换句话说，他已经习惯于这种状态，即如果没有忠诚的朋友，他会感到焦虑，会担心来自背后的冷箭，而朋友在场则使他安心。或者更进一步说，拥有忠诚的朋友是一个条件性刺激因素（conditional stimulus），它能激发出与自尊心获得满足相关的反应出来。而笼统地假设所有的人都渴望获得其 111
他人的忠诚这种做法忽略了所有这些可能性，因而实际上没有告诉我们有关沃的动机的任何信息。

在这一点上，我们要注意，本章中提出的所有问题都是密切相关的。我们提出的问题有：(1)为什么沃充当了一个滑稽角色？(2)为什么村庄的规模很大？(3)沃的动机是什么？所有这些问题都要依据这些不同的现象——滑稽角色、大型村庄和纳文——所给予个人的情感满足来作出解答。

但我们在前面的一章中（第 40—41 页）已经提到过，对情感功能的研究困难重重，需要先对文化的精神气质加以研究；因此在这一问题上我们更为细致地来检验精神气质学的（ethological）方法，并思考精神气质学与作为其源头的哲学史上诸概念之间的关系，会是不无裨益的。

时代精神（zeitgeist）与构型（configuration）。从历史学取向来研究原始人的文化经常受到那些奉行功能主义人类学方法的学者的攻击。一直以来有一种说法，说历史学家们只是关注查找起源并构建假想性的记述。如果历史学家们的工作是以牺牲掉其他更为科学的方面为代价来强调以上这些方面，这种责难才可以说是正当的。历史学既然是一门科学，它就不仅关注记述和起源，也重视从记述中**进行概括**，这种概括是建立在对各文化和社会变迁过程进行比较研究之基础上的。比如说，研究太阳崇拜的历史学家的重大成就并不在于他们所提出的世界上几乎所有文化都发源于埃及和苏美尔的理论，而是他们向我们展现的各种文化变迁和退化过程。现在确实该是学者们着手对这些过程作分类研究的时候了。

在描述历时过程时，历史学家们也同样运用了很多在共时性
112 研究中使用的功能主义的和经济学的概念；他们还详细阐述了很晚近才被共时性人类学词汇表收入的一个概念。这就是“时代精神”这一概念，这一概念出自哲学史上的狄尔泰-斯宾格勒学派。

这一学派的观点是，文化变迁的发生部分地是受一些抽象的文化属性所控制的，这些属性随时代不同而变化。在某个时候，一项特定的变化是合乎时宜的，于是很容易就发生了，而在 100 年前，同样的革新则会由于在某些方面不合时宜而遭到文化的拒绝。

本尼迪克特博士[①]发展出了一个相关的概念，即文化的“构型”概念。她已经对原始文化做了一些非常有意思和重要的研

---

① 见本尼迪克特(Benedict)的“西南美洲文化中的心理类型”，《美洲文化语言学家国际大会第 23 号公告》(*Proc. 23rd Internat. Congress of Americanists*)，1928 年，第 572—581 页；《文化模式》(*Patterns of Culture*)，纽约，1934 年。我从本尼迪克特博士的思想中获益良多，在本书结尾，我试图阐述我的**精神气质**(*ethos*)和**逻辑理式**(*eidos*)概念与她的构型概念，以及她用来描述文化侧重面的阿波罗型(Apollonian)或狄奥尼索斯型(Dionysian)、现实主义者或非现实主义者这些术语之间的关系。

究工作。例如,她向我们展示,祖尼人之所以拒绝接受佩奥特碱[①]和含酒精饮料,是因为他们已经被其阿波罗型文化所形塑了,而他们的具有狄奥尼索斯型文化的邻人则热切地接受了这两种刺激物。

这一思路也可以解释欧洲史上一些奇怪的现象。比如说列奥纳多(Leonardo)的机械发明在当时未受到重视,甚至遭到嘲笑,其重要性是在之后三个世纪中逐渐被人认识到的;还比如,进化论理论以前曾多次被人提出过,但没有被普遍接受,直到工业革命使这个世界准备好接受它了。

在处理时代精神、构型这类概念时,在界定其基本含义时经常很难避开某种类别的神秘主义。其解释者往往采取一种更为取巧的路径,即用具体的事例,而不是用对他们使用的这些术语的抽象
定义来阐述这些概念;但遗憾的是,即使是这一路径仍使他们被标 113
上了神秘主义者的标签。尽管如此,还是有一些概括化的归纳似乎可以适用于所有这些概念。首先,所有这些概念都是建立在对文化的整体主义研究而非粗糙的分析研究之上。其关键处在于,当一个文化被视为一个整体时,某些特质必然会从构成这一文化的多种特质的并置中突出出来。

如果考察这些突出特质的内容,我们就会发现,它们可以被看作**思想体系**或**价值尺度**。

但**思想**和**价值**这两个词是从个体心理学术语中攫取来的;因而我们必须考虑,在何种意义上,一种文化可以被认为是拥有一种

---

① 一种从佩奥特仙人掌中提取出来的致幻剂。——译者

思想体系或一套价值尺度。目前我们必须遵从绝大多数心理学家的观点，将群体意识理论视为与此无关而排除在外，而认为发生于一文化内部的所有思想和情感都是由个体所完成的。因此，当我们把一种思想体系或一套价值尺度归于某一文化时，就必然意味着文化会以某些方式影响个体的心理，从而使整个群体具有类似的思想和情感。

文化通过两种方式来影响个人：一是教育，它诱发或助长特定类型的心理过程；二是筛选，它偏向那些天生倾向于具有某特定类型的心理过程的个体。就我们目前所具有的遗传学知识而言，我们还不能对这两种改变一个群体之心理的方法的相对重要性作出论断。我们唯一能设定的是，筛选的方法和教育的方法在任何社群中都发挥着作用。为方便起见，我将使用一个包含这两种假设在内的模糊的术语，以此来避开在二者中择一的问题。我将采用本尼迪克特博士的做法，将文化看作个体心理的标准化(standardising)。这也许的确是所有科学的整体主义方法的一个基本
114 公理，即研究对象——不管它是动物、植物还是社群——是由各个单元组成的，这些单元的属性以一定方式被他们在整个组织中的位置所标准化。现在要具体分析文化对社群中的个人所造成的可能的标准化效果还为时过早，但我们可以肯定，文化会影响他们的价值尺度。文化会影响他们如何将其本能和冲动组织成各种情感，以对生活中各种不同的刺激作出不同的反应。例如我们会发现：在某种文化中，身体上的痛苦、饥饿、贫穷和苦行是与骄傲感的提升联系在一起的；在另一文化中，骄傲与拥有财产相联系；还有的文化中，骄傲感甚至可以经由公众的嘲笑而得到满足。

不过，文化对于个体的思想体系的影响还不清楚。一个人的生活环境会影响到他思想的内容，这是很明确的，但是我们所说的思维体系意味着什么，这个问题还有待阐明。我将把这一问题留待下章进行考察，而在此继续研究个体心理的情感方面的标准化问题。

心理学理论与精神气质学。我们现在可以用这一理论，即文化能对个人的情感构成加以标准化，转而讨论那些致力于从心理学角度解释社会现象的理论。这些理论建立在一些泛化的论断之上，即认为所有人，男人或女人或男女两性，不管是哪个种族，不管在世界何处，都具有一些特定的情感反应模式。将这一理论用于我们的纳文仪式，我们就可以说，比如，男人会天然地对妇女持有某种态度，因此不管什么时候，只要男人穿上了女人的衣服，他们的行为就会被夸张成一种滑稽举止；另一方面，当女人穿上了男人的衣服，就会受她们自己特定的情感方式支配，从而表现出极度的狂妄。或者，我们还可以说，"人类天生就是群居性的"，以此作为对雅特穆尔人的村庄之大规模的完全充分的解释。而在我们面对蒙杜古马人的小型村庄时，我们可以说，它们之所以规模小，是因 115
为男性之间存在着天然的敌对性。

如果这样来下论断的话，这些理论显得有些荒谬；但是如果我们沉浸于如此不加限制地轻巧地发挥这些理论，我们就该考虑一下自己的立场了。我们会发现，我们将一大堆相互冲突的倾向归给了人类：我们解释一种文化时，援用某些倾向；而在解释另一种文化时，又援用另一些也许是相反的倾向。这一立场是站不住脚的，除非我们有某些标准，据此我们可以判断我们选择用某些特定的心理学潜在倾向来解释一特定文化是具有正当性的，即我们可以根据这些标准来判断哪些潜在倾向可以正当地利用来描述一既定文化。但是，由于人类经常持有相互冲突的倾向和潜力，因此，只要找到一种令人满意的标准，这一充满矛盾的立场就立刻是可以站得住的了。

我认为，这一标准可以从我们前文中对历史学家所用的概念的考察中推导出来。我们已得出结论，文化会使个体的情感反应标准化，并修正他们的情感结构；事实上，文化修正的正是现有的粗糙的文化心理学理论所提出的个体的那些方面。因此我们必须将心理学理论重新表述如下：一个人降生于世时，他具有各种各样的潜力和倾向，它们可以按照极其不同的方向发展，而且不同的人具有不同的潜力。而个人所降临于其中的文化则强调他的某些特定潜力而抑制他的其他潜力，它通过筛选，偏向于那些被很好地赋予了文化所偏好的潜力的个人，而歧视那些具有偏离倾向的个人。用这种方法，文化对个人的情感结构进行标准化。

116 只要我们始终记住这个标准化过程，我们就可以稳妥地用个体的情感来解释文化；但我们必须确证我们所援用的情感确实是我们在讨论的文化所鼓励的情感。在蒙杜古马文化的例子中，如果我们能够表明，个体之间的敌对是人类本性的一个方面，同时也是此文化所强调的方面，那么我们也就有充分的理由说这种敌对性是造成其村庄规模小的因素之一。同样，如果我们能表明，雅特穆尔文化强调人们之间的合群倾向，我们也有充分的理由将合群情感或本能看作形塑此文化的重要因素。不过，事实上，人类本性的这一方面在雅特穆尔文化中并没有被特别强调，因此这一解释便不成立。

我在后文中会指出，骄傲感是此文化所特别强调的，这种骄傲感是通过种种机制而多多少少得到满足的，其中包括：大规模、有组织的劳动才能建造的礼堂，要求很多人参加表演的大型典礼和舞蹈，以及只有在村庄人口繁盛时才能成功的猎头行动。因此，大规模的村庄对于满足骄傲感——人类本性的一个特质——起到了相当重要的作用，而这个特质是雅特穆尔文化所特别强调的，因而我们有正当的理由来用它进行解释。

这一方法的本质在于，我们首先确定出对于某文化来说是正常的、在其各项制度中被强调的情感系统；当这一系统被确认之后，我们就有理由将它作为形塑其制度的积极因素。看上去这一论证是循环式的。

这种循环性多少是所有科学方法的一个特点——这源自以下事实，即要对任何现象作出理论表述之前，我们首先必须观察大量可资比较的现象。不过当前这一例子中的循环性则要部分归于我们所研究的现象的本质。

如果我们研究嫉妒和调控性生活的制度，我们会说，是制度突出了嫉妒，而嫉妒又影响了制度。看来循环性确实是功能系统中的一个普遍属性，即使是在人设计出的机器这一粗糙而简单的系 117
统中，也能看到这种循环性。例如汽车，引擎运转使磁电机产生出电力，而引擎的运转又是由磁电机产生的电流脉冲带动的。功能系统中的每个因素都对其他因素的活动有所贡献，每个因素又都依赖于其他因素的活动。

只要我们从外部——行为主义的——视角来看功能系统，我们就可以避免循环式论断。我们可以将一辆汽车看作这样一种东西：汽油倒进去，它就在公路上奔跑起来，冒出烟雾，撞死行人。但只要我们撇开这种外部视角，转而开始研究此功能系统的内部运作，我们就不能不接受此现象中基本的循环论。这种接受不仅是由精神气质学所要求的，而且是由整个人类学功能主义方法所要求的；从这一视角进行工作的学者已经意识到了这一点。因此，马林诺夫斯基声称，“功能的观点避免了赋予文化的某一方面以优先性的错误。物质性的物体、社会群体、传统的和道德的价值观，以及知识，共同焊接成了一个功能系统。”①

还有一个事实更进一步并更具说服力地支持了关于功能系统的循环式或网络式视角，即其他任何观点都会驱使我们要么相信某个“第一原因”，要么相信某种目的论——事实上我们就不得不接受某些哲学上不被认可的、本质上为基本二元论的东西。②

因此，既然我们所研究的现象自身是相互依存的，我们对其的描述自然也要包含着各种相互依存的陈述；而且既然是这样，那么这些描述必然会永远被视为“未证实的”，除非我们能够设计出一种能超越这些循环之限制的方法。在功能分析中，我们将所研究的系统细分为一系列的部分和因素，然后提出一些理论来说明这些
118 因素之间的功能关系。只要我们所研究的是一个单一的系统，这些论述就注定是循环式的因而也是不可证实的。但如果我们能够从

① 《大不列颠百科全书》(*Encyclopaedia Britannica*)中“人类学”条目。

② 参见怀特海(Whitehead)，《自然的概念》(*The Concept of Nature*)，1920 年，尤其是第二章。

不同的系统中抽取出可资比较的部分，并能证明某个既定因素在不同的系统中具有相同的功能，我们最终就能够证实那些论断。

正统的功能学派已经采用了将文化分解为各项制度(institutions)的做法。但因为同一制度在不同的社会中往往倾向于具有非常不同的功能，所以最终的理论证实往往是不可能的。拿婚姻制度来说，我们发现它在决定后代的地位、性生活的调控、后代的教育，以及经济生活的管理等方面所发挥的功能是大不相同的；而且我们发现，这些功能的相对重要性在不同的文化中差异极大，以至于不可能通过比较的方法来证实我们所得出的有关任何一个文化的婚姻之论断的真实性。

精神气质学的方法包含着一种非常不同的划分文化的系统。其主旨是我们可以从一种文化中抽象出一个被称为精神气质的特定的系统性方面，我们可以将其定义为被文化标准化了的、个体的本能和情感的组织体系。我们将看到，一特定文化的精神气质是从此文化的各种制度和程式(formulation)整体中抽象出来的东西，由此似乎可以推断出，对于不同的文化而言，精神气质是无限多样的——就像制度自身一样多样。不过，这种无限多样性实际上可能指的是情感生活的内容因文化而异，而其背后的系统或精神气质则不断地在重复自身。似乎——要做出更为确切的论断还为时过早——我们最终可以做到对精神气质的类型进行分类。

心理学家已经在从事对个体进行分级(grading)和分类的工作，而且以下这点似乎已是定论，即不同类型的个人倾向于不同的情感和本能组织系统。如果确实如此的话，那么精神气质类型与关于个人的分类范畴就很有可能会是相同的，这样，我们就可以期 119

望在不同的文化中发现类似的精神气质，并能够通过比较任一类型的精神气质在不同文化中的表现而证实我们关于其功能效果的结论，由此最终超越循环论证的框架。①

英国文化中的精神气质举例

在描述雅特穆尔文化的精神气质之前，我将从我们自己的文化中选取一些例子来说明精神气质学的方法，从而使读者对我说的精神气质究竟意味着什么有一个更为清晰的印象。当一群英国知识青年诙谐且带点儿玩世不恭地聊天逗乐时，他们中间就已经确立了一种暂时的特定氛围，它确定了相应的言谈举止。在任何情境下的这种特定的行为氛围都是精神气质的标示。它们是一套情感态度的标准化系统的体现。在上述情境中，人们暂时采取了一套对待世界其他事物的明确情绪，一套对待现实的明确态度，他们此时所嘲笑的一些事物在其他时候他们是会郑重对待的。如果这时某人突然插进一句认真而现实的评论，他不会得到热情的回

① 我在与巴特利特(F. C. Bartlett)教授讨论这个问题时，他坚持说这种方法并不真正是循环式的，而是"螺旋式的"；因此这些试图证明或避开循环论证的讨论就毫无意义了。但同时他对将共时研究从历时研究中分离出来的有效性持怀疑态度，因而他并不纯粹是从共时性的角度来思考这个问题。我承认这种分离是人为化的，但我认为，在我们当前的科学研究状况中这样做是有益而且必要的。当以后我们了解了更多有关文化的历时性方面之后，我们就有可能综合这两种方法。可能我们会发现，共时的"横截面"上表现为循环式的东西实际上是螺旋式的。这样一种综合当然会使我们摆脱无法证明的循环论证。但如果我们既想摆脱这种循环论证，同时又保持我们的共时视角的话，那么就必须运用比较的方法，对不同的精神气质进行分类并将其与它们各自所联系的文化系统一起进行比较。

应——也许是片刻的沉默，其他人会稍稍觉得这个较真的人有些失态。同样这群人在其他场合则可能表现出一种不同的精神气质[①]；他们会很现实、真诚地进行谈话。如果一个冒失者此刻插进 120
一个轻浮的笑话，会毫无效果并且会被认为是失态。

我用这个例子是想要强调，任何一群人都会在他们中间建立起一种精神气质，而它一旦被建立起来，就成了一个决定人们行动的很真切的因素。这种精神气质可以从他们行为的气氛中表达出来。我特意选取了一个易发生变化的、暂时性的精神气质事例来作为我的第一个例子，是为了说明精神气质的发展过程远不是神秘罕见的，而是一种日常生活现象。同样一群知识分子在一个时候是严肃的，在另一时候则是风趣诙谐的，而如果冒失者具有足够的人格力量，他就能使群体从一种精神气质状态转向另一种精神气质状态。他就能够影响群体内部精神气质的发展。

如果我们从这样一个暂时的谈话群体转向考察一些更为成型和更为持久的群体——比如说军人俱乐部或学院名人晚餐，其成员不断在相同的场合中相聚，我们会发现其精神气质状态更为稳定。在更为临时性的群体中，何为不合时宜之论往往因场合不同而异；而在所有已定型的群体中，我们发现总是有一些特定类别的言论、某些特定的谈话氛围永远是禁忌。尽管如此，一个已定型群体的精神气质仍不是完全固定的。精神气质的变化仍然在进行，

① 造成这种精神气质转换的因素，如天气、情绪、外部事件、人格互动等，都还没有得到研究。虽然对这些因素的研究会很费力、困难，但它肯定会对我们讨论的这些问题很有启发意义。

如果比较一下50年前和现在的学院名人晚餐或军人俱乐部,我们肯定会发现其间已发生了相当大的变化;只不过这种变化在已定型的群体中发生得远更缓慢,而要突然改变其精神气质则需要极其巨大的人格力量和环境力量。

与精神气质的这种巨大的稳定性相关的一点是,在已定型的群
121 体中存在着一种在未定型群体中没有或很少有的新现象。这种群体已经形成了自己的文化结构和“传统”,而这些是与精神气质相伴相生的。在学院名人晚餐上(较之军人俱乐部,我更熟悉这个群体),我们发现有诸如以下的文化产物:拉丁祈祷语、教授们的长袍、由前辈会员赠送的银器。所有这些都有助于强化和固化这一群体的精神气质;在任何情形下,我们都不能把一个既定细节仅归于传统或仅归于当前的精神气质。圣约翰学院的教授们喝水、啤酒、红葡萄酒、雪利酒和波尔图葡萄酒——但不喝鸡尾酒;他们在选择饮料时既根据传统也根据群体的精神气质。这两种因素共同起作用,我们可以说教授们喝什么饮料既是因为以往各辈教授都按照这个固定的搭配来选择饮料,也是因为在他们看来,这种搭配适合于这一团体当前的精神气质。不管我们在考察什么传统细节,都可运用这一观点。拉丁祈祷语、学院的建筑、星期天晚餐后的一点儿鼻烟、可爱的茶杯、玫瑰水,以及盛宴——所有这些文化细节构成了由一系列渠道组成的复合体,它表现并引导着精神气质。①

① 这类比喻说法当然是危险的。这种用法会引导我们将精神气质和结构看作不同的“事物”,而我们应该认识到,它们只是同一行为的不同方面。我用这个比喻只是为了“激发多样的思考”。

过去是精神气质选择了这些细节，而现在仍是精神气质传续着这些细节。这是个循环的系统；这些教授所接受的对待过去的态度正是历史性地由他们现在的精神气质所形成的，也是其现在精神气质的表现。

精神气质与文化结构之间的这种亲密关系在一些被隔离开的小群体中尤其明显，在这些群体中，精神气质是统一的，"传统"很是活跃。确实，当我们说一种传统是"活着"的时候，我们的意思是指它与持续的精神气质保持着联系。但是，当我们不是以分立的群体为对象，而是转而考虑整个文明时，我们肯定会发现极其多样的精神气质，以及更多脱离其精神气质语境的文化细节，在此语境 122
中，它们是合适的，并且作为一个从另一角度说是和谐的文化中的差异因素而保留在此文化中。不管怎样，我相信精神气质这一概念甚至在应用于分析像西欧这样庞大而混杂的文化方面都会是颇有价值的。在这种情形下，我们一定要始终记住，此共同体的不同部分具有多样的精神气质，而且这些不同部分中的精神气质奇妙地吻合在一起，共同构成了一个和谐的整体。比如说，具有一种精神气质的农民可以幸福地生活在具有另一种精神气质的封建地主的统治下。这类分离的系统会持续很多代，直到其价值尺度受到质疑，即当地主开始怀疑其地位的道德伦理，农奴开始怀疑其从属地位的正当性——当分化发展到过于极端时，很容易出现这种现象——这一系统才会崩溃。

第九章　雅特穆尔文化的精神气质：男人

123 与欧洲的精神气质学比起来，雅特穆尔人的社会环境相当简单，因为他们的文化没有等级或阶级的分化。事实上我们唯一需要考虑的社会分化就是存在于两性之间的分化，由于我们研究的问题与男女易装（transvesticism）相关，所以两性之间的差别最有可能提供这方面的线索。

不管我们从哪个方面来研究这一文化，也不管我们研究的是哪种制度，我们都会发现，在男人的生活和女人的生活之间存在着同一类别的对照。泛言之，我们可以说男人热衷于从事以礼堂为中心的大场面的、戏剧性的和暴力性的行动；而女人则主要从事实用性的、必需的日常工作，如采集食物、烹饪、养育孩子，这些活动是以住所和园圃为中心的。礼堂与住所之间的对比是此文化的基本特征，因此它可以作为我们的精神气质学描述的最佳起点。

礼堂是一座壮观的建筑，有 120 英尺长，顶端有高耸的三角墙（见图片Ⅷ$_{A}$）。里面有一条长长的通道，从一连排的房柱的一端延伸到另一端，就像一座光线很暗的教堂的中殿深景；而当地人对待礼堂的态度更加深了它与教堂的相似。存在着一系列对各种亵渎礼堂行为的禁忌：不能擦刮礼堂的泥地；不能损坏礼堂里的木制器具；男人不能直接穿过礼堂从对面的另一端出去，他应该转过身，从一个侧门出去。直接穿过礼堂被视为一种过度傲慢的表现，就好比一个人声称整座礼堂是他的个人财产一样。

但礼堂与教堂之间的相似不能过分地夸大，有很多原因：礼 124
堂不仅是个仪式场所，它还像俱乐部活动室一样，是男人们会面和聊天的聚会场所，他们在那里辩论、争吵；而且，对当地人而言，礼堂并不是他们的信仰的象征，而是象征着他们猎头成功的骄傲。我们认为教堂是神圣而冷静的，而他们则认为礼堂是"灼热的"，充满着暴力和杀戮所带来的热量，这种暴力和杀戮在礼堂的建造和献祭中是必需的。最后，礼堂内行为的精神气质也完全不同于我们所赋予教堂的严峻简朴或谦卑虔诚的精神气质。

与严峻和谦卑相反，在礼堂里混杂着一种骄傲与有意做戏的氛围。[①] 一个重要人物在步入礼堂时会意识到大家的眼光都在看着他，他会以某种装腔作势来回应这一刺激。他会在进入礼堂时摆出某种姿态，发表些评论以使人们注意到他的在场。有时候，他表现出虚张声势的狂妄、过度的骄傲，有时候又不时

① 我在描述精神气质时，直接调用了一些关于情感的概念以及一些严格说来只应该在观察者进行自我反思时使用的词汇。我之所以被迫使用这种不严谨的表达方式，是因为我们缺乏任何合适的记录手段，也缺乏描述人类姿态和行为的语言。但我希望读者能理解，这种表述只是试图——也许是粗糙地、不科学地——给读者一个关于雅特穆尔人的行为举止的印象。

地插科打诨。不管他采取哪种反应倾向，其反应都是戏剧化的、做作的。骄傲和滑稽都被认为是可敬和正常的举止。

在这个社群中，没有稳定的、具有权威的头人——确切地说，根本就没有正式的头人制度，代之的是自我张扬，男人通过他在战争中的成就、巫术和秘传知识、萨满资格、财富、谋略，以及在某种程度上凭借年龄，来确立自己在群体中的名望。不过，除了这些因素，他还通过在公众面前的表演来获得名望；一个越有名望的人，
125 他的行为就越引人注目。一个最伟大、最有影响力的人物可以在舞台中心随意嬉笑怒骂，但下了舞台后仍不失尊严。

而在还没有确立起地位的年轻人中间则保持着更多的自我控制。他们会严肃而不张扬地走进礼堂，在年长者的喧嚣面前安静肃穆地坐着。不过这些男孩们自己还有一个更小的礼堂。在那里，他们上演着微型化的大礼堂仪式，模仿长者们融合着骄傲与滑稽的做派。

我们可以把这一机制描述为一个俱乐部，以此来总结出礼堂的精神气质——这个俱乐部的成员在其中并不是处于放松自在的状态，尽管他们与女人分隔开了，但仍强烈地意识到自己处于公众目光之下。即使没有特别的正式的或仪式性的行动，这种自我意识仍然存在，不过当男人们聚集在礼堂中参加某种辩论或仪式表演时，这种意识就格外明确地显示出来。

有关公众利益的任何事务都要以传统的方式进行正式辩论。每个大礼堂中都有一张特殊的凳子，它不同于男人们坐的普通的凳子，它像椅子，有一个“靠背”，这个靠背被雕刻成图腾祖先的象

征物。这张椅子不是给人坐的；事实上，如果这把椅子古老而神圣，[1]人们甚至不能随意触摸它，它只被用作辩论的讲台。演说者 126
有三束龙血树叶子或椰树叶。他在演说开始时把这些叶子整理一下，绑在一起，然后拿着这些叶子向那张凳子鞠个躬；再把叶子一束束地放到凳子上，就好像它们是他所说的话的标记牌；当所有的叶子都放下来了之后，他再次把它们绑在一起，再一次鞠躬。这一系列行为在他整个演讲过程中一再重复，直至以最后一个鞠躬结束。

辩论的氛围是嘈杂喧闹、怒气冲冲的，最鲜明的特色是讽刺挖苦。演讲者越讲越兴奋，声调越来越高，在整个过程中不时地以一些戏剧化姿势来缓和其演讲的激烈程度，他们的语气时而粗野，时而又转成滑稽打趣。演讲的风格因人而迥异，那些受人钦佩的演讲者的风格或者是表现出其知识渊博，或者是言辞激烈，或者是这二者的混合。一方面，有些演说者脑里能装下一万到两万个多音节的名字，他们对于图腾系统的博学是整个村庄的骄傲；另一方面，也有些演说者以姿态和声调达到效果，而不是以所谈论的事情

① 我只是靠辩论凳的年代来区分其神圣性的程度。人们告诉我，辩论凳需要经历一代代辩论者的狂怒才能获得“热量”。

在我发表过的一篇关于雅特穆尔人的辩论的文章（《大洋洲》，1932 年，第 260 页）中有一个小错误。我在那篇文章中说“在平静细致地讨论个人的名字和系谱时，用龙血树叶子；但在更为激烈的辩论中，则代之以用成束的椰树叶。因为椰树叶更坚韧，更能经受得住猛烈的拍打。”我是通过询问为什么用龙血树叶子而获知这一信息的。我只看到过人们在辩论中用椰树叶，但我在参观其他村子的礼堂时看到过辩论凳上放着三束龙血树叶子，所以我就问了那个问题。实际上，就我后来所观察到的有关名字和祖先的辩论而言，它们并不像人们先前告诉的那样是“平静的”，我现在倾向于认为，人们所说的关于用龙血树叶子的理由是一种错误的理性化，我怀疑这些叶子之所以在有关祖先的辩论中使用，是因为龙血树的仪式性意义。

取胜。这类人所作的演讲对正在讨论的事务助益甚微——即使有点儿意见也是其他演说者已经说过了的，但他的演讲中充满了各种嘲笑和威胁，说他要去强奸对方的人，边说边伴以淫秽的哑剧舞蹈动作。其间被侮辱者会微笑地看着他，或者大声嘲笑并向那个在侮辱他的人回报以讽刺性的大声叫好。除了博学型和辱骂型这两种类型的演说者外，还有一种紧张谦卑的演说者，他们在辩论中所提出的意见总是遭到蔑视。这类人通常试图表现出博学的风格，但由于紧张，他们什么也记不起来，他们那些愚蠢的错误总是遭到听众的大声嘲笑。

127 随着辩论的进展，双方越来越兴奋，有些人跳起来，手里拿着长矛跳起舞来，威胁着马上施以暴力；不过一会儿他们就平静下来，辩论继续进行。在一场辩论中，这种舞蹈会出现三到四次，但不会发生任何真正的打斗；然后会突然地，某个被激怒了的演讲者触到了事情的“根本”，他大声宣布了对方的图腾祖先的一些奥秘，在一种侮辱性的舞蹈中模仿他们珍视的某个神话。他的舞剧表演还未结束，一场打斗便会已然爆发，可能造成严重的伤害，而随之而来的便是漫长的、用巫术杀人的世仇。

辩论中被戏剧化炫耀的情感是以骄傲为核心的，尤其是个体主义式的骄傲。但与之相伴的是，此文化又发展出了一种对于氏族图腾祖先的强烈的自豪感；多数辩论是围绕着图腾系统的各种细节展开的。这种图腾系统有一种明显的情感功能——在此文化中是很重要的一项功能——即为每一个氏族的成员提供自我炫耀的内容。但此文化的骄傲的精神气质又反过来以一种奇怪的方式作用于此系统，尽管我们这里主要关心的不是雅特穆尔人的图腾系统的起源，但对这一系统稍加描述可以展现纳文仪式的情感背景。

图腾系统被极其复杂地细分为一系列个人的名字，所以每个个体都拥有他或她的氏族图腾祖先——鬼魂、鸟、星星、动物、罐子、扁斧，等等——的名字，一个人可以有 30 个或者更多这样的名字。每个氏族有好几百个多音节的祖先名字，每个名字的词源都会追溯到各种秘传神话。看来骄傲感似乎已经侵蚀了那些起源神话，所以现在每个半偶族都有它自己的关于世界起源的说法，其中本半偶族的重要性得到强调，而另一半偶族则不被提及。同样的趋势也扩展到氏族之间。各氏族群体隐秘地认定自己实际上不是任一半偶族的成员，而是源自两个半偶族赖以产生的最根本的源头，他们以此自我夸耀；每个群体都有自己的秘传神话以支持它们这种隐秘的诉求。关于图腾的辩论通常都与某些群体试图通过偷窃名字而偷来图腾祖先有关，而雅特穆尔人的所有仪式（成年仪式 128
除外）的一个最重要的特征就是吟唱名字歌，由此氏族成员会重新想起他们祖先的尊荣，整个系统便能在记忆中保存下去。

实际上，由于神话与偷窃名字相互重叠，这一系统是混乱庞杂的。尽管如此，人们不仅对他们的图腾祖先的数量以及他们在开辟世界中的功绩（这些事迹是在内部隐秘流传的）深感自豪，而且还对他们的联篇歌曲的“条理”而深感骄傲。他们认为整个庞大的系统是非常清晰明了、和谐一致的。因此，正是这种普遍流行的骄傲感使他们去编造出了这一大堆欺骗性的系谱说法，也正是这种骄傲感使他们将由此导致的混乱视为严密有序。

如果将目光转向与礼堂相联系的仪式，我们就会看到，男人这个群体是相互竞争的，但尽管相互对立，他们还是能够一起工作，制造出某种令女人们赞叹和惊奇的景象。男人们的典礼几乎毫无例外地具有这种性质；而礼堂则充当了为这种演出作准备的演员休息室。男人们在这个隐秘空间戴上他们的面具和装饰物，然后由此出发到女人面前跳舞和炫耀，女人们则聚集在跳舞场旁边的土堆上观看。即使是纯粹男性事务的成年仪式也会这样安排，即典礼的有些部分是女性观众可以看到的，女人们还能听到礼堂里传来的神秘而美丽的声音，这些声音是由各种各样的秘密乐器——笛子、木梆、牛吼器等发出的。在礼堂里的屏风后面和顶层演奏出这些声音的男人们很强烈地意识到那些他们看不见的女性听众。他们设想着女人们在赞美他们的演奏，而如果他们在演奏中出现了某个技术错误，女人的嘲笑是他们所害怕的。[①]

129 对骄傲感的强调也体现在男人生活中的其他很多场景中。在这里我们要记住，礼堂也是个男人们聚会的地方，他们生活中的大量日常事务是在这里组织的。他们在里面讨论打猎、捕鱼、建房和造独木舟等事务；这些行动是以与仪式同样的刻意展示的方式来进行的。男人们会将大独木舟分成几队，声势浩大地去捕鱼或打猎；或者会成群结队地开往丛林里去砍树。这种团队是通过在礼堂里敲出的大木梆的节奏声而被召唤到一起的；如果工作地点靠近礼堂，梆子声能将“活力注入”[②]到干活者的身体内。最后，每一

---

① 关于雅特穆尔文化中笛子音乐的技术背景和社会学背景的概述，参见“鹰”(The Eagle)，《圣约翰学院杂志》(*St John's College Magazine*)，1935 年，XLVIII 卷，第 158—170 页。

② 这个我翻译成“活力注入”(put life)的当地语短语是“*yivut taka-*”。*yivut* 是一个表示“行动”或“活力”的日常词汇，可以用作名词、形容词和动词；例如，*vavi yivut yi-rega-nda*，字面意思是“鸟动，离开”，也就是“鸟在移动”；*yivut kami*，“一条活鱼”。*taka-* 是一个表示“放置”之类意思的日常词汇。人们在工作、游戏和仪式场合中经常会提到 *yivut*，这可以看作此文化中的速度特征(参见第 290 页)。

项重大任务的完成都要以某种壮观的舞蹈表演或典礼来标示。

由此我们可以得出结论，典礼的仪式意义几乎完全被忽略了，所有的典礼重点都放在典礼作为一种庆祝某项工作完成以及突出氏族祖先伟大之方式的功能上。名义上是促进多产和繁荣的典礼是在礼堂里铺好新地板时举行的。在这一场合，绝大多数信息提供人都说此典礼是“为新地板而举行的”。只有很少一部分人还能意识到典礼的仪式意义或对其感兴趣；但即使是这些少数人也不是对典礼的魔力效果，而是对其秘传的图腾起源——即有关氏族荣耀的事情，氏族的骄傲感在很大程度上建立在有关它们的图腾祖先的细节上——感兴趣。因此，整个文化是由对壮观场面的持续强调和男性骄傲的精神气质而塑成的。每一个趾高气昂、大叫大嚷的男人都是在表演，以向自己和他人确证自己拥有某种威望这一事实，而这种事实在此文化中几乎没有正式的认可机制。

如果不对成年仪式的精神气质进行描述，那么对礼堂生活的 130
记录是不完全的。在其他文化中，我们会认为那些训导者是既尊贵又严峻的；在痛苦的割礼过程中，他们会向年轻的受礼者灌输斯巴达式的对痛苦的坚忍态度。这一文化具有很多看上去与这种苦行的精神气质相配的因素：在某些日子里，受礼者和施礼者都不能吃喝；在某些场合，受礼者要喝污浊的水。而且，此文化还包含着一些因素，使受礼者看上去是在通过一个灵魂的危险阶段。他不能用手接触食物，他要经历一场带有仪式洁净意义的彻底清洗；而且我们也有理由认为施礼者在保护受礼者免受危险的污染。

但实际上，成年仪式的精神既不是苦行也不是谨慎，而是不负责任地以强凌弱和装腔作势。在切割过程中，没有人关心那些小男孩是怎样忍受痛苦的。如果他们尖叫，施礼者就会去敲起木梆来盖住他们的声音。小男孩的父亲也许会站在一旁看着整个过程，时不时按惯例说上一句“行了吧！行了吧！”但没人理会他。手术的操作者的主要兴趣在于展示他们的技艺，将受礼者的扭动和抵抗看作对自己技艺的贬低。观看者则沉默地、我想是带着些许“恐惧”地看着这种与日常的戏剧化兴奋场景迥异的痛苦场面。有些人则显得很开心。

在成年仪式的其他阶段，由一些很乐意做这事儿的男人们来充当痛苦的施加者，他们是带着一种嘲讽的、恶作剧的态度做此事的。喝脏水就是个大恶作剧，可怜的受礼者被骗着喝下许多脏水。在另一场合，他们的嘴被一块鳄鱼骨撑开，让人“检查他们是不是吃了不该吃的东西”。尽管在此阶段对他们并没有任何食物禁忌的规定，但检查的结果毫无例外地是说发现他们的嘴不干净；骨头

131 被突然戳进了此男孩的牙龈，使牙龈出血。然后此过程要在下颚的另一边重复一次。在进行仪式性清洗时，受礼者已部分愈合了的后背被擦来搓去，并被不断地泼上冰冷的水，直到他们又冷又痛地抽泣不止。仪式所凸显的是使他们痛苦更甚于使他们洁净。

在隔离期的第一个星期，受礼者要经受各种各样的这类严酷的恶作剧，每一种恶作剧都有一些仪式性的借口。而此举在其文化的精神气质方面更颇具意味，即对受礼者的折磨被用作一种语境，在其中，不同的施礼者群体可以提出种种足以自傲的方面来打击对方。当某个半偶族的施礼者觉得受礼者在其所能承受的程度内已经受到了足够的折磨，可以省略某一仪式程序；另一半偶族则开始嘲讽对方那些仁慈的施礼者是害怕自己干不出什么漂亮的折

磨手法来；于是心怀恻隐的那一方便狠下心来，在实施各项仪式程序时分外添上了几分残忍。

将小男孩引入礼堂生活的仪式就是按照这种倾向进行的，这使他能很好地适应作为礼堂情境特点的、不负责任的戏剧化骄傲和滑稽的插科打诨。在其他文化中，男孩子会受到规训，以使他能够行使权威；而在塞皮克地区，男孩子被施以不负责任的折磨和羞辱，这样他就成为了一个我们可以称之为过度补偿的（over-compensating）、粗砺的人——当地人称之为“热的”人。

如果从两性间对立的精神气质模式来看，当地人自己所总结的成年仪式的精神气质就更为有趣。在成年仪式的先期阶段，受礼者受到无情的欺侮和戏弄，他们被说成是施礼者的“妻子”，他们要握住后者的阴茎。在这里，语言学上的用法似乎显示出男人和女人之间的关系与施礼者和受礼者之间的关系在精神气质上的类

似。实际上在对待妻子时也只是在很极端的场合才会采取这种虐 132
待狂式的做法，但也许男人们乐意认定他们可以像对待受礼者那样对待他们的妻子。我认为我们也许可以在以下各种过程中发现一个一致的文化模式：两性对立的精神气质、对受礼者的羞辱、沃扮演劳阿的妻子以羞辱自己，以及“兰门陶”（你是个真正的丈夫！）这一表示屈从的感叹。所有这些文化因素都建立在一个基本的假设之上，即被动的性别角色是可耻的。[1]

实际上，从精神气质学的观点看，成年仪式的场景并不是一种单一的状态，从本质上说，它还是两种精神气质的接触，一种是施

[1] 一个与此相反的例子，见第165页脚注。

礼者的精神气质，一种是受礼者的精神气质。前者的精神气质明显是对男人们在礼堂的日常生活的纯粹夸大。而受礼者的精神气质则没有这么明了。从某种程度上说，尤其是在仪式的前期阶段，他们充当的是女人的角色；我们可以将施礼者的一些夸张行为归因为具有对立的精神气质的受礼者出现在礼堂里的结果。

到现在为止，我们还没有涉及这种对立是如何产生的这一问题；不过我们可以设想小男孩在幼年阶段在某种程度上吸取了女人的精神气质，他们进入成年仪式时带着这一文化中的女性所特有的情感态度。确切地说，这一假设并不是建立在事实基础上的，因为我没有研究过儿童；但不管其是否正确，在成年仪式背后是存在着这类模糊的观念的。对于他们与受礼者之间这种不管是实际存在的还是名义上的对立，施礼者的反应是，更进一步强迫男孩们进入到那种与自己的角色互补的位置中，戏称他们为“妻子”、欺侮他们、使他们以妻子的角色表现自己。

所有这一切都以受礼者接受了男子气概的精神气质而结束，但引发这一过程的第一步似乎是迫使受礼者表现为女人，启动这一仪式的方式充满矛盾，这促使我们更加细致地去考察它所涉及的各过程。

133 我认为我们应该区分出[1]四种与之相关的过程：

1. 受礼者对女性精神气质的反暗示(contra-suggestible)阶

---

[1] 这里所提出的理论在相当程度上超过了它所依据的事实所能证实的程度。尽管如此，此处对成年仪式过程的分析旨在提供精神气质学视角的一个例证，并展现这一视角能引发的各类问题，而不是要证明某一假设。

段。我们已经看到,将受礼者作为妻子来对待的方式远比对待真正的妻子更极端和专断;而且,女人是逐渐培养起她们的精神气质的,而受礼者则是被突然地、粗暴地投入到屈从的境况中的。我认为,这一区别可以解释为什么妻子能不太困难地接受某种程度的屈从气质而受礼者则反对受这种气质的暗示并反抗它。当然,受礼者有时会反抗和拒绝遭受进一步的侮辱。从我们目前的观点看,这种反抗可以被视为一种征兆,表明受礼者对屈从角色的反暗示已经发展成熟;我们可以想见,施礼者所用的严酷的压制方式并没有浇灭受礼者胸间的怨恨之火。①

2. 受礼者为男性精神气质感到骄傲的阶段。我们可以想见,受礼者与母亲和姐妹们隔离开来,并经历了女人和更小的孩子未经历的事情,这些使他们获得了某种优越感。他们在很早的阶段,甚至在他们的伤口还未愈合之前,就自然地对他们的伤疤感到骄傲了。在最初的切割之后的 10 天,受礼者被带到了灌木丛中,又受到了竹刀的恐吓。我看见五个受礼者中有四个由于想到要再一次挨刀而带着近似歇斯底里的尖叫退缩开去,而第五个在犹豫了片刻后接受了手术,毫不退缩地、骄傲地接受了又一次的开刀。

经过了第一个星期的密集欺凌之后,施礼者和受礼者之间的 134
关系改变了。前者不再被描述为受礼者的“兄长”或“丈夫”,而是被认为是他们的“母亲”。与这种称呼的转变相应,施礼者开始悉

① 现在,人们常要为一些出外为白人干活、回来已是成年人而还没有接受割礼的男孩举行成年仪式。在这种情况下,反抗尤其普遍,我有两次被施礼者叫去帮助维持仪式规矩。

心照顾受礼者。他们去打来野味，以使他们的“孩子”能吃得好长得壮，他们教导受礼者如何吹奏笛子，还担任了制作各种装饰物——遮阴穗子、酸橙木盒子、投矛器等——送给受礼者的公共任务。最后，在成年仪式结束时，受礼者佩带着所有这些华丽服饰，作为这一时刻的英雄出现在女人们面前，而他的成年仪式是以纳文庆祝来结束的。

3. 对将来的受礼者在场的反应。成年仪式绝不是以受礼者被吸收到施礼者群体为结束的。仪式现场还有很多更小的男孩子，他们虽然因为年龄太小还不够资格参加这次成年仪式，但从系谱上说，他们与马上要完成成年礼的受礼者属于同一层级(参见第274页的图表4)。等这些男孩长大后参加成年仪式时，先前这些受礼者会和他们一起排队再看一遍笛子演示。他们不必再经历一遍剧烈的折磨，但仍会被仪式性地称为受礼者。他们显然对这些仪式很是厌倦了。只有在很长时间以后，当自己成为施礼者时，他们才开始对成年仪式的各项事务产生很浓的兴趣。那时他们自己作为完全融入了这个系统的欺压者而对在场的入会者作出反应。

4. 对其他施礼者在场的反应。施礼者极端的欺凌行为并不只是对在场的受礼者的反应，在很大程度上是因对立的施礼者群体成员间的竞争情绪而升温。当 Ax_3 组(参见第279页的图表4)在为 By_4 组举行仪式时，Ay_3 组在礼堂的另一边为 Bx_4 组举行仪式，这两个施礼者群体在表演过程中不断斗嘴和表现出对抗。有一次，受礼者已经被折磨得太厉害了，以至于一种叫作茨希芒卡
135 (*tshimangka*，鱼)的恶作剧，即受礼者被重重地掌掴，被一再延

期。最后，受礼者要接受仪式性清洗的日子要到了，而自那以后，各种凌辱行动就要停止。但还有好几项凌辱程序尚未实施，Ax_3组的代表建议略去茨希芒卡这一步，Ay_3 组立刻反驳，对主张仁慈者大加嘲弄。他们指出 Ax_3 组害怕残酷，而他们（Ay_3）则要在仪式中实行之。面对这种指责，Ax_3 组的人硬起心肠，很快就施行了茨希芒卡。当此程序结束，受礼者吐出嘴里的血时，先前那位仁慈的代表人告诉我，作为对 Ay_3 组的嘲笑的回应，这一次掌掴比平常更为暴虐。[1]

雅特穆尔男人的一个特点，即他们那种"盛怒之下自辱"的倾向，在成年仪式系统的背景下很清楚地展现出来。不管什么时候，如果成年仪式这个封闭圈里发生了什么严重事件，比如说某个女人看见了某种保密的东西，或者神秘事物遭受了某种不敬，或者是爆发了严重的争吵，话题总会是"捅破这层纸"，即将整个成年仪式系统都暴露给男人、女人和孩子，将所有的一切展示给一切人。当然，这种言论大多只是嚷嚷，没有谁会真想采取这种极端的行动，但是如果有时某种僵局让人恼羞到极点，那么他们会采取某种自辱的举动，而这会使村里的仪式生活在好几年内陷于瘫痪。

明丁比特村就发生过这样一起事例。这个村里的成年礼系统已越来越丧失活力。男孩们都出门到种植园去干活，以致村里缺乏足够的人手来举行任何大的仪式；而回到村里的男孩们在参加

① 还可能存在影响施礼者行为的第五种因素，即村庄之间的对立。明丁比特村的男人向我夸耀，他们的成年礼鳄鱼比塞皮克河一带的其他任何村庄的鳄鱼更具有强力（*kau*）；而我认为，其成年仪式比帕林拜村和坎卡纳芒村的更为野蛮。

136 仪式时对成年礼鳄鱼很是轻蔑。礼堂里满是背上没有疤痕的男孩子，连小礼堂都慢慢被女人们侵入，所以男人们现在便放弃了小礼堂，让它成为女人们闲坐聊天的场所。

一天，一群明丁比特村民搭便车上了一辆白色的征兵大篷车。一个年轻男子的篮子里放了一支小竹哨。[1] 他的妻子注意到了这个东西，便把它拿出来问道，"这是什么东西？"一个在场的更年长的男人看到此事。他责备了那女人，女人很是羞愧。后来，这个年长男子在礼堂里报告了这事，并咆哮着辱骂那个年轻人如此不当心，以至于发生这种事故。这个长者和对立半偶族的其他成员袭击了那个年轻人的家，砸了他妻子的坛坛罐罐。但他们还不满足，于是他们去到塔盖尔即小礼堂[2]和住处，将所有的小男孩召集起来。甚至连那些还在蹒跚学步、刚会说话的孩子也被召集来了。那天晚上，他们向这些孩子们展示了一切，包括瓦甘木梆。整个过程是整个成年仪式过程的极其压缩的版本，但没有进行任何形式的切割手术。这一极端事件在明丁比特村和在持轻蔑态度的邻近各村都被视是一种绝对的耻辱和对明丁比特村的"鳄鱼"伊辛杜马的毁灭。

---

① 这种竹哨是打工的男孩们做的玩具，不是雅特穆尔文化的本土产物。但是男人们认为所有的管乐器都不能被女人看到，以免她们在听到礼堂里传出的笛子曲调时能琢磨出它的类别来。

② 塔盖尔与姆布沃尔的区别在于，塔盖尔是未参加成年仪式的 B_4 组成员的礼堂（参见第 274 页的图表），而姆布沃尔是属于 A_5 组的。在很多村子，只会建立一座这样的房子，不加区分地由这两组成员使用。在明丁比特村，人们建了一座新的塔盖尔，是希望它能使那些还没参加成年仪式的小男孩不再混迹于年龄更长者的礼堂。但是，它的这个目标没有实现，明丁比特村的塔盖尔总是空着的。

另一个更为极端的类似事件发生在50年前的帕林拜村。当时村里正在举行祭献瓦甘的典礼，要表演比先前的成年仪式更为 137
秘密和严肃的敲木梆演奏，后者只用笛子和牛吼器之类。在瓦甘典礼上，要不停地敲打神秘木梆，[①]要在礼堂的楼上昼夜不歇地持续敲几个月；在这段时间，村里不能有任何噪音：任何人都不能吵架、叫嚷或砍柴。长矛立靠在礼堂的外墙和屏风上，准备用来杀死任何打破宁静、冒犯瓦甘的男人或女人。不过，尽管这些长矛是为杀人而准备的，但它们并不被经常使用，而帕林拜村所发生的那场事件至今仍让人记忆犹新，它一再被复述，以证明那些长矛的确是有严肃的用途的。

没有发生什么重大的麻烦，典礼在顺利进行，该准备最后一场仪式了，即一位老者扮演瓦甘，在聚集来的女人面前表演舞蹈。负责这一段仪式的成年礼群体出去采巴豆叶，用它们来装饰那些巨大的瓦甘像（参见图片XXⅦ A），他们要偷偷地溜出村子，不让女人们知道他们是怎样准备这一演出的。他们采集了叶子，装进绳袋里，然后开始返回村庄。一些孩子们在河道入口处附近玩耍，通过这个入口就进入了帕林拜村。孩子们在用玩具投矛器射出大象草的茎杆。一根茎杆射到了这些男人们的独木舟上，刺进了装着巴豆叶的绳袋。

这些男人们立刻去追赶并刺死那个犯下此冒犯之罪的小男

① 这是关于应该如何的说法。实际上，木梆的节奏声很少能维持到超过两天或三天的，它通常会被两个成年礼半偶族之间的争吵所打断。但只要争吵一停止，梆声又重新开始，这样断断续续地持续上几个月。一个敲奏者累了，另一个人就接替他，将梆槌顺势从他手里替接过来，这样梆声就一声也不会间断。

孩。他们回到村庄后，接下来发生的一场大打斗导致了三人（或者是四人?）死亡，死者都是瓦因格沃达氏族的人，是那个小男孩的“父亲”。

138 接着，在这场杀戮中起主要作用的茨希迈尔氏族的人走进礼堂，把瓦甘木梆从楼上推下来，他们在跳舞场上建了个小屏风围着自己，将木梆展示给所有瓦因格沃达氏族的女人们，还把神圣的梆槌递给她们，让她们带回家去。

杀死那个男孩是依照瓦甘典礼的规矩采取的行动；但也许是他们感觉到自己做得有些过分，所以被迫羞辱自己来保持自己的骄傲。他们没有因为这次的杀戮而在他们的酸橙杆上挂上坦博因特沙（穗子）。

在猎头这件事上，男子气概的精神气质无疑得到了最彻底的体现；尽管目前我们已经不能很明确地观察到猎头的精神气质，但原来系统中还留下了足够多的东西可以使调查者对此系统所隐含的意义有些印象。由于缺少对实际行为的观察，我的描述就必然是建立在当地人的报告上了。

在这方面，所强调的并非勇气；历尽艰辛或神勇出众地杀死一个人并不会受到更高的赞誉。不管是杀死一个男人还是杀死一个女人，是公开决斗中杀死人还是偷偷摸摸地杀人，都一样光荣。有个例子可以说明这种态度：在一次对邻近的丛林村落进行的袭击中，一个妇女被杀死了，杀死她的人（马里金德津）把她的女儿带回到坎卡纳芒村。他把她带到自己的家里藏了一阵，想把她收为家庭成员。但她并没有一直待在那儿。后来他把她带到礼堂，在那儿就她的命运问题人们展开了讨论。她恳求他们的怜悯，“你们不是我的敌人；你们应该怜悯我；以后我会嫁到这个村里来。”

一个年轻人阿维尤兰-马利，她的抓获者的儿子，打断了讨论，友好地邀请她同去园圃取一些甘蔗。于是他和那女孩，还有一两个更年轻的男孩——其中一个是我的信息提供人茨哈瓦，他那时还是个小男孩——一起去园圃了。到了那儿，阿维尤兰-马利刺死了她。（清洗其头骨的任务落在了茨哈瓦身上。敌人的头骨是永 139
远都不能触摸的，所以茨哈瓦在扯下一条韧带时很费了些劲。后来他扔下了钳子，用牙齿咬住那条韧带的一端把它扯出来了。他父亲看见他这样做很是震惊；但茨哈瓦对我说：“那个傻老头！我哪知道那些？”——这种对待禁忌的态度如今在雅特穆尔人中并不少见。）

尽管缺乏“运动员精神”，猎头行动在相当程度上仍是一项“运动”。没有任何明确的规则说你在杀死一个人之前要先对他有忌恨之心，或者是因为要对抗一个村庄而袭击它；尽管绝大多数的杀人行为被自然地看作一种复仇。通常情况下，打斗和杀戮局限于杀死外人，即其他村子的人，尤其是与本村存在着世仇的其他村子的人。但即使是这一规则也没有被很明确地解释过；一个嫁入本村的女人也可能被人出于猎头的目的而视作外人。我甚至遇到过这样一件事，一个男人因为杀死了自己的妻子而在他的手杖上加了一道穗子，他杀她是要对另一次杀人进行报复，因为她娘家村里的人参与了那次杀人。

这一机制包含两个主要的动机，即个人的荣耀和他对其社群的繁荣和强大而感到的骄傲和满足。这两个动机紧密地交织在一起。在纯粹的个人方面，一次成功的杀人可以使杀人者有资格佩戴上特殊的装饰物和抹上特殊的颜料，并披上一张狐蝠皮做的遮阴围裙；而从来没杀过人的人则只能羞辱地披着条带状的龙血树叶子做成的围裙。最繁复的纳文仪式是为杀人英雄举办的，他也会自豪地举办宴席招待自己的兰欧阿纳姆帕（丈夫那边的人）。而且，他受到女人们的赞美；即使在今天，女人们偶尔还会嘲笑年轻男子穿的印花布缠腰带，按规矩，他们本应该穿着龙血树叶子做的围裙，也就是当他们还是小男孩时参加成年仪式时人们给他们的那种围裙。

个人荣耀与猎头成功之间的关联，以及个人耻辱与猎头失败
140 之间的关联在那些其亲戚被杀死的人身上也体现出来。他们的首要责任就是实施恩甘布瓦（*nggambwa*，复仇）。他们戴在身上以纪念死者的藤环在未完成复仇前是不会摘下的；直接提到某个其仇还未报的亲戚是雅特穆尔人在攻击他人时能够使用的最为危险的侮辱——在猎头已被禁止的现在，此举的侮辱之意更甚。

实际上，此事的严重性在于那些不能实施复仇的人的状况，它在群体内部产生出恩格拉姆比，后者会导致其成员的生病和死亡。

与这种由未复仇而对氏族荣誉的侮辱所导致的弥漫于整个氏族的焦虑形成对照的，是成功的猎头行为给氏族带来的利益之“社会学”表述。在这里，就像在社会学表述中常见的那样，事情是以交错着的象征意义来表达的，但我们可以通过对系统中各不同组成部分加以人工分离而将其理清：

1. 如果可能的话，敌人的尸体被带回到村里，在那里由一个戴着代表鹰的面具的男人仪式性地杀死。这样，杀人就不仅是个体的成就，而且象征性地成为整个村子的成就。

2. 当地人很明确地说鹰就是村子的考（*kau*）。考这个词的意思是“袭击方”、“战斗力”、“对愤怒的表达”，等等。礼堂的尖顶装饰也代表着鹰（参见《大洋洲》，1932 年，图片 Ⅷ），在仪式中，这只鹰被放在适当的位置，它会说话。它向敌人的村庄眺望，看见他们就像“鸟在梳理自己的羽毛”，或者是像“鱼正跳进水里”——等待被杀。

3. 当地人认为繁荣——子嗣众多、健康、舞蹈和堂皇的礼堂——是紧随着成功的猎头行动而来的。

4. 繁荣也依赖于姆布万（*mbwan*），即用立起的石头所代表的祖先[①]灵魂。

5. 被杀者的头被放置在姆布万上，有时候，他们的尸体被埋 141
在姆布万下面。

6. 直立的石头是阴茎的象征，在萨满的行话中，表示交媾的短语是姆布万托（*mbwan tou-*），即“立起一块石头”。

7. 男人的性行为明确地与暴力和荣耀联系在一起。

粗略检视一下这些文化细节丛，我们就可以清楚地看到猎头所具有的一般性地位，与荣耀联系在一起的是繁荣、多育和男性的性行为；但我们可以看到，在这幅图景的背面——但仍属于同一种精神气质的一部分——则是耻辱、哀悼和恩格拉姆比。

与强调骄傲和耻辱这些方面密切相连的是对猎头之壮观场面

① 姆布万被视为祖先，而且大致与安格考（*angk-au*）即陶片之灵属于一类。但至少在某些场合，姆布万实际上并不是指死去的祖先之灵，而是指被杀死的敌人的灵魂。他们之所以被视为祖先，也许是因为他们有助于社群人口的增长。

的发扬。每一次成功的猎头行为都会以大型舞会和典礼来加以庆祝，全村人都参加。杀人者是这些庆祝活动中的英雄，他同时也是举办与这些活动相伴的宴会的男主人。即使是战败者也承认这些舞蹈很美，这可以从我在明丁比特村所收集到的一个文本中体现出来。这个文本描述了袭击中的一系列典型活动：

（战斗结束后）他们离开了。然后他（杀人者，站在他的独木舟上，高举着他从敌方取得的首级）问道："我要去参加我们美丽的①舞会，我要去参加我们美丽的典礼。告诉我他的名字。"（那些战败者回答）"你刺死的是某某。"（或者，得胜者会说）"这是个女人。"而他们（战败者）则会喊出她的名字，（然后他们会向战胜者喊道，）"走吧。去参加你们美丽的舞会，去参加你们美丽的典礼。"

① 在这个文本中，有一个短语（我翻译成"美丽的舞会，美丽的典礼"）很有意思。在雅特穆尔语中，表示"美丽"的词是"*yigen*"，一个用来描绘令人赞叹的面容或壮观场面的常用词。这个词也用在副词"*yigen-mbwa*"（"温柔地"）中，它是"*nemwan-pa*"（"猛烈地"，字面意思是"威严地"）的反义词。整个短语是"*yigen vi*，*yigen mbwanggo*"，这是对日常用语"*vi mbwanggo*"（胜利的战争舞会）的一种诗化表达方式。在这个短语中，"*vi*"这个词指的是一种用在战争中的、有很多矛尖的特别的长矛；"*mbwanggo*"则是个用来指舞会或典礼的常用词。按照传统的措辞方式，将这个短语分成两个并列的短语，这是雅特穆尔人诗歌天赋中经常使用的一个技巧。[参见第 182 页的"*yigen kundi*"（安静地歌唱）。]

第十章　雅特穆尔文化的精神气质：女人

女人的日常生活中不太强调骄傲和华丽的外表。[①] 她们的绝 142
大多数时间在从事与居所相关的各种必要的经济劳动——获取食物、烹饪、照看婴儿，这些活动不是成群结队公开进行的，而是各自安静地进行的。拂晓之前的清晨，女人就划着她们的小独木舟去查看鱼筌，她们用鱼筌捕捉对虾、鳗鱼和小鱼，这些是他们主要的蛋白质食物。每只独木舟只能载一个女人，或是加上她的一个小

① 在东部雅特穆尔（明丁比特村、坦布南村等）和中部雅特穆尔（帕林拜村、坎卡纳芒村等）之间存在着一些精神气质方面的地方性差异。东部地区的女人在日常生活中佩戴着大量的贝壳装饰，只在从事收放鱼筌这类工作时才取下它们。这些女人在举止上也比帕林拜村和坎卡纳芒村的女人们稍微骄傲些，后者只佩戴很少的装饰物。这种区别可能对作为整体的文化有一些影响。还值得注意的一点是，在东部，艾埃（*iai*）婚比在帕林拜村更为普遍，在这种婚姻中，主动权在妇女；而在明丁比特村，人们给我看了一个有趣的装石灰葫芦。那里有一个习俗，即男人在每次成功的风流韵事后便在他们的葫芦上刮出一道标记；但我看到的这个葫芦在一道普通的标记旁边还刻有一个配有各种几何图案的大女阴图像。我问葫芦的主人这是否是其母亲半偶族的标志，他骄傲地回答说："不，它代表一个女人。我对她没意思，但她钻进我的防蚊袋里，做那事时很主动。"

在这两个地区通常都存在着类似的两性间精神气质上的对立，但这种对立在坎卡纳芒村最为明显，那里的女人明显处于低贱地位。帕林拜村的男人们意识到了他们的女人们与坎卡纳芒村的女人们之间的差异，并将此差异归于她们能捕到更多的鱼，因为他们的村子就在一个湖边。

孩子，船尾的一个旧罐子里生着火，让女人在寒冷的清晨能取取143 暖——在检查鱼筌的过程中，她要涉入齐胸深的水，当查看完后会很冷。这支小小的独木舟队伍，每只小舟上都升起一道青烟，在淡淡的晨霭中是一道非常美丽的风景；但划出村子后，这些独木舟就各自分开，划向她们各自放置鱼筌的河中各处。在这项工作中，丝毫没有男人们在开始其打鱼航程时的那种兴奋。每个女人都各自去做她们一天的工作。她们查看完鱼筌后，便去搜集河岸边的象草枯梗以作柴火，然后回到村里，开始做饭和做家务。

一座房子由两到三个有父系血缘关系的男人分住；对男人来说这种分隔是非常确实的，几乎是件正式的、没有弹性的事情。一个占用房子一端的男人会避免进入房子另一端他兄弟或他儿子的住处[1]，尽管房子中间并没有屏风或墙将其隔开，只有在地板中间的大睡袋。尽管住在同一所房子里的女人彼此间一般是没有多少关联的，但她们似乎更少意识到这种分隔，会经常在整座房子内谈论各种事务，每个女人有自己独立的烹饪处，火盆靠墙架起，同一男人的各个妻子各自理厨，但她们之间相处平和，不像男人们相处时那样具有很强的自我意识。

妇女们的生活是以三日一周的节奏进行的，中间一天是集日。[2] 用来交易的一定数量的鱼和对虾是平日里积攒下来的，它

① 在我的印象中，儿子去拜访父亲，较之父亲去看望儿子更为自由和随意；在兄弟之间似乎也存在着同样的倾向，弟弟拜访哥哥比哥哥拜访弟弟要更随意。

② 这种三日一周是帕林拜村和坎卡纳芒村的特色，但在东部雅特穆尔人中则不是这样，因为他们的村子与邻近的丛林村落相隔较远。东部雅特穆尔人的集日不固定，在一些特别安排的日子里，两个群体在他们各自的村子中间的草地上从事交易。

们或者是被装在浸在水里的篮子里，或者是熏制过了的。在集日，妇女们汇集好这些东西，划着独木舟到那些灌木村庄，用鱼换取西 144
米。市集实际上是设在灌木村庄里，但那些丛林部落的女人们经常会走到半路上来，她们就在一个约定的地点上做交易。交易在轻松愉快的讨价还价中完成。交易很小，所以不用怎么讨价还价，她们倒是可以聊上好一阵，不仅谈论手头的交易，也聊聊各自村里发生的种种事情。男人们也会到这种市集上来，但据我的观察，男人们的在场并没有使女人们之间普遍的轻松情绪被压制。不过，我只是在男人们在场的时候才去过市集，所以我不能确定他们的在场对女人们产生了什么影响。妇女之间的交易与男人在谈更重要的买卖时的行为形成鲜明对照。他们在进行睡袋或独木舟的买卖时，双方都摆出一种挑战式的沉默姿态要胜过对方，而且在大多数情况下，交易是谈不成的。

与骄傲的男人相比，女人是不张扬的。她们快活、乐于协作；而男人则过于沉浸在骄傲感中，这使他们之间很难进行协作。但我们不能就此认为女人们只是温顺的小老鼠；女人也有自己的想法，会准备着维护自己的权利，甚至会在婚外恋中采取主动。在艾埃婚姻中（参见第 106 页），名义上是由女人采取主动，她依照自己的意愿，不用受邀请就可以去到她的艾南家里。据说在坦布南村，在这种情况下，被选定的男人没有权利拒绝这一求婚。

这种模式在一些没有很定型的、女人没有这种名义上的权利的婚姻中也被沿用。一个典型的事例可以显示女人主动性的程度：我和我的本地仆人去邻近的艾邦村观看一些仪式，这是个外来人的村庄，他们不被视为雅特穆尔人，但他们的社会系统与雅特穆尔人的有密切关联。那天我从那个村子回来时，一个艾邦村的姑娘自己来到了坎卡纳芒村；她在打听她氏族的一些人，然后她到我的一个信息提供人的家里，那人是她的族内兄长。她告诉他她爱
145 上了我的一个小厨师；他的族内兄长问“是哪个厨师”，她说她不知道他的名字。于是他们就一起到一个地方观察我的仆从，那个女孩指出了她爱上的那个小厨师，确认了他的名字。在接下来的谈判中，这个男孩和女孩都羞涩地互相回避(小厨师这样告诉我)，但她的族内兄长充当媒人，而她则住在他家里。男孩被这一求婚弄得飘飘然，决定接受。他送了好些小礼物给那个女孩，她接受了。很快，艾邦村那边就传过话来，要男孩付新娘礼金，而小厨师没有多少钱。事情搁置了下来，过了两周，女孩回到了艾邦村。男孩摆出很愤怒的姿态，要求女孩的亲戚归还那些他送给她的礼物，但没有要到。

在这件事中我想强调的是，那个女孩孤身一人到一个陌生的村庄这一举动中所表现出来的异乎寻常的勇气，以及她很清楚自己要做什么的意志。在雅特穆尔文化中，她的这种举动是正常的。

为了进一步证明人们对具有坚强且勇敢之个性的女性的尊重，我们在这里引述一个传统的神话故事，这个故事是我在明丁比特村时人们向我解释他们为什么与帕林拜村结成猎头联盟时跟我说起的。这两个村子在传统上都与位于他们中间的卡拉罗村有世仇。

卡拉罗村的人在杀我们。他们用矛刺死了出去采野甘蔗尖的女人们、去采水草(作为猪食)的女人们和去查看鱼篓的女人们。他们还射中了一个男人奥-维特凯-马利。他的妻子

是茨杭吉-姆博，（他的姐姐是）奥-维特凯-芒卡。他们杀死了他，然后敲起了木梆（来庆祝胜利）。奥-维特凯-芒卡不在，她在湖边（捕鱼）。奥-维特凯-马利去园圃时被他们刺死了。梆子声传到（湖上）。她问："他们刺死谁了？"人们告诉她，"他们刺死了你的丈夫。"[①]

她于是装了满满一绳袋的贝壳首饰，（走到礼堂里）说： 146
"村里的男人们，我给你们带来了（首饰）。"但他们说："不，我们不想要这些。"他们觉得很羞愧（因为他们不敢接受这些首饰，这是她为他们可能提供的帮助所付的报酬）。

然后她上了自己的独木舟；把那些首饰放在独木舟里，脱下裙子放在独木舟里。奥-维特凯-芒卡在船尾，茨杭吉-姆博在船头。装着首饰的袋子在船中间。她溯河而上到了帕林拜村，因为她听到了梆子声。她们是晚上去的。

她们靠着帕林拜村的一个仪式垛（一个隐蔽藏身处）坐着，将那一袋子首饰放在靠近仪式垛的地上。黎明时分，（帕林拜村的人）起来后，看见了（她们）。她们脱了裙子坐在那儿，裙子搭在肩膀上。[②]

* 帕林拜村的男人们说："她们是卡拉罗村的女人。"于是他们准备刺死她们。这两个女人说："你们为什么要刺死我

① 这里所出现的两个女人之间的混淆是雅特穆尔人表述的文本的一个典型特征。很明显，我的信息提供人在描述的是那个男人的姐姐在捕鱼时听到了梆子声，但当她问是谁被杀死了时，回答却是"你的丈夫"。

② 在听人们讲这个故事时，我觉得在此情境下女人以裸体出现是很自然的，所以我就没有再问为什么她们要这样做。不管怎样，我敢肯定，这种裸体是一种恳求的姿态，在某种程度上，这类似于在纳文仪式中女人在英雄面前裸体躺着的意义。

们？"(帕林拜村的)考利埃维看到这种情况，说："别刺死她们，"然后他说，"来。"他们敲响了木梆，召集起所有帕林拜村、坎卡纳芒村、马林盖村和詹茨前村的男人们。这四个村子的男人们聚集了起来，这两个女人请他们进行辩论。男人们问："你们是哪里的女人？"她们回答说："我们是伊恩马利的女人。"(伊恩马利是明丁比特村旧址的名称。)

考利埃维说："说说你们的事吧。"奥-维特凯-芒卡说："现在传来的是他们杀死了我弟弟而敲响的梆子声。"那些男人说："谁刺死了他？"

奥-维特凯-芒卡于是(用四个村子的图腾的名称)向坎卡纳芒村的人请求道："你！鳄鱼！瓦尼马利！"向马林盖村的人请求道："你！鳄鱼！卡沃克！"向帕林拜村的人请求道："你！猪！帕林拜-阿万！"向詹茨前村的人请求道："你！猪！德津巴特-恩戈威！"她接着说："我将献出我的首饰袋子。"

她把那些首饰排成一排；那四个村子的人接受了这些首饰。那天晚上，他们展开了辩论，"明天我们就去袭击他们。"每个村子都带来了一支独木舟队；他们在塞皮克河汇成一支船队。*[1]

147 他们(这些男人)给了奥-维特凯-芒卡一支矛，帕林拜村的人给了茨杭吉-姆博一支矛。他们给了她们一只独木舟，一只行驶很快的独木舟；这两个女人在船队的中间。

当他们漂流而下到塞皮克河的卡拉罗村河段时，(独木舟

---

① 星号之间的段落被压缩了。

开始编成队形[1]。）那两个女人藏在船队中心。男人们射中了一条鳗鱼，它的意思是“战争”。（这是一个好兆头；说到这里时，我的信息提供人模仿着鳗鱼的咕噜声。）

那两个女人（从船队中）出来。她们（划向前去）在河中间唱起哀悼的歌。[2] 她们脸上抹上了泥巴以表示哀悼。卡拉罗村的人出来用矛刺她们，但（这两个女人）乘着独木舟很快顺河而下了。他们陷入了帕林拜村人布下的战斗圈套（也就是说，那两个女人充当了诱饵）。帕林拜村的人杀死了卡拉罗村的人，还活捉了两人。奥-维特凯-芒卡刺死了其中的一个，茨杭吉-姆博刺死了另一个。他们刺死了卡拉罗村的所有人，每一个人。

他们一起溯流而上到了帕林拜村，在那里敲起了锣。那两个女人敲锣。[3] 早上，那些男人剪下了这两个女人的头发，往她们身上抹油，并送首饰给她们。然后他们用一支船队将她们送到伊恩马利，把她们放下。考利埃维说：“卡拉罗村人是我们的敌人，”于是他上前去（在伊恩马利）竖了一块石头（这块石头后来移到了明丁比特村）。于是，帕林拜村从此视卡拉罗村为敌。这就是那块石头，石头的名字叫考利埃维，是凯普门德沙的一个祖先。这就是为什么凯普

① 我用这一短语代替了一串技术术语，这些术语与我们这里关注的问题无关。

② 寡妇们在乘着独木舟去工作或干活回来时为她们的丈夫唱挽歌是一种常见的行为（参见第182页）。

③ 敲锣，就像猎头一样，通常只能是由男人来做的。以下说的给她们抹油、剪头发和赠送首饰是表达对她们的尊敬。

> 门德沙和汤格加拉斯来到了这里。（凯普门德沙和汤格加拉斯是两个男人，他们因为一场争吵而离开了自己的村庄。）这两个女人后来死后，人们为她们编了首歌；歌是姆外兰布氏族（奥-维特凯-芒卡和我的信息提供人都属于这个氏族）的人编的。

在家庭事务方面，女人也具有相当的权力和威望。是她在承担喂猪和捕鱼的工作，而正是主要靠这些劳动所创造出的财富使她的丈夫可以在礼堂里出出风头。当一个男人在对一只独木舟或一个睡袋沉默地讨价还价时，在达成交易前，他会退下来和妻子商量。根据我所听到的妻子在这种场合中所发表的意见
148 来判断，似乎妻子对钱袋具有很大的控制权。不过，说自己的妻子难对付而她现在又不在，往往只是讨价还价中一个很好用的说辞，所以我怀疑女人是否真的如她们的丈夫告诉我的那么“强硬”。

不过在一些人家，确实是妻子“穿着裤子”，但对于两个有这种情况的家庭，外人都更同情其妻子而不是那怕老婆的丈夫。嫁了一个怯懦的丈夫是做妻子的不幸。

尽管在少数场合妇女表现得很有主见甚至参与了战争，但习俗上仍更强调妇女的宁静和谐的精神气质。虽然女人可以在性行为中采取主动，但当地人在论及交媾时强调的是男人的行为，女人所担任的角色是被轻视的。雅特穆尔语中关于性交的普通动词和一些用来表示此意的诙谐的同义词，就我所知，都是及物动词，而且其主动态都是表示男性的动作的。这些动词也可以运用于女

性，但通常是用被动态。[①]

因此，我们发现妇女的精神气质具有双重性。在多数情况下，妇女展现出一整套与男人截然不同的情感态度。男人们的各种行为几乎是一贯地将生活作为一场辉煌的戏剧表演（相当于情节剧），他们自己处于舞台的中心；而女人在多数时候是将生活作为一种快乐的、协作的日常事务来行事的，不过获取食物、养育孩子这类日常事务因为有了男人们各种戏剧化的、令人兴奋的行动而充满生机。但她们并不是在所有情况下都一直保持着这种快活、协作的态度，我们已经看到，妇女在有些时候也会采取接近于男性精神气质的态度，并会因为如此行事而受到赞美。

这种双重性在女人的仪式行为中也有所体现，根据其所突出 149
的精神气质之不同，这些仪式行为分属于两组差异很大的精神气质群体。通常来说，在没有男人在场的女人自己的庆典上，快乐、协作这方面的表现很突出；而当女人在男人们的观看下在跳舞场公开跳舞的场合，她们则展现出骄傲的精神气质。

第一种群体场合是女人们经常在家里举办的舞会。它很遭男人的厌恶，他们鄙视这类舞会，总是尽可能地阻碍此类活动的进行。当女人们的仪式要求表演者遵守性交禁忌时，男人们总是尽其所能地要让她们违反这些禁忌，然后向人类学家夸耀他们如何使女人的仪式延期了。在这种时候，两性间的对立——永远只是表面上的——达到顶点。夫妻之间争吵频繁，妻子拒绝为丈夫烹

① 这些动词在主动态时也可用作双数格。洋泾浜英语中的"play"（戏玩）这个词一直没有被收入进雅特穆尔语的书面译文中。

煮西米，以此进行报复。

一次我看到一位丈夫闷闷不乐地坐在礼堂里。他正直接在火上烤一块西米饼，烤得很糟糕——男人们认为烤西米饼是一项他们怎么也学不会的手艺。他说：“是的，我们跟她们性交，她们从来不报复，”他指的是女性被蔑视的、被动的性角色。然后他站起来，冲着村里他家的女人大声嚷着这句嘲讽话，他是被这些女人从家里赶出来的。

不过，尽管男人们对其很是不屑，但一旦舞会真正要开始了，他们还是会安静地退出去的；家里成了女人们的天下。她们移开所有的睡袋，清理地板以便跳舞；村里所有的女人们成群地聚集过来，互相嬉闹，充满了幽默风趣。一会儿舞会就开始了，整个聚会听上去很是愉快。

一次当我坐在礼堂里时，传来了女人舞会的声音。男人们对
150 此很是不屑；但我还是问他们我能否去看看女人们的舞会。男人们告诉我，女人的舞会很傻，没什么看头儿，根本不能与男人的舞会相比。我说，明丁比特村是一个穷的、“冷的”村子；男人们从来没有表演过任何他们所夸耀过的场面；如果我看不到任何舞会的话，我就去别的村子。最后，一个年轻小伙子很不情愿地说他可以带我去舞会，我们一起去了。我们进去时女人们正围成圈用小跳步在跳舞，同时唱着一种非常迷人的快节奏曲子。我们在一个角落的凳子上坐下来。我的同伴的确很不自在，过了几分钟他就溜走了。

女人们跳完这首曲子后，就聚拢到我身旁，给我槟榔果和蒌叶。我问她们要石灰。她们中的很多人以前从没看见过我嚼蒌

叶,所以我接受了她们给的蒌叶引起了一阵兴奋,她们大笑着、尖叫着,闹嚷嚷一片——像一群鹦鹉。在这一阵亢奋中,两个女人开始在我面前跳起了舞。她们面对面地跳一种跳步舞,每一次跳步时,一个女人合掌伸出双手,另一个女人则用自己的双手接住它们。在节拍之间,第一个女人抽回手掌,等下一节拍时又再伸出。这一舞蹈很明显是在表现性交动作。突然,在一个跳步中,这两个女人落地成坐姿,仍是面对面,一个坐在另一个的两腿之间,这是个标准的性交姿势,这很让我吃了一惊。她们以这个姿势合着歌曲的节奏表演了性交动作;然后,就如她们坐下来那样突然地,她们又一跃而起,跳了几个跳步,然后分开,格格地笑着。

仅仅是关于这两个女人的动作的描绘并不能使我们对这种异常天真的"猥亵"留下更多的印象,也无法更进一步地探究它与男人们的更为粗砺的猥亵之间的对比。由于没有拍下照片,我只能记录下我对此的主观印象。

又说笑了一阵后,女人们离开我继续绕着屋子跳起舞来,同样 151
的快活氛围在延续着,我确信这是在没有男人的时候女人舞会的通常基调。我也相信,如果对男人和女人所唱的曲子分别加以分析的话,能展现出两性在精神气质方面的对立,就像我在他们的行为中所观察到的那样。

但这种快活的特征并没有延展到女人参加公开庆典的场合。当面对男女混合的观众在跳舞场列队前行的时候,她们身上披挂着许多装饰物,其中有不少是平常男人佩戴的——这是一种轻度的男女易装,我们在对纳文进行理论分析中将再次提到它。她们以一种很骄傲的仪态行进在队伍中,迥异于她们在男人不在场的场合中的欢快动作，也有别于她们在日常生活中的安静举止，在后一场合中，她们虽然是在男人们面前，但没有穿着华丽的服饰。她们在队列中的步态较之她们在其他场合的行为模式，实际上更近似于她们在纳文庆典中脸上画着杀气腾腾的战争图案时昂首阔步的举止。

图片 XIX 展示了这种骄傲的仪态和轻度的男女易装行为的一些例子。与仪式场合中表现出来的这种行为类似的现象可以经常在以下这个实验性情境中观察到，即在将照相机对着某个人的时候。一个女人在被拍照时，她对此的反应是依照自己当时是穿着华丽的服饰还是日常的衣着而定的。如果穿着华丽的服饰，她会在照相机的镜头对着她时高昂起头；但如果穿着日常的衣服，她就会低下头，尽量要退缩出公开展示的位置，即她单独站在摄影者前面，而她的朋友们则在后面观看（参见图片 XXVI）。而一个男人在被拍照时，不管他穿着如何，他都倾向于在镜头面前表现得狂傲，他的手会本能地去抓住他的酸橙杆，就像准备着要用它摩擦出声，这种声音是用来表达愤怒和骄傲之情的。

第十一章　对待死亡的态度

到此为止，我们只考察了在此文化的日常生活情境和仪式情 152
境中男人和女人的行为。但是在个体面对带有强烈情感的事件时，两性之间的对立则更为鲜明。为了阐明这一点，我将描述在面临个人死亡时所发生的一系列事件。

在帕林拜村，一天早上大概在四点半钟时，我被隔壁那栋房子里的哭声惊醒。我过去看发生了什么事，发现一个已经病了两到三个月的小伙子终于死了。尸体被拉得笔直，全身裸露。一圈妇女围着它蹲着，死者的母亲头伏在自己膝上；尸体旁烧着火，是屋里唯一的光源。女人们在安静地哭泣和唱着挽歌，她们在唱着死者的母方氏族的歌——这些歌在欢乐的和日常的场合中也唱，只不过现在的吟唱是缓慢的、走调的，而且常因哭声呜咽而中断。

时不时这些声音会中断，一片寂静，而后一个女人会说上几句对死者的评论。人们会提到他生活中的一些事件，会提到他拥有的一些小物件，建议将这些东西与他同葬。之后歌声和哭泣声重又继续，然后再被对死者的另一些追忆片段所打断。

屋里有一个男人。他与这群女人分开坐着，沉默而尴尬。当我走过去跟他说话时，他很高兴地接受我的打扰，并很乐意跟我讨论起葬礼的安排——政府如何禁止他们将尸体盛在独木舟中暴露

153 着，直到洪水退去；而现在，他们必须把尸体运到茨霍什县，找一块干地来掩埋；他们要量尸体，以便知道要挖多大的坑；诸如此类。

女人们一直哭到黎明之后，但这种哭泣不是像一些关于其他原始人群体的记录所说的那样是对悲痛的歇斯底里的夸张。我的感觉是我所看到的是一场对丧亲之悲哀的平和而自然的表达。

那个男人的行为则迥异于此。一方面，他很明显地想要摆脱他的尴尬状态而进入到有关葬礼的谈话中；另一方面，他又夸口说，“我们（雅特穆尔人）可不是只会装哭的人”。我问是否并不只是女人才哭，他认为我的问话是对男人的中伤，他强调男人也会哭。后来在谈话中他把话题从有关死的事情上转移开，开始跟我谈论起东风及其图腾地位。

黎明之后，我们先是等雨停，然后安排葬礼，因为人们说，“眼泪不是湖水”，意思是哭泣不会持续太久，所以他们必须尽快埋葬尸体。男人们将尸体放进独木舟中，拉着它在沼泽地上移来移去，从一个被认为是比较高的地面移到另一个人们觉得更高的地面，但到处都被水淹了。我们一行有八人，其中两个是女人，即死者的母亲和姐姐。那位母亲紧靠在尸体后面坐着，不时地对着尸体唱起挽歌。一路上的谈话是轻声的，谈论着各种可能的死因。我们的计划是将尸体带到马拉普村，但那些男人们颇不耐烦，在路上时他们说，“不，马拉普太远了，我们把它埋在莫瓦特-特弗威（沼泽地中的一块高地）吧。”但最后我们还是不得不走到了马拉普，到那儿时已经是傍晚了。茨霍什人并不乐意见到我们，但最后他们还是同意将尸体埋在一座荒废的房子下。

男人们在挖坟墓时颇费了些周折，他们不得不换了两个地方，因为他们在挖坟墓时挖到了以前埋下的骨头。最后尸体被安放进了坟墓，死者哥哥的头骨模型和尸体放在了一起。死者的每只手 154
里被放上了一枚先令，他的绳袋也被放进了坟墓。因为他被埋在茨霍什人中间，所以坟墓的朝向是使尸体(它的头被垫高了)能够朝着太阳落山的方向，这是茨霍什人的习俗。在帕林拜村，埋葬死者通常是使它们的脚冲着跳舞场，这样尸体就不会“窥视灌木丛”了。

女人们在整个埋葬过程中一直穿着裙子，但一个信息提供人告诉我，在坎卡纳芒村，死者的母亲、姐妹和妻子在其埋葬过程中通常是裸体的。毫无疑问，这种裸体在某些方面类似于纳文仪式中女人裸体躺在英雄面前，也与前文中那两个女性恳求者之裸体的意义近似。

死者的母亲留在了马拉普，她要在那儿再哀悼上几天，我们这些余下的人则当天晚上回到了帕林拜村，回来时我们已经是一支像平常一样快乐的小队伍，不再是一个尴尬的、沉默的群体了。

我得以观察到男人对死亡的反应的另一个场合是在帕林拜村一个伟大的勇士特普马纳格万死的时候。他是晚上死的，一大早就被埋葬了。我是在大约九点钟，死者已下葬后来到村里的，我发现男人们已经离开坟墓到礼堂里去了。一些女人还在坟墓旁边哭泣，在礼堂里我能听见死者家里传来的其他人的哭声。

我打算去他家，但人们暗示我不能去。他们正在礼堂里展开一场辩论。特普马纳格万没有传下他的秘密知识就死了，这是一件丑闻，辩论所要探究的是谁该负这个责任。一些男人在发言时带着呜咽哭腔，我发现很难判断他们的哭泣到底是压抑不住的真情流露，还是为了营造印象而作出强烈情感的戏剧表演。不管是 155

哪种情况，男人的哭泣很明显地与女人自然的哭泣大不一样。

辩论没有结果，当辩论逐渐消歇，男人们开始制作一个代表死者的人偶（参见图片 XX_A）。人偶的头是一个还未长熟的椰子，身子是用一束束棕榈叶做成的。人们用一些长矛将这个人偶顶起来，矛尖插在人偶身体的各处，标志着死者在战争中曾受过伤的部位。还有一些长矛插在人偶旁边的地上，代表着他曾经躲开过的长矛。人偶前面笔直地插着一些长矛，这些代表着死者的成就。人偶本身装饰着诸如贝壳这类的东西。六个西米篮子从它右肩上垂下来，代表他有六个妻子；一个绳袋从它左肩垂下来，代表他在法术方面的技能。它头饰上的很多姜芽代表着他引诱进村（以使村里其他人能杀死他们）的人。人偶的右手里是一块干的西米块，因为据说他生前曾用一块西米击中了一只鸟。一枝廷巴特（柠檬）树枝插在人偶旁边的地上，象征着他的神话知识。最后，在人偶脚下的地面上放着一把扫帚和一对用来盛垃圾的木板。这些东西象征着死者生前所做的打扫礼堂的工作。

这个人偶是由死者所属的成年礼半偶族的成员竖立的，是对半偶族荣耀的一种炫耀。人偶制成后，两个半偶族的所有男人都围着它聚集起来。对立半偶族的成员依次上前来宣称他们的与死者相匹敌的业绩。一个男人说，“我屁股上有个伤口，是卡拉罗人刺的。我拿走那杆长矛”，然后他取走了顶着人偶屁股的那杆长矛。另一个男人说，“我杀了某某。我要拿走那杆长矛”，这样依次下去，直到所有象征着勇气的东西都被拿走。

由此，这些男人从一种只持续了几个小时的死亡氛围中制造出了一种表达两个成年礼半偶族之间竞争性自夸的场合。他们完

全从那种尴尬的情境中摆脱出来，那种情境之所以尴尬，是因为它 156
似乎要求一种对失去某人的严肃表达，而这是他们的骄傲感几乎不能容忍的。他们用一种文化噱头来避开这一情境，由此他们重新表述了对死者的态度；而且令人满意的是，这一态度是以一种光荣的骄傲方式来表达的，这种激情式的语言是他们所习惯的。[①]我认为，对悲伤的这种控制还不够充分，所以之后又加上某种补偿措施。我有这样一个印象[②]，当一个男人被问及以前某次葬礼时，他通常会在回答中插入些有关他当时是如何号啕痛哭的说明，尽管实际上他当时没怎么哭，而且也许还公然对女人气的眼泪表示了不屑。

在接下来的葬礼中，两性之间的行为对比一直持续着。人们把死者的头盖骨挖出来，以此为模型用黏土为他塑成了一个头像，在一天晚上将它放置于那个盛装的、代表着死者的人偶上作脑袋（参见图片 XXI$_{B}$）。男人们围在这个人偶周围演唱着各种繁复的名字歌并吹奏笛曲。这一被称作明茨汉古的仪式（参见第 58 页）是在一所住宅里举行的，妇女作为听众出席。男人们躲在放置人偶的平台下吹奏笛子，笛子是事先被偷偷放到那儿的。因此，尽管此仪式是在一所住宅中进行的，而且其背景也是个人化的，但它与其他所有由男人进行的表演遵照的是同一种模式——为获得女人

① 当然在我们自己的文化中，在葬礼上，这些情感模式类型以及其他种种类型是混合、交织在一起的。西欧各社会的文化接触和反复出现的不稳定状态为我们提供了各种相互冲突的表达方式，而且这些表达方式通过文字而跨越时代被保存了下来。但雅特穆尔人的文化没有这么混杂。

② 遗憾的是，我没有将这类情感流露记录下来，而只是将其作为当然之事接受了。

的赞美并使她们感到神秘而举行的演出。

之后，女人们在男人不在场的时候自己有个小型的哀悼仪式。这一仪式被称为伊根孔迪(*yigen kundi*，安静地歌唱)。它是晚上在一所房子里进行的，这时男人们已经退出了这所房子。人们挂起一些食物给鬼"吃"，女人们在火边围成一圈坐着，柔声唱着死者
157 的母方氏族的名字歌。死者的妻子或者母亲会哭上一阵子，但整个群体的基调是一种平静的哀伤，而不是强烈的悲痛。这种"安静地歌唱"一直持续到深夜，然后女人们散开各自回家。

在接下来的几个月或几年中，死者的母亲或妻子在独处时偶尔还会唱起死者的母方氏族的名字歌表示哀悼；在河边经常能听到这些挽歌，这是女人们在划着她们的独木舟去园圃或去收鱼筌时唱的。男人们经常恶意地模仿着这种歌唱，这也许是因为女人对死亡的态度是他们所反感的。

确实，通过精神气质方面的考察，我们所发现的最重要的一个现象就是这种反感，这是在某种精神气质中被训练出来的个人——他们的情感反应在某种模式中被标准化了——对其他一些可能的精神气质所作出的反应。[①] 在我所给出的例证中，我提到过在一群英国年轻人的谈话中，某一与当时的精神气质不谐调的言论所引起的反应是一片沉默；在雅特穆尔文化中我们从男人对女人的精神气质的反感中也能辨识出同样的现象。这一现象极其

① 在一种文化结构系统中培养起来的个人对其他可能的系统的反应也是一个需要考察的现象。我认为，这些反应可能会是将其他系统看作荒谬的、不合逻辑的，或许还是乏味的。

普遍，它甚至影响到了人类学家，而后者的任务本是不偏不倚地研究各种精神气质。他所用的每个形容词都受到了一种人格对另一种人格之感受的影响，并且激发出这种感受。我将男人的精神气质描述为做作的、戏剧化的、过度补偿的，等等。但这些词只是我带着被欧洲模式塑造出的人格对所看到的男人行为的描述。我的评论根本不是纯粹客观的陈述。这些男人自己会毫无疑问地将他们的行为描述为“自然的”，而可能将女人的行为描述为“多愁善感的”。

在描述一对相互对立的精神气质时，同样很难不发生某种偏 158
向，即将某一种精神气质描述为更可取的或更“自然的”。科学家的任务就是要描述各种现象之间的关系，他在一种文化中所发现的任一精神气质都不应该被看作“自然的”，而要将其看作对于此文化而言是正常的。遗憾的是，一种文化中的常态对于另一种文化来说往往却是异常的，而人类学家所能使用的只是他自己文化中的形容词和短语。这就导致了英国人——我和他们讨论过雅特穆尔人的精神气质——有时会认为雅特穆尔女人似乎是更“得体的”，而男人则显得更为“矫饰”和“心理变态”。我的朋友们忘了，这些由欧洲的精神病专家给各种精神状态定义的价值观，是基于欧洲精神气质，或者是基于对个体在欧洲群体生活中适应能力的评价的**文化**价值观。

读者们也许会觉得，在与女人的精神气质相对照时，男人的骄傲会显得多少有些生硬和令人不舒服。但我发现它也是一种很优秀的精神气质。之前我对此强调得不够，下面是我意译的一个故事，我将以此来总结我对雅特穆尔人精神气质的描述，这个故事表现了男人在面对死亡时应如何作为。

一个男人带着他的狗去西米沼泽地中猎取野猪。他们杀死了一头野猪，这个男人把它的内脏拿到湖边去洗。正洗着的时候，一条巨鳄(曼当库，茨兴卡威氏族的一个祖先)抓住了他的脚背，抓得很牢。

这个男人对他的狗说，“回家，去闻我的羽毛头饰，闻我的臂环和我所有的饰物。”

于是狗跑回家，那个男人的妻子看到狗一直嗅着那些饰物，便用一个篮子装上它们，狗领着她和她的孩子来到男人那儿，他还在河边，被鳄鱼紧紧地抓着。

他看见了他们，便说：“我的孩子，我的妻子，我要去了。”接着又说：“把我的东西给我。”

159 他戴上他的腿环和贝壳腰带，再依次戴上他的两个臂环，把他的新月形珠母贝戴到脖子上。最后，他戴上了用鹦鹉皮和极乐鸟羽毛制成的头饰。然后他对妻子和孩子说：“走近来等着。”

鳄鱼开始将他拖下水。他褪下腿环扔到岸上。鳄鱼继续将他往下拖，他取下了贝壳腰带。鳄鱼将他拖得更深，水漫至他的腋窝，他褪下臂环扔到岸上。鳄鱼将他越拖越深，最后他取下了他的新月形珠母贝和羽毛头饰，扔到岸上。他说：“好了。去吧，我的妻子，我的孩子，去吧！我会成什么呢？”

接着是一声水响，鳄鱼摆动着尾巴，水底的碎叶和水草翻腾而起。

第十二章　文化所偏好的类型

从新几内亚回来不久，我第一次读到了克雷奇马尔(Kretschmer)的《体格与性格》(*Physique and Character*)(英文版，1925 年)，我突然觉得一切豁然明朗：我所观察到的雅特穆尔文化中两性之间的对立在某种程度上可以与克雷奇马尔在躁郁症患者(cyclothyme)和一组气质分裂(schizothyme)人格之间所作的对比相比较。① 在雅特穆尔文化中，似乎气质分裂式行为更为“时髦”，它被标准化为男人的合宜行为，而循环性躁郁行为则被标准化为女人的合宜行为。雅特穆尔男人的气质分裂式行为与德国南部一些当 160

① 我也许应该阐明一下我对克雷奇马尔的二分法的看法。我认为，尽管外部世界也许不是建立在二元的基础之上的，但二元论和二分法提供了描述此世界的一种方便的技术，这一技术在我们的文化中已被如此地标准化了，以至于我们几乎不可能避开它。当然，我同意克雷奇马尔的观点，即我们不能将这些二分法看作非连续性的，而应该在这两个极点之间的变化尺度内对个人进行归类。通过更深入的考察，我们将有可能设计出其他许多二分法，这样我们对个人的分类就不再会是一个将他们在两个极点之间进行排序的问题。每一种新的二分法都会使我们的变体种类图增加一种新的维度。

也有可能我们只是会在气质分裂人格中，或是在躁郁症患者中进行进一步的细分。而且在我看来，在“气质分裂”这个泛泛的术语下其实已混杂着很多种不同的症状群，而“躁郁症患者”这一概念又与荣格(Jung)的“外倾人格”(extravert)和延施(Jaensch)的“整合”(integrate)颇为一致。

这种分类是我们理解不同人格系统之运行的一个重要准备工作，在提出不同人格间行为模式之问题上尤为有益。

地人的气质分裂式行为之间的相似只是一方面；而要对雅特穆尔人的气质分裂和德国人的气质分裂之间的关系作出确切的分析，还需要大量的考察，并更多地了解其他文化中可能存在的、有关气质分裂的精神气质的各种标准化过程。

161 关于雅特穆尔女人的精神气质类似于克雷奇马尔所说的躁郁症这个问题，我坚持认为，这两种症候之间的相似只体现在平和的情感接受和快乐这方面，我在雅特穆尔女人的精神气质中没有发现在极度的快乐和压抑之间周期性转换的任何迹象，而后者是循环性躁郁人格的一个特征。这样一种个人倾向是否会以以下方式在文化上得以标准化是颇为可疑的，即所有的个体都步调一致，在一个时期内都狂躁，在另一时期内都抑郁。更可能的情况是，如果周期性的变换是女人的标准化行为的话，那么每个人都会有她自己的周期，很难说这种周期性是文化标准化的结果还是个人生理反常的一种表现。

我在搜集材料时还没有想到这些问题，所以我的资料不足以作为对这些不同的症候进行精确分析的基础；但是既然雅特穆尔文化中两性间对立的精神气质至少能使人联想起克雷奇马尔所描述的那两种类型，这就值得我们来考察一下雅特穆尔人在何种程度上具有类型化的意识。他们在何种程度上发展了体格与性格之间相关联的观念，以及他们所识别出的是哪些类型？

当地土著人赞赏两种类型的男人。一种是暴力型的，一种是慎明型的。在这两种类型中，暴力型又更受青睐，这样的男人被人们充满热情地描述为“没有耳朵”。他不理会任何试图约束他的话语，而是随时不加考虑地追随着自己专断的冲动。图片 XXII 表现的就是一个这一类型的男人，不过这个人即使按雅特穆尔的标准来看也有点过于鲁莽和不稳定。他们认为他多少有些“坏脾气”，当我将他作为我的信息提供人时，人们提醒我要当心他。在担任信息提供人时，他的确表现得很古怪——充满热情，但太草率，而且所提供的信息惊人地不准确，因此对我帮助不大。他似乎确实缺乏任何批判性思考的能力，而且没有任何逻辑连贯性。当我把他自相矛盾的陈述呈现给他时，他根本意识不到其中的相互抵触之处。①

人们告诉我，虽然这种人是被赞赏的，但人们一般不会把秘密 162
知识传给他，因为人们害怕在关于名字和图腾系统的博学辩论中，这样一个不受控制的人会脱口说出一些重要的秘密知识，或者会因过于鲁莽地暴露对手的秘密而引发一场争斗。因此，由于对秘密知识不甚了解，暴力型的人在辩论中就会采取我在前文中描述过的方式，即用很多戏剧化的动作和猥亵的说辞来填充其演讲。

而我认为，慎明型的人通常在体格上更为敦实，即更矮胖些，在公众表现方面则显得更镇定自如。他是神话知识的储藏库，正是他为图腾辩论提供了丰富的知识，并使讨论大致沿着有系统的脉络进行。其稳重和谨慎②使他能够判断出是要暴露对手的秘密，还是通过一些小暗示让对方明白自己已知道了那些秘密，这种

① 这种认知特点发生在一个体现了被赞赏的情感类型之极端的男人身上，这特别有趣，因为雅特穆尔文化自身就包含着许多“相互矛盾”的规则表述。关于情感标准化与认知标准化之间关系的问题，我们将在后面的章节中讨论。

② 一个具有躁郁气质的观察者可能更愿意将这种人描述为“稳重”；而一个具有分裂气质的人会将他描述为“谨慎的”或“狡猾的”，视对方是朋友还是敌人而定。

暗示就等同于威胁要进行暴露。他知道怎样在辩论中安静地坐着，仔细观察对手，以判断他们是否真的知道自己氏族的一些重要秘密，或者，他们的小暗示只是一种虚张声势，想要吓唬他放弃某些要点。

在神话中这两种类型的人是相互对照的。有一个关于两兄弟的传说系列，其中哥哥卡姆外姆-布昂加属于慎明型的人，而弟弟沃林-恩丹布威则是一个暴力型的人。弟弟是个伟大的英雄，但也正是他在发脾气时烧了神话中那个最早的礼堂，并杀死了他姐姐的儿子。据说这个鲁莽的英雄相貌英俊，特别是有个备受赞美的长鼻子。在明丁比特村，人们告诉我，他的父系后代，即以他为祖先的那半个氏族的成员继承了他的鼻子，他们的鼻子比那位慎明
163 的哥哥的后代的鼻子要漂亮。在他这些漂亮的后代中，我的信息提供人举出了姆外姆-南格，他是神话中所有妇女都爱的一个英雄，最后被这些妇女的嫉妒的丈夫们谋杀了。（参见《大洋洲》，1932 年，图片 VI，其中显示了姆外姆的一个颅骨头像，带着一个巨大的鼻子。）

我有很长一段时间对他们总是提到长鼻子和他们在对人脸进行艺术表现时对鼻子所作的习惯性夸张（图片 XXVIII$_{A、B}$）颇感困惑。不过在讨论图片 XXV 里所表现的那个美丽女人的头颅时，我的疑惑部分消除了。这是一个生活在三代之前的女人，她是在年轻时死去的。这一脸型是以她的头盖骨为模子用黏土制成的，此头像作为一个仪式物被保存着，在某些仪式中被用作姆布瓦特戈威（*mbwatnggowi*）人偶的头（参见图片 XXVII）。这些给人偶安上的头有的是战利品，有的则是在和平时期死去的村里人的头。我

问为什么选择了她的头，当地人告诉我，特别漂亮的美人的头会被选来当人偶的头，他们指着那个狭长的鼻子，将其作为一个最具魅力的特征。

因此，雅特穆尔艺术中对鼻子的夸张至少部分是一种美的传统标准。但这里也许还存在着另一个因素。[①] 巨大的鼻子在某种程度上肯定象征着阴茎。它有时候会被向下延伸到阴茎处或肚脐处，或者它们的顶部会被随意地表现为蛇头或鸟头的形象。我在别处已经提及，在此文化中，阴茎象征不仅被视为生殖器官的象征，也不仅是作为丰产的象征，而是作为男性整个骄傲的精神气质的象征。因此，笛子以及成年仪式的种种秘密，在神话起源中都与阴茎有关，并且通过严厉的成年仪式，成为此文化中男性分化的突出象征。[②]

在关于鼻子的观念中，象征体系看来是绕了个圈子回到原处。164
男人的分裂式精神气质是与强调长鼻子之美的标准联系在一起的，而用阴茎象征分裂式的精神气质又是与长鼻子象征着阴茎联系在一起的。

遗憾的是我在做田野调查时还不了解克雷奇马尔的类型学，所以没有考察此文化中所存在的有关暴力型性格与长鼻子之间的相关性的观念。不过，不管怎样，将这样一种长鼻子安在沃林-恩

① 我只了解到在一个场合，小鼻子被认为是值得赞美的。即在戴面具者欺侮受礼者的场合，每个受礼者都要与戴面具者摩擦鼻子，并说："你的鼻子是个小鼻子，我的鼻子是大(*nemwan*)鼻子"，同时表现出喜欢这种接触。除此之外，我所听到的都是对长(*tshivla*)鼻子的赞美之词。

② "新几内亚的音乐"(Music in New Guinea)，"鹰"，见前引文。

丹布威身上，而不是安在他慎明的哥哥身上，这种说法似乎表明雅特穆尔人对这一类型有着某种模糊的观念。

有趣的是，女人有这样的鼻子也是受到赞美的，而对她们来说，强烈的骄傲似乎是与她们快乐合作的精神气质不符的。尽管两性间的精神气质是对立的，但男人认为对两性而言细长型都是美的标准。他们所偏好的体格类型（也是克雷奇马尔所保持的体形）是与气质分裂的性格联系在一起的，而且他们对雅特穆尔女人的“糟糕的小鼻子”明确地表示遗憾。

我已经提到过，男人对女人的精神气质表示出某种嫌恶，看来这种态度也反映在他们关于美的标准上。尽管男人们确实很喜欢在性行为中直率地采取主动甚至不惜以生命来冒险的女人，但这种类型的女人在她自己所属的性别群体中绝对是不受欢迎的。我没有收集女人们对这类事的看法。很有可能在女性中，作为美的标准的狭长型是与她们偶尔突出骄傲这方面联系在一起的，我们在论述妇女的精神气质那章中描述过这种女性的骄傲。

只有很少的人能兼有暴力型和慎明型这两种受赞赏的品质，至少在我看来是如此。马里金德津就是这样一个人，他现在死了，但他是坎卡纳芒村最伟大的男人。安格曼村的托拉维在某种程度上具有与之齐肩的伟大。

马里金德津是位老人，我认识他时他已经是个病人了。人们
165 说他的巫术开始反过来作用于他自己的脑袋了。他是个令人惊异的活跃、生动的演说者；有人到他家里，他会上前致欢迎辞，并不是那种做作的假殷勤，而是带着令人愉快的明快和真诚。在成年礼系统中，他是第 2 级的成员（参见第 279 页的图表），因此通常在成

年仪式事务中不担任什么活跃的角色，但他经常当场批评仪式的进展情况并校正木梆声的节奏。有一次，一个受礼者的父亲很生气，因为有东西刺进他儿子的眼睛里了。马里金德津站在施礼者这一边，在接下来的辩论中，他突然从地上的火堆中抓起一根木头揍起那位生气的父亲，而后者默不作声地接受了这一惩罚。

在死之前不久，马里金德津正在努力改变他在成年礼系统中的地位，他要使自己降级，从而使他能够参加仪式。他父亲在他还是个孩子的时候将他从第 6 级升至第 4 级（参见第 279 页的图表）。他现在声称这一提升是不合规矩的，因此他现在不应该属于第 2 级，而应该是第 4 级的成员，而在这一级上，他就能担任一个更为积极的角色。

因为他的巫术，很多人既恨他又怕他。当人们确信他是真的病了时，他们组织了一场辩论来反对他。他根据秘密知识声称塞皮克河是他的氏族的一位祖先，这一声明遭到了反驳。他告诉自己氏族的成员在辩论中保持安静——他自己可以做所有的发言。经过四个小时的激烈辩论和攻击，其间他不断地跳舞，以表示对那些对他的津德金-坎波伊（根据他的氏族的神话，这是代表塞皮克河的蛇）提出异议之人的轻蔑。他还有意暴露了对方的秘密知识。他拾起一块山药，将它含在嘴里跳舞——指涉对方的一个秘密神话，说笛子起源于一块山药。一场打斗即刻爆发，马里金德津被狠狠地揍了一顿，脑袋还被凳子砸了。然后辩论继续，一直持续到傍晚，马里金德津依然振振有词。到夜晚的时候，辩论终于结束，他走开去独自坐着，一个筋疲力尽的病人，坐在礼堂的末端，开始吟唱起他氏族的名字歌——眼睛闪闪发光。

166 其他土著人对马里金德津的感觉很明显是矛盾的。例如，他的亲姐姐的孩子茨哈瓦在童年时期和马里金德津有过非常多的接触，甚至参与了他的一些巫术。马里金德津想教茨哈瓦学咒语，但茨哈瓦害怕学。他说他害怕马里金德津会嫌他为这些秘密所付的酬金少而生气，但我怀疑，他还害怕巫师所处的危险地位（这是巫师自己能意识到的），即被村里的其他成员所憎恨。不管是哪种情况，他说他之所以没有继续和马里金德津掺和在一起部分是听从了他父亲的意见；但现在他为此感到后悔，他说，“现在我再也不听那个该死的傻瓜的了，就是这样。”“该死的傻瓜”指的是他父亲。

当茨哈瓦跟我谈起马里金德津的事迹，他对后者违背习俗惯例的行为特别钦佩。通常人们请医师来看病时，要送给医师一些贝壳首饰，这些首饰虽然名义上成了医师的财产，但它们通常是要还给赠送者的。病人在被治愈后要带给医师一束槟榔果，并把它们放在他肩上。医师则把病人先前送给他的首饰还给他。茨哈瓦高兴地告诉我，马里金德津总是把首饰和槟榔果都留下。

马里金德津的儿子阿乌兰-马利对这位老巫师也同样充满敬意，并为他的事迹而自豪。上文提到的那场辩论（马里金德津在那次辩论中被狠揍了一顿）之后，阿乌兰向我夸耀说他的父亲是如何赢得那场辩论的——他是怎样暴露了对手的秘密，并由此激怒他们，使他们大打出手。

不过，其他与这位老巫师没有如此密切联系的人则明显对他表示出厌恶。人们向我指出，作为他施巫术的一个证据，“他没有亲戚”，这种说法是说他为了使巫术不至于报复到他自己身上，他已经杀死了他自己的所有亲戚。但尽管人们害怕他甚至恨他，但他们依然为他是他们村庄的成员而感到骄傲，并承认马里金德津过去在战争中不仅用魔法，还亲自动手帮助了他们。

在所有的村庄，还有一类被区分出来的男人，那就是不具有暴 167
力倾向的巫师——消瘦、干巴的小个子，他们虽不拥有神灵，但却补偿性地培养起了在魔法技能方面的声誉。明丁比特村的南威奥就属于这种类型，他是个怕老婆的人，但所有人都同情他妻子；帕林拜村的茨豪恩-阿万也算是一个，他一直未娶。这类人发挥着不小的作用：他们能进行治疗，而且作为公共服务人员，他们能施展魔法使水面按照需求上升或下降。他们也会因致人死亡及使人患病而获得报酬，以及因使水面升高以满足某些人的利益——而这时如果水面下降会使大多数人受益——而获得报酬。我推测，过去很少或几乎不对这种行为施以惩罚，现在则有一种趋势，即人们试图说服地区长官把这些人关进牢里，以替反复无常的洪水受过。我曾与三个这样的人接触过，他们做过我的信息提供人，每次我都很吃惊地发现他们的秘密知识实际上非常有限。他们背诵不出咒语，只是把它们搅成一团。当地人对他们的评论是——“他们骨头上没有肉”。

当地还有一个侮辱性的短语来指称这类不受欢迎的人格，即“考-塔普曼-尼安”(*kau tapman nyan*)，字面意思是“战斗-没有-孩子”，也就是一个没有斗志的男人。

还有另一条考察当地土著人格的思路；虽然我没有按此思路加以考察，但我相信沿这一思路考察会得出积极的成果。尽管我的材料是非决定性的，但也许还是值得提供出来，因为它体现了文化接触问题的一个新的方面。目前雅特穆尔人的各村庄有相当数量这样的年轻人，他们在欧洲人的种植园和金矿中做合同工，干上三到五年再回到家乡。他们从孩童时代起就在雅特穆尔的精神气质中培养长大，他们可能很欣赏这一精神气质，认为男人“本该”如此。后来他们出去，生活在一种适合于劳动生产线的更强调纪律、更为协作的精神气质中。而现在他们又回到他们成长于其中的精神气质中来了。

168 当我回忆起这些年轻人的人格时，我大致能从他们中间辨识出哪些人自然或天生具有气质分裂式的行为，这些年轻人在回到家乡后很轻松地就融入了当地的社群。但是还有些人似乎天生就不具备或者一直没有习得这种气质分裂式的行为。在孩童时代，他们或许接受了那种普遍的精神气质，因为它是通行的，并且是提供给他们的唯一的模式。但是现在，当这些男人见识了另一种精神气质，并在其中生活过，他们便对自己的本土文化很有些不屑了。他们对长者们的滑稽表演颇不耐烦，对最重要的仪式也抱着轻蔑的态度。他们公然表现出对成年仪式的秘密毫不在意。

下面这则轶事显示了目前这种正在社群内兴起的、作为文化接触之后果的异端现象。

男人们仪式性地结束了一场持续了很多个星期的繁复的瓦甘典礼。在整个典礼期间[①]，要一直敲着神圣的成年礼木梆瓦甘，仪式有一个严格的禁忌，即不能用普通的木梆。在典礼快结束时，那些男人打破了禁忌，他们在仪式过程中移开了两个瓦甘的神圣之头，这些头在典礼中一直是放在木梆面前的，然后用普通的木梆敲出一种特别的节奏。

---

① 参见第159页的脚注。

第二天一大早，一些人来到我床边把我叫醒，他们大致是这样说的："我们想杀掉茨欣巴特的猪。要在从前，我们早把他杀死了，但现在我们担心会坐牢。如果我们杀死了他的猪，政府会抓我们坐牢吗？昨天他和其他一些男孩子在小礼堂里举行了一场模仿嘲弄我们的仪式。他们在我们之前就敲起了木梆。他们使我们的典礼失效了。"

茨欣巴特（图片 XXIV$_{B}$）是个打工回来的人，傲慢，聒噪，矮胖身材。之前因为茨欣巴特摆弄了一个他不应该动的手鼓，男人们在 169
一个深夜袭击过他的家，他们用长竹子在他家乱捅，把坛坛罐罐打翻、打碎。我很清楚他是个无事生非的家伙，也知道政府会支持当地文化所认可之事。我说："我的仆人会带着我的枪去射死那头猪的。"事情办成了，我们一起把猪肉吃了。

当天茨欣巴特的母亲来到跳舞场，站在礼堂正对面，为她养的猪唱哀歌。一个典型的气质分裂型的老头德久艾（茨哈瓦的父亲），抓起一根棍子用力地打她，把她赶走了。

不过骰子却很不公正地偏向于那些不满和不适应的年轻人这边，为了让我讲究传统的朋友们获得最后的胜利，我必须要进一步干预此事。过了些日子，一天上午我走进礼堂时，惊奇地看到一排贝壳钱排列在那里，似乎正在为某场宴会举行捐献。我问他们在准备什么宴席，人们告诉我，"不。茨欣巴特一直在嚷嚷说要为那事儿打官司。我们都要进监狱。他会说洋泾浜英语，而我们不会。我们打算赔他那头猪。"于是我在辩论凳前作了一通讲话，我说，从法律上说，唯一要负责任的是德久艾，如果他要为此受罚的话，这些贝壳应该放到一个篮子里拿去给他；而那头猪是我的仆人执行我的命令用我的枪杀死的，但我无论如何也不会赔偿任何东西给茨欣巴特的。于是贝壳被装进了一个绳袋里，我们都等待着地方长官的到来。

在这个案子被审讯时，茨欣巴特愤愤地说起那些老人，声称他更喜欢白种人的习俗。但地方长官对他的诉苦无动于衷。德久艾说得很少，他站在那里，困惑、紧张，显得很僵硬。他因攻击他人被罚 10 先令。没有判给茨欣巴特和他母亲任何补偿金。

之后我们退到礼堂里讨论怎样处理那一袋贝壳钱。当地土著不喜欢将贝壳换成先令，因此他们决定将这些贝壳归还给捐献者。一场新的收集先令的捐献活动又开始了，我没有阻碍此事。我贡
170 献了 1 个先令，之后又集到了 4 先令。接着德久艾上前走到辩论凳前说，他打那个妇人还出于别的理由。她以前对他的孩子一直不好，而且，能有 5 个先令他已经很满足了。

在这一事件中，我能够为雅特穆尔文化进行辩护；而如果没有我的干预，坎卡纳芒村的成年礼系统几乎肯定会受到一次沉重的打击。我认为，摧毁各种制度的大量文化接触行为大概可以归因于以下机制，即这种接触颠覆了在偏离常轨之个人气质与文化的精神气质之间的微妙调节。

第十三章　精神气质的对立、竞争和分裂演化

前文关于雅特穆尔男人和女人的精神气质的描写随即会带来 171
这样一个问题，即这种精神气质上的对立是怎样形成和维持的。我们想到的第一个理论就是，两性由于基因和深层的生理差异，会倾向于发展出不同的人格模式，而两性间精神气质的差异只是这些内在差异的一个表现而已。尽管我们援用了遗传的观点，但我们也不能将文化和环境的影响排除在外。

这个问题颇为麻烦。以下两种极端的理论都是站不住脚的：(a)精神气质方面的对立完全是由文化决定的；(b)这种对立完全是由两性的生理和遗传因素决定的。第一种理论之所以必须被放弃，是因为我们已经知道两性之间在身体和生理方面存在着相当大的先天差异，包括体形、块头、脂肪堆积、身体发展速度等方面的差异。这些差异必然会表现在个体的所有行动中——手势、姿态、动作选择，等等——因此也必然影响精神气质方面的对立。

另一方面，我们也必须放弃将这种对立完全归于遗传的理论，因为即使我们正在处理的是任何一个社群中两性间的身体差异，也会遇到以下问题，即这些身体差异在多大程度上通过服饰或变形而在文化上被夸大或修正了；而文化对生理差异方面的修正力

量似乎更大。

认为两性之间在气质上存在着基本的生物学差异这一观念可
172 能在任一两性精神气质存在分化的社群中都存在。在我们自己的文化中，各种精神气质的混乱和差异达到了顶点，人们通常会将几乎所有的人格特征归因于生物性别。在"女人味"(womanliness)这个名词下包含着以下特征之综合体：温暖的母性、平和的情感表达、矮胖之美等，类似于雅特穆尔人的女性精神气质；而"女性气质"(femininity)这个词则指代的是与雅特穆尔人的男子气骄傲更相近的一种征候综合体，包括突然的情绪反复、任性和瘦长之美。

不过，比我们自己文化中混乱的词语表述要更意味深长的是玛格丽特·米德的发现[①]。她描述了生活在塞皮克河与海岸之间的北部山区中的阿拉佩什人(Arapesh)，他们两性间具有共同的标准化精神气质；居住在塞皮克河下游支流地区的蒙都古莫人(Mundugumor)中也不存在着两性间精神气质的对立。阿拉佩什人男女两性的精神气质能隐约让人联想起我们在雅特穆尔女性中所发现的精神气质，尽管前者更为温和；而蒙都古莫人男女两性的精神气质则是雅特穆尔男人精神气质的一个更为严厉、更少张扬的版本。最后，米德博士考察了特查姆布利人(Tchambuli)，发现他们中间存在着两性间精神气质的对立。不过这种对立并不等同于我描述过的雅特穆尔人两性精神气质的对立。特查姆布利男人的精神气质没有雅特穆尔男人的那么严厉，但更张扬；而特查姆布利女人的精神气质较之雅特穆尔女人的气质，则在某种程度上更

① 《性别与气质》(*Sex and Temperament*)，1935年。

坚韧、更讲求实效。按照这些考察的结果，如果我们要坚持两性间存在着天生的气质差异的理论，我们就必须首先假设，在我所提及的这四个部落中，每个部落的人的基因构成在统计学上是明显不同的。

由于这些人之间存在着身体方面的差异，而这些身体差异又可能是由遗传决定的，那么就可以推论出他们在天生的气质方面存在着差异。但我们至少可以说这些差异并不应归于性生理学方 173
面的特征，因为每一种精神气质都可成为两性的共同标准。这些差异，不管是不是性别方面的，都应该用孟德尔学派[①]的术语来加以描述，但我不知道有哪种孟德尔的遗传模型能够帮助我们建立起关于两性之间的具有显著的统计差异性或统计相似性——如我们所描述过的那四个部落中的情形——的统计总体。

因此我们不得不采取某种介于这两种极端的理论之间的某个立场。我们不能完全排除遗传因素或者社会环境因素，而现在我们又还不能明确说明我们应该采纳的中间理论的确切形式。由于我所收集的资料类型并不适合于作基因分析，且没有对他们的体格进行测量，因此在这一章中，我将把自己限定在对形塑人格的社会和文化因素进行考察的范围内，而不讨论以下这种可能性，即以躁郁症和气质分裂这类术语所指涉的那些气质特征也许是由遗传决定的，并有可能是与性别无关的。

① 孟德尔学派，创始人为孟德尔(Gregor Johann Mendel，1822—1884)，奥地利遗传学家，发现了遗传基因原理，总结出分离定律和独立分配定律，提供了遗传学的数学基础。——译者

例如，上文提到的那四个部落的人在气质特征上具有统计相似性，在每个部落的人以及在每一性别中，都有些个体生来就具有多样的精神气质倾向。如果这一点能够被证明，那么我们就必须假设，在任一文化中都有某些个体天生比其他人更适合于生活在此文化中，而且在每一文化中都有一些天生的偏离社会常轨者，他们在竭力使自己适应某种精神气质，而他们的气质里几乎没有发展出多少这种精神气质倾向。不管怎样，我们应该认识到，遗传倾向在形塑文化的过程中起到了相当重要的作用，因为“偏好类型”的内在特征看来在引导着文化的进化方向。

有了这些开场白，我们现在可以转而考虑在雅特穆尔文化中那些可能促进了不同性别之精神气质的文化要素。当我和雅特穆尔
174 人待在一起时，我对精神气质这个概念只有很模糊的认识，我从来没有受过有关人类特别是儿童之形塑研究的训练，在这方面也没有任何实践经验。因此我缺乏描述雅特穆尔人中这些过程的资料，我的论点只能看作是一项关于这些过程可能是如何结合的实验性提议。

在我的印象中，男婴和女婴受到的待遇没有什么明显的差别，我也没有发现他们对婴儿有强烈的性别偏好。通常，男女性别的婴儿似乎都很幸福，都受到很好的对待；我想他们很少会被长时间地扔在一边没人管。有个细节值得一提：在这一文化中，男孩和女孩即使是在平常的日子里也会佩戴上各种显眼的贝壳饰物（参见图片 XVII_{A}）。[①] 以前我经常在腰上挂一个环形的猪牙（在悉尼买

---

① 孩子的这种饰物可能在某种程度上类似于妇女身上的饰物，后者是东部雅特穆尔人的一个显著特征。（参见第 165 页的脚注）

的)，我发现我把这个显然是饰物的发亮的白色东西借给孩子们玩时，无一例外地会有效地使他们(不分男孩女孩)不再哭闹，这种效果至少能保持几分钟。

我有种感觉，即我们不应该在很早期的儿童经验中去探求两性精神气质对立的根源，而应该在之后对男孩和女孩的训练中去探求。我们应该看到这两种精神气质是通过学习和模仿而获得的，而不是从在他们出生后的头一两年中被植入于其深层无意识中的某些特性中生发出来的。

以男孩为例：他们的长辈对猎头和制造出戏剧化表演场面的热衷；他们的小礼堂生活(他们在那里模仿他们的长辈)；我们已经分析过的成年仪式的过程(第151页及以下诸页)；小男孩在他还是孩子的时候的杀人经历(由他的沃帮助他举起长矛，刺死某个被绑着的可怜的俘虏)；繁复的纳文仪式(在仪式中小男孩直接被当做英雄)——毫无疑问，所有这些因素都参与了将男孩们塑造成雅特穆尔男人的过程。

与此类似，女人的精神气质也毫无疑问地部分是由以下因素 175
塑造成的，即她们专注于采集食物和养育孩子这类日常事务，以及女孩们与那些已接受了此种精神气质的年长妇女的交往。

我们可以假设，我上面提到的那些因素在维持现状方面发挥着作用，但我认为除此之外，在作为精神气质对立之基础的各种机制中，我们还要关注其他一些因素，这些因素如果未受到控制，会导致文化规范的变化。我倾向于将目前的现状看作一种动态的平衡，其中变化在持续地发生。一方面是趋向于强化精神气质对立的分化过程，另一方面是对这种分化趋向的抵消过程。

我将各种分化过程称为**分裂演化**(schismogenesis)。[①] 我认为它们具有广泛的社会学和心理学意义，因此，在对这些现象进行描述时，我将不仅使用我在新几内亚收集到的很贫乏的事实——分裂演化的概念最初就是在这些事实上建立起来的——还要使用我在欧洲社群中对分裂演化现象的同样粗略的观察，来作为我的论述资料。

我将把分裂演化定义为：**由个体之间的累积互动而导致的个人行为规范的分化过程**。

目前我们不必考虑如何确定这一概念相对于我所试图区分开的不同学科的确切位置。我认为我们倒是应该着手从我所提倡的所有视角——结构的、精神气质的和社会学的——来研究分裂演化；除此之外，我们有理由确认，分裂演化在形塑个人方面起到了
176 重要的作用。我倾向于认为，研究**个体对其他个体的反应的反应**，可以作为被模糊地称为社会心理学的这整个学科的有效定义。这一定义可以使这一学科的发展远离神秘主义。

我认为，如果我们不再使用“个体的社会行为”或“个体对社会的反应”这类短语进行讨论会更有益。这类短语表述实在太容易让人想起“群体意识”和“集体无意识”这类概念了。这些概念对我来说几乎是没有意义的，而且我认为即使我们避免使用这些概念，我们仍然有可能会犯混淆相关领域的错误，即将我们对个体心理过程的研究与我们对作为整体的社会的研究混淆起来。

---

① 《人》(*Man*)，1935年，第199页，“文化接触与分裂演化”(Culture Contact and Schismogensis)。这篇文章是对分裂演化这一概念所揭示出的社会学问题的一个概述。它几乎没有提到我在新几内亚所观察到的现象。

当我们用个体对其他个体的反应的反应这种术语来界定我们的学科时，以下这一点立即就很明显了，即我们必须将两个个体之间的关系看作是倾向于随时间不断变化的，即使没有外界的干预。我们必须不仅要考虑 A 对 B 的行动的反应，还必须接着考虑这种反应如何影响 B 以后的行为，以及它对 A 的影响。

另一点也随即很明确了，即很多关系系统，不管是个体之间的还是群体之间的，都包含着一种累进变化(progressive change)的趋向。举个例子，如果 A 身上所体现出来的某种文化行为模式——被某一文化标注为专横模式——被认为是恰当的，而 B 被期望以一种被此种文化视作服从的态度来回应 A，那么这种专横就会要求更进一步的服从。这样我们就看到了事情的一种潜在的累进发展状态，除非有其他因素能抑制这种专横与服从行为的过度发展，否则 A 必然会越来越专横，而 B 则会越来越服从；不管 A 和 B 是独立的个体还是一对互补群体中的成员，这种累进变化都会发生。

我们可以将这种累进变化描述成**互补型**分裂演化。但还存在着另一种个体之间或群体之间的关系模式，它也包含着累进变化的雏形。例如，如果我们在一个群体中看到了作为文化行为模式的自夸行为，而另一个群体也以自夸相回应，那么就会形成一种竞 177
争的态势，自夸引出了程度更甚的自夸，诸如此类。我们可以将这种累进变化的类型称之为**对称型**分裂演化。[①]

① 互补型分裂演化与对称型分裂演化之间的差别很类似于分裂(schism)与异端(heresy)之间的差别；异端这个词是用来指某个分裂的宗教派别，其教条与其母群体的教条是敌对的，而分裂这个词是用来指教派的分离，由此造成的两个群体有着相同的教条，但在政治上是各自独立和相互竞争的。尽管如此，我仍用分裂演化这个术语来指称这两类现象。

按照这种对两种可能状态的理论思考，很清楚，我们必须考虑到雅特穆尔人的各种文化背景，来确定是互补型分裂演化还是对称型分裂演化对形成其文化规范起了作用。两性间的精神气质对立是否有可能形成互补型分裂演化？

我们已经知道，妇女是男人们公开表演的观众，我们可以肯定地推定，观众的在场是影响男人行为的一个很重要的因素。事实上，女人对其表演的赞赏很可能使男人更加爱出风头。与此相对，招摇的表演也毫无疑问地是召集观众的刺激因素，它促发了女人适当的互补行为。我们怀疑，如果没有女人们来倾听并赞美笛子演奏和瓦甘节奏，整个由笛子、瓦甘和其他成年礼秘密所围绕的行为系统是否能够维持下来。

但是，展示与赞美之间的对立仅仅是两性间普遍对立中的一部分，后者还包括相互关联的各种特征的整个关联体。了解这一更广泛的对立是否倾向于分裂演化，是非常重要的。我所能提供的、似乎可以显示雅特穆尔文化中存在这种分裂演化的细节就是
178 男人对寡妇唱挽歌的反应，男人们对此加以粗暴的讽刺性模仿。遗憾的是，我不知道寡妇们对她们被讽刺性模仿的反应。

互补型分裂演化在成年仪式的背景中，即在向受礼者灌输雅特穆尔男子气精神气质的过程中也很明显。我在前面已经就材料允许的程度尽可能详细地分析了这一过程（第 154—155 页）。我已指出，带着雅特穆尔男子气精神气质的施礼者是如何对（被认为是）带着雅特穆尔女人气精神气质的受礼者的在场作出反应的：受礼者的在场刺激了施礼者采取粗暴古怪的行为。后来，受礼者自己也成为了施礼者，由于后来的受礼者的在场，他们也由于分裂演

化的刺激而采取了雅特穆尔的男子气行为。在将受礼者吸收入男人群体的过程中，女人们所表现出的赞赏之精神气质也发挥着积极的作用；在成年仪式结束时，受礼者们披挂着装饰物被展现在女人们面前。

最后，还可以提到一个奇怪的而且或许是做作的关于互补型分裂演化的例子，即劳阿在他的沃在场时自夸自擂，而后者则以羞辱自己作为回应。

对称型分裂演化在两性间并不明显，但在成年仪式上则以戏剧化的形式表现出来。在这里，我们看到，两个对立的半偶族在欺侮受礼者方面相互竞争，相互激发对方采取更残忍的方式（第156—157页）。

分裂演化的现象绝不只是局限在雅特穆尔文化中，为了强调这一过程的普遍重要性（我是在雅特穆尔人中首先注意到这一过程的），我将指出其他一些我认为可以辨识出分裂演化现象的领域：

1. 在所有成对个体间的亲密关系中。对于婚姻中出现的大量失调现象，目前主要是从婚姻一方将另一方等同于父亲或母亲这方面来解释的。这种表述从历史的角度来说是正确的：婚姻中丈夫一方或许是会将以前母子关系的模式延续到他与妻子的关系中来。但是仅这一个事实并不能完全解释婚姻的失败，而且用这种理论也很难解释为什么这种婚姻在早期阶段经常是很令人满意 179
的，只是到了后来才成为双方痛苦的根源。

但如果我们在这种关系的历时表述中加入以下这种可能性，即双方的行为模式会发生具有分裂演化性质的累进变化，那么很明显我们可能得出这样一种理论，它既可以解释婚姻关系为什么在早期阶段是令人满意的，又可以解释为什么其崩溃对于所涉双方来说似乎是不可避免的。在我们的文化中，儿子与母亲的关系是一种互补型的关系，①这种关系在早期阶段表现为母亲一方为抚育者、孩子一方为依赖者的模式。后来这种关系则会以非常不同的方式发展：例如，(a)养育与依赖的模式会持续下去；或者(b)这种关系会向另一种模式发展，即我们在雅特穆尔人中注意到的、母亲为孩子感到骄傲这一模式；或者(c)它会向专横-屈从的对立模式发展，其中任何一方都可能会担任专横的角色。但是不管是哪种模式，母子关系几乎总是互补型的。这些模式一旦被带入到儿子的婚姻中，它们就会成为毁灭婚姻的分裂演化的起点。

也许我们应该指出以下这一点，即在很多情况下，向处在这种婚姻中的双方解释或者演示他们所卷入的这种分裂演化，会具有某种治疗效果；而如果丈夫一方意识到他在将他的妻子等同于其母亲，也会起到同样的治疗效果。

2. 在神经官能症患者和精神病前期患者日渐严重的失调中。
180 我自己不太懂精神病学，但我设想如果精神病学家在研究每个病例的个体病理学之外，还能更多地关注到这些偏离常轨的个体与周围人的关系，那他们的工作会更有成效。我曾与麦柯迪(J. T.

① 也有例外，在我们自己的文化中，我们也会遇到这样的情况，即儿子和母亲的关系基本上是对称型的或互惠型的。了解一下这种母子关系中的儿子在他们的婚姻中是否曾经陷于养育-依赖或炫耀-欣赏这类互补型分裂演化，会很有意思。

MacCurdy)博士讨论过这个问题,他同意我的观点,他认为在很多病例中,妄想狂患者的症状发展是受患者与其最亲近的人的分裂演化关系影响的。我知道下面这种情况是很常见的,即在外人看来,那些认为妻子不忠(这是他们各种幻觉的基础)的妄想狂患者的妻子几乎毫无例外地显然是绝对忠诚的。我们可以猜测,在这种情况下,分裂演化所采取的形式是丈夫一方总是表现出焦虑和猜疑,而妻子一方的回应则要么是取笑他,要么是驳斥他的猜疑,而这加重了他的失调,他会变得更加失调,要求从妻子那儿得到越来越夸张的回应。

在精神分裂式失调的病例中,事情没有这么清楚。我在前面已经提到过,在雅特穆尔文化中,女人循环性躁郁的精神气质与男人分裂式的精神气质是互补的,并且会趋向于分裂演化。如果事实如此的话,我们需要进行更深入的观察来证实这一点,我们应该能够接受以下事实,即精神分裂症患者并不只是在发展出他自身内在的症状——这种内在症状的确可能会更恶化,也可能不会——他也是在通过使自己越来越精神分裂而对他周围的更多的循环性躁郁症患者作出回应。

这种关于精神分裂症逐步恶化的观点可以很简单地解释为什么这种恶化如此不可避免,也可以解释以下事实,即病人经常这样把自己沉浸在那些宿命观念中,以致这些观念本身对造成其崩溃起到了很大的作用。如果一个精神分裂的人在早期阶段就被引导着认识到,这个他看来是不可避免的恶化过程实际上是很简单也是很容易控制的,那么这种恶性发展就有可能被抑制住。

但是,要对归在“气质分裂”这个标题下的各种症状进行分类

181 标示，还需要做大量的工作。从雅特穆尔人的资料来看，我们能确定的只是，男人和女人之间的对立在某种程度上类似于气质分裂的某种类型与循环性躁郁气质之间的对立。不过也有可能存在着很多种互补型分裂演化的模式，在每种模式中，一方最终都会陷入人格的分裂扭曲状态。此外，按照导致诸种症状产生的分裂演化的思路来理解这些症状，有可能为我们早期阶段的治疗提供一些启示。

在精神分裂症的后期阶段，病人的人格看来已经永久地被损害了，即使对造成他崩溃的分裂演化有所了解恐怕也不会有什么治疗效果了。

像在精神错乱中一样，很有可能在神经官能症中，分裂演化也是一个重要的因素。按照这种思路，我们可以建立起一门新的精神分析学科，以补充当前使用的分析体系。弗洛伊德学派的分析以及由其生发出来的其他体系，强调从历时的角度来分析个体，而且其治疗在很大程度上依赖于诱导病人从这种角度来看待自己的生活。病人被引导着将他当前的不幸看作很久以前发生过的事件的结果，在接受了这一观点后，他就可以把他的不幸看作不相关因素造成的结果，从而摆脱痛苦。但还有一种可能，就是通过引导病人从共时的角度意识到他对周围人作出的反应，从而使他认识到他和朋友们之间的分裂演化过程，并能对此加以控制。

也有可能，对于一些病人来说，运用历时角度的治疗法会有效果，而对另一些病人来说，这种治疗方式会加重他们的失调。对于后者而言，共时角度的治疗法也许会有作用，这会使他们对自己有一个全面的和现实的了解。对精神分裂病人进行精神分析治疗时，可能确实会导致以下危险，即使病人陷入对命运和过去事件之不可避免的宿命观念中。而关注当前过程或许能对这种对个人历 182
史的过度强调产生某种必要的修正作用，反之亦然。

我还认为我们有必要在分裂人格的病例中考察分裂演化现象。这里我们要考虑两种形式的分裂演化：首先是病人和他的朋友们之间可能存在的分裂演化，其次是病人人格**内部**可能存在的分裂演化。事实上可能是分裂人格中的一部分激发了另一部分，反之亦然；而这造成了人格中的这两部分的分裂越来越大，其中任一部分都越来越不能完成在病人的社会背景下的适应性行为。

所有卷入一种外部分裂演化关系中的个人在多大程度上存在着人格内部的分裂演化，这是个目前我们还不能回答的问题。不过也许我们可以将替代性骄傲的发展与其在自我牺牲姿态中的表现看作与分裂人格相关的现象。也可能我们应该将好出风头和自恋看作紧密相关的现象。通过出风头而博得女人们的赞美的雅特穆尔男人，几乎必然会以其另一半人格赞美自己的表现：外部的分裂演化会诱发出内在的自恋。

麦柯迪博士提出了另外两种也可能存在分裂演化的情况，即狂躁症病人的行为和孩子发脾气。当有观众在场时，狂躁症的症状会大大加重；而父母亲对孩子发脾气所作出的回应则往往会使孩子发作得更加厉害。

不过，列出一个分裂演化赖以发生的背景清单是不够的；而且，如果认为用分裂演化这个词我们就可以找到通往所有性格形成过程的钥匙，将会是错误的。如果说这个概念具有真正的价值的话，那它必须要能激发我们对分裂演化所倚赖的条件进行考察。

关于这些条件，我们也许能提出这样一条，即除非社会环境能使所
183 涉个体由于某种共同利益、相互依赖或者是他们的社会地位而结合在一起，否则分裂演化是不可能存在的。而关于这些将他们结合在一起的各因素的本质，以及这些因素和分裂演化过程之间的关系，我们现在还一无所知。

分裂演化得以发生的另一必要因素我们已经提到过，但它在这些心理学背景下具有特别的重要性。我说过（第 203 页），如果 A 的行为“被**某一文化标注为**专横模式，而 B 被期望以一种被**此文化视作**服从的态度来回应 A”，那么我们就可以认为分裂演化有可能发生。行为的精神气质方面是分裂演化的基础，我们所必须考虑的与其说是行为的内容，不如说是在其文化背景中行为被赋予的情感重点。

如果 A 给 B 某些东西，B 接受了，根据不同的背景，这些行动可以被看作：(a)A 的成功，这种态度会导向“夸富宴”类型的对称型分裂演化，或者如果不对称状态持续下去的话，会导向互补型分裂演化；(b)B 的成功，这种态度会导向依照商业竞争的普遍原则而产生的某种分裂演化；或者(c)没有任何一方成功。给予和接受都只被看作相互间友情的表达，这种行为的持续不会导向分裂演化，而是导向 A 与 B 之间更紧密的结合。

如果我们所处理的是两个独立的个体或群体之间的分裂演化，很清楚，我们就必须将精神气质所强调的方面作为分裂演化的一个必要条件来考虑。但当我们考虑某单一人格**内部**的分裂演化时，问题变得更为复杂。对于这种内部的分裂演化，可能需要设定一些类似于“精神气质所强调的方面”之类的条件，但我们还不清

楚如何来表述它，而同时不将多重人格中的一些独立因素过度人格化：这个问题必须留给精神病学家。

3.在文化接触中。对于如何将从分裂演化这一概念所引发出的思考应用于对文化接触的研究中，我已经作过简要论述。[①] 我 184
认为我们应该将文化接触现象看作一系列的步骤，其起点是两个群体各自带着完全不同的文化进行接触。这个过程会以各种方式结束，理论上说，其可能的结局有以下几种：(1)两个群体完全融合，(2)一个或两个群体消亡，(3)两个群体作为一个更大的共同体中的分化群体而在动态平衡中维系下去。

在文化接触初期，不管怎样，至少在欧洲人与“原始”人接触初期，我们不能指望在一个群体的精神气质和另一个群体的精神气质之间发现某种单一的关系。但是我推测在很短的时期内，每个群体的个体在他们与另一群体中的个体打交道时会采取一些特别的行为规范，这些特别的行为规范可以依据互补型模式或对称型模式来分类。

在新几内亚，这种现象可以在欧洲人对待土著人的行为和土著人对待欧洲人的行为中清楚地看到。几百种不同的文化，各自有着非常不同的精神气质，都被卷入了这一文化接触的过程。但当人类学家刚到达这个国家时，一个令他们震惊的事实是：一般的欧洲居民认为新几内亚各地的土著都非常相似。这些欧洲居民会认为他们有些人更适合做工人，有些人更勇敢，但他们的普遍观念

① 《人》，1935 年，第 199 页。

是认为每一个“黑鬼”都是很相似的。之所以会产生出这一观念，我认为主要在于当地土著人在与欧洲人打交道时所采取的特定行为。除了一些微小的差异，托管下的新几内亚的绝大多数土著人在与欧洲人打交道时采取了相同的策略，毫无疑问，他们是在相互模仿。

在这一文化接触过程中发展起来的洋泾浜英语，以及作为这
185 种混杂语言的组成部分的手势和语调系统，在我看来都是一种很确定的精神气质的表达。这种语言有其自己的声调起伏和特别的灵活性，我们可以假设这些是他们用来迎合不可预知的、有时是专断的欧洲人的。我甚至倾向于认为洋泾浜英语中所表现出来的精神气质类似于美国的“黑人幽默”中的夸张模仿。①

可以肯定，在任何情况下，对于新几内亚的绝大多数土著人而言，洋泾浜英语中的精神气质是与他们本土文化的精神气质尖锐对立的。对于雅特穆尔人来说尤其如此，比如做工回来的人在礼堂里的行为这类事，不断使我为之震动。我觉得那些行为是粗俗的，而其他土著人的行为，尽管是粗砺喧闹的，在本质上却毫不粗俗。我想那些从没在种植园工作过的土著人对那些行为也同样震惊。

不管怎样，这个过程——通过这个过程，文化上不相干的两个群体卷入到了一种互补型或对称型的关系中，他们所采取的行为

① 麦柯迪博士跟我提到过有关美国的黑人和白人之间分裂演化的一个有趣的细节——与南部白人处于高度分化的分裂演化关系中的南部黑人，很不愿意接受北部白人同样的行为模式，这些行为模式是他们希望并要求他们所认识的白人具有的。因此，在一种分裂演化情境中发展起来的行为模式不容易应用到其他情境中，而要理解这种平衡，我们需要了解远为更多的东西，而不只是分裂演化行为的细节。

对其中任一群体来说都不是正常的——还从来没有被考察过。如果能对此加以研究，它将为我们提供有关分裂演化双方之形成过程的线索。

我的观点是，一旦行为的互补模式建立起来，那么随后的分裂演化便是造成群体接触中所发生的许许多多反感和误解的原因。我们发现，结构性前提的发展和精神气质方面的分歧造成了这种分裂的永久化和固定化。但我们还不清楚，诸如“种族隔离”、“种族反感”以及避免接触这类表述，在何种程度上加深了这种分裂演化。也可能这类表述中有些能控制这种分裂演化使之不致过度发展。这些都是需要考察的问题。186

最后，这两个群体会达致我前文列举的某个极端结果。我们先略去前两个，而只考虑两个群体处于动态平衡这个状况的前提，在这种情况中，两个群体的分裂演化关系趋向于被其他一些社会过程充分遏止或抵消掉了。这种最后的结局很类似于一个原始社群中两个分化的群体之间的关系状态，对雅特穆尔社会中两个成年礼半偶族或者两性之间均衡关系的研究有可能增进我们对这类均衡关系的知识，而且有可能使我们能够以一种更易被理解的方式来把握文化接触中出现的问题。

4. 在政治领域。在当前纷扰而又摇摆不定的欧洲政治形势中存在着两种突出的分裂演化：(a)国际竞争中的对称型分裂演化，以及(b)“阶级斗争”中的互补型分裂演化。像我们已经讨论过的、在其他背景下的分裂演化的情形一样，在这里我们又一次看到，各方行为的累进发展趋势是越来越分化和相互对立，这是很明显的，而我们的政治家们似乎没有能力来控制这一过程，就像精神分裂症患者不能进行自我调适以适应现实一样。

还有一种分裂演化在地方性层面具有某种重要性。也就是说，从整个世界看来，独裁者们正在以一种似乎是精神错乱的方式操纵其国家。这是一种互补型分裂演化，一方是独裁者，另一方是他的官员和人民。它很清楚地表明，妄想狂或偏执狂是怎样迫使他人对他的状况作出反应，从而将自己自动地推向越来越极端的失调状态。

这些普遍而混乱的分裂演化是在极其复杂的环境中展开的，这种复杂程度甚至使我们几乎无法去研究它。不过观察一下政治
187 家们的政策在何种程度上是对他们对手的反应而作出的反应，以及他们在多大程度上关注他们应该努力去调整的那些状况，应该还是有价值的。看来，如果我们研究了其他更为简单的领域中的分裂演化过程，其结果可能被证明在政治上具有应用价值。

分裂演化的过程和控制

由于缺乏任何细致收集起来的、能显示出任一事例中的分裂演化过程的材料，我只能提出在我看来这一过程似乎要经历的几个阶段。在头一阶段，当互补型或对称型关系刚建立起来时，两个个体或群体所采用的行为模式，在双方看来似乎是解决其关系中难题的一种令人满意的方式。至少在新几内亚土著人接受洋泾浜英语的精神气质这个事例中似乎是这样，而且在分裂演化式婚姻的早期阶段似乎也是这样。不过，在心理失调的情况中，得由精神

病学家来确定最初采用互补模式是否是一个适应过程。

不管怎样，一种互补或对称模式一旦被接受，分裂演化过程就会使之越来越巩固，所涉个人的人格可能在某个方向上过于发展——不管是炫耀、养育、专断、顺从或其他什么——从而形成某种类型的扭曲。而这种扭曲会将某种程度的不适引入到双方的关系状态中，而且还有可能发生下面这种情况（尽管还有待确证），即个体在试图再次找到过去曾令人满意的那种解决办法的过程中，实际上又进一步地强化了他们各自的角色。

或迟或早，人格的扭曲会伴随着以下三种结果：(a)双方相互怨恨对方造成了自己的扭曲，从而产生敌意，(b)至少在互补型分裂演化中，每一方都越来越理解不了对方的情感反应，以及(c)相互嫉妒。 188

在分裂演化的相对后期阶段，当两个群体的成员开始明确感到人格扭曲所造成的痛苦时，通常可能发展出一种相互嫉妒。这种扭曲是在某些方向上渐进的特化(specialisation)过程，会导致人格中相应的其他方面得不到发展。这样，每个群体成员都看到自己情感生活中被抑制的部分在对方群体成员中得到了充分发展——事实上是过度发展。正是在这种状况下，产生了相互的嫉妒。并不只是农奴羡慕贵族，后者也逐渐产生出对自己精神气质的反感而开始渴望简单的生活。

很难判断在雅特穆尔文化中男女两性间的相互嫉妒发展的程度。很显然，女人对在纳文仪式中穿戴着男人服饰、举止如男人而感到特别高兴，而这一因素——对男子气精神气质的温和的嫉妒——可以看作促使她们采取男女易装行为的一个重要动机。但在男人这方面，我察觉不到这种相应的嫉妒。至少从表面上看来，他们鄙视女人气的精神气质；但如果说他们对女子气的精神气质存在着某些未被承认的嫉妒，也不是不可能。他们自己的精神气质在任何情况下都不会使他们承认女人的东西有什么值得说的，他们可能有的嫉妒也只会是表现在对女人的轻蔑中——因此穿上女人的衣服。[①]

189 情况似乎是这样，人格越是分化，他们就会变得越特化，也就越难理解对方的观点。最后会到达这样一个状态，双方都不再努力去寻找那个曾经让他们觉得满意的解决之道，而只是对对方一直强迫他们接受的情感调适类型表示反感。他们的人格进入相互的反暗示状态。现在他们摒弃了那些最初为了适应对方而可能采用的行为模式，转而采取明确对立于对方的行为模式。这样，分裂演化采取了一种新的形式，双方的关系变得越来越不稳固了。

如果我们将分裂演化看作一方对另一方的反应作出反应的一个过程，那么接下来，分化过程——以及其他现象——就必须被看作根据某些简单的数学规律而演进的；而且，如果根据时间发展而

① 我在这里要感谢卡琳·斯蒂芬(Karin Stephen)博士，她在欧洲的精神分析实践使我想到了这一可能性，即对女人精神气质的无意识的嫉妒会是男人采取男女易装行为的动机之一。

我很怀疑，这样来表述这类事情是否可行。我尽量做到只在以下这种情况下才使用指涉感情的用语，即在这些表述可以被视为对个体行为的粗略、权宜的描述时(参见第145页的脚注)；我不愿意引入那些会将我的“行为主义的”(behaviouristic)提法转换为暧昧不清的情感的表述，它们暗示这些行为会与那些最初切合于情感之行为正好相反。

我基本同意，倒置理论(theories of inversion)之类是在试图揭示一种重要的真理；但我怀疑，在我们还没有具备对手势、姿态等进行分析性描述的技术，以及能够界定倒置行为和直接行为之间的差别时，我们不可能对倒置理论进行确切的表述和证明。

在图上标示出来的话，每一方依其特定的行为模式而发展出的特化过程，甚至都会是遵循某种指数曲线的。不过，虽然我们不能指望对大多数分裂演化情况中的现象过程进行精确的测量；但在某些相对独立的案例中，我们可以将一些行为细节作为特化程度的指标，使我们能够据此判断在此案例中发生了何种类型的扭曲。

不过，通常情况下，不仅是特化不容易被测量到，而且分裂演化的过程也会受到非常多不同因素的影响。我们在这里只提及两种类型的因素，它们被认为会促发和加速这一过程：

(a)生活在一种文化中的个人被训练成将某些特定的行为模式视为值得称许的，而认为另一些行为模式是错误的。如果在分裂演化过程中，他被导向逾越了其文化所认可的界限，他这种跨越界限的行为就可能具有不一般的效果。不仅使他自己意识到他人格的扭曲，同时也促发对方采取过激的反应。但我们不要忘了，与 190
这种趋势相对，关于某些特定行为的文化禁忌在控制分裂演化方面可能是颇有效的。

(b)可能加速这一过程的第二个因素是确信其结果必定是悲剧性的这一意向。精神分裂的个人会陷入宿命论之中，这不仅是他被分裂演化的自然过程所控制的结果，也是加速这一过程使其走向最终结局的一个因素。

目前为止，我所给出的关于分裂演化的描述主要说的是一个朝向分化发展的必然过程，它与一些外在因素结合起来促成了最终的崩溃。我将气质分裂状态之恶化为精神分裂症描述成似乎是不可避免的。我关于婚姻崩溃的说法似乎使任何成功的婚姻都变得无法解释了。而我描述文化接触中的种种困难的方式，似乎暗示着我所提到的那种最后的平衡永远也无法达到。但我们知道，在现实实践中，气质分裂的个人还是能在很长一段时期内控制在某种稳定的失调程度上。我们也知道，婚姻有时是成功的，而且有时能从不稳定状态中恢复过来。因此我们不能将分裂演化视为一个不可避免的向前推进的过程，而应该是一个变化的过程，在一些情境中，它或者会受到对立过程的控制，或者被这些过程所抵消。

我用来指这些平衡状态的术语“动态平衡”是从化学术语中借来的：它在化学中被用来描述明显稳定的均衡状态，从理论上说，这种状态只能是通过两种或多种对立的化学反应同时发生而达到的。它在化学上的这种意义很类似于我在当前语境中运用这一术语来指代的情形。当然，人类社会中所发生的动态平衡与化学中的动态平衡之间的相似性不能过分夸大；但它可以给我们以有益的提示，即在不同的分裂演化中，以及在不同的文化中，平衡状态是极其不同的。在英语世界中意味着灾难的婚姻双方的对立状
191 态，在其他文化背景下则可能是一种平衡态势；雅特穆尔人的两性分化所达致的平衡，以及与之相伴的精神气质的全然对立，就极不同于英国人中相应的分化状态。雅特穆尔社会成年礼半偶族之间的敌对状态看上去似乎是稳定的，但是这些半偶族之间的实际状态是，它们不仅相互间存在着仪式竞争，而且频繁的争吵在此文化中是正常的。

我们也会认为，在同一文化的不同情境下，存在着极其不同的抑制因素的力量。我上文已提及，从文化上说是正常的母子间的互补关系模式，当被带入到夫妻关系当中时，在我们的文化中，就会成为分裂演化的基础。我们必须要问，为什么这些模式在一些

情境中是危险的，而在其他情境中则是无害的。要回答这个问题，我们也许需要去探究以下问题：是否在一个情境中存在着足够的抑制因素，而在另一个情境中则缺乏这类因素；或者考察以下这一事实，即这些互补行为模式在某种关系状态中是受到文化的鼓励的，因而也很容易为人接受，而在另一种关系状态中则在某种程度上是受到文化的贬抑的。

我们缺乏细致收集的资料，用以阐明这些过程的存在；但是我们有可能利用我们关于人类行为的普遍知识，就那些抑制分裂演化的因素之本质提出种种意见。这些因素可以大致被分为两类。在本章开始时，我们讨论了那种倾向于维持现状的过程，这个过程将每个个体塑造成具有合适的精神气质。接着我们探讨了作为以下过程的分裂演化，这个过程如果照其自身的轨迹发展下去的话，会改变现状。这里，在考虑控制分裂演化的因素时，我们也必须既处理那些其所有效果都在于抑制分裂演化过程的因素，也要处理其他一些因素，这些因素如果按其自身的轨迹发展的话，会改变现状。

在头一个类别里，我们要考虑的因素是形塑个体的过程。雅
特穆尔男孩一方面被培养成赞赏严酷，并且自己也变得严酷，但他 192
也被培养起了以下观点，即同时也认为某些极端的严酷行为是应受谴责的。而且更进一步，他知道了某些极端行为是危险的，如果他做了，会遭到其他人的报复的。因此，对于专断行为，存在着一道接受上限，而对于炫耀行为也可能存在着类似的上限。

我在记述雅特穆尔人的精神气质时，很少提到其上限。欧洲人往往会特别震惊于雅特穆尔人对男子气精神气质的强调，以至

于不容易认识到这种精神气质不仅提升到了他们所观察到的严酷程度，而且也被阻止超越这个程度。不管怎样，我所收集到的资料中有迹象显示存在这种接受上限的事实。我前文提到过一个男人，他的照片（图片XXII）是最明显地表现雅特穆尔男人之精神气质的形象，但事实上，当地土著认为他的人格过于不稳定了。还有一个将雅特穆尔精神气质发扬至极端的人的例子，有关此人在其社会中的地位之事例见姆外姆-朗格的故事（《大洋洲》，1932年，图片VI）。这位英雄有个漂亮的鼻子，他发明了榨取西米的方法。所有的女人都爱他，他以那种雅特穆尔人特有的不带感情因素的幽默，将她们分成两列，阴部有毛的在一列，阴部没毛的在另一列：然后他与所有这些女人性交。正是在这个界点上，控制机制开始发挥作用了，姆外姆-朗格被这些女人的丈夫谋杀了。

即使是成功猎头也有其极限。人们至今回忆起马利尼姆巴克时还带着反感，他大约在四代之前死于帕林拜村，他在战船的船首时，总是把人都杀光，让别人没人可杀。

一般说来，雅特穆尔文化强调骄傲和严酷，并为这种精神气质的合法表达提供了渠道。但如果某个人过于暴力，他妻子会从他家里逃走，而他妻子的兄弟会跟他作对，他必定会生活在巫术的威胁中，而且有可能不得好死。

193 这些过程，就像分裂演化一样，如果不受限制地运行下去，会不断累积起来，但它们会被后来的过程所抵消。我们可以对这些过程列出以下几点：

1. 两个群体或两个个体之间的健康的平衡关系很可能既不

是纯粹对称型的，也不是纯粹互补型的，而是每种关系类型中都包含着另一种关系类型中的一些因素。当然，我们可以根据其最突出的方面而将这些关系归入这一类或那一类，但对称型关系中所掺杂的很少量的互补行为因素，或者是互补型关系中所掺杂的很少量的对称行为因素，很可能在稳定其状态方面发挥了很大的作用。一个地方官与其村民的关系主要是互补型的，通常并不太融洽，但即使他每年只参加一次村里的板球运动（对称型的竞赛），就将奇妙地大大缓和他与村民的分裂演化的紧张关系。

在雅特穆尔文化中，我们已经注意到，每一性别的精神气质中都存在着很多小的相互矛盾之处。在男人方面，我们注意到有两种类型是特别受到嘉许的：首先也是最重要的，是暴力型男人，其次是慎明型男人。就两性之间的一些行为模式是互补的而言，其他人对慎明型男人的信任和喜欢可能有助于形成一种近似于雅特穆尔女性精神气质的潜在倾向。在女人的精神气质中，我们能更清楚地看到贯穿于其中的双重方面：在日常生活中，她们是快活融洽的，而在仪式场合，她们则倾向于采取男人的骄傲的精神气质。可以肯定，这时她们是受到男人的欣赏的。这些场合在减弱两性间的对立方面肯定起到了相当重要的作用。

2. 还有这种可能，在以互补型模式为基本特征的分裂演化关系中，另一对潜在的分裂演化所包含的其他互补模式会掺入进来， 194
从而可能阻止头一个分裂演化过程。举一个假设的例子，就好像在一个以专横-顺从为基础的互补型分裂演化的婚姻中，当事人所遭遇到的疾病或事故会使这种对应关系转换成养育-依赖式的对应关系。这种转换会暂时缓解分裂演化的紧张，尽管这种分裂演化在先前已到了文化所能接受的极限。

3. 与此类似，在对称型关系中，突然的转变也会减弱分裂演化的张力。在我所描述过的雅特穆尔文化中由严酷转向滑稽就是这样一个转换的例子(既可作为此条规律的例子，也可作为第 2 条所述规律的例子)。在这里，我们看到了行为模式的突然转变，这可能是由于某个人意识到了那种紧张而促成这一转变的。这一转变很可能立即阻碍或颠倒前一分裂演化。

4. 我们有理由确定，两个群体间的不管是互补型分裂演化还是对称型分裂演化，都会受到以下要素的控制，即或是通过相互的忠诚或是通过与某外界因素的对立而将两个群体结合起来的要素。这一外界因素或者是一个具有象征意义的个人，一个敌人，或者是某一给这两个群体都带来满足或痛苦的非个人化的环境。这种过程的事例很普遍：如周年庆典在减弱社会各阶层在分裂演化过程中的相互憎恶方面是很有效的；而众所周知，发动一场对外战争是复兴民族主义的一个有效机制，而后者在分裂演化过程中本已奄奄一息。在雅特穆尔文化中，可以假定也存在着同样的机制。针对外界社群的猎头战争可能在很大程度上有助于控制两性间和两个成年礼半偶族间的分裂演化；而今天土著人与欧洲人之间的互补关系在某种程度上可能也在发挥类似的功能。

但我们要指出的是，当此外在因素是某个人或某一社群时，这一外来者与最初两个群体之间的关系本身总是分裂演化式的，这第二种分裂演化甚至比第一种更难控制。

195 5. 第 4 条所述的过程引出了许多问题，对这些问题的解答可能会揭示出其他一些控制分裂演化的机制。这就是外在的分裂演化对所涉各群体内部的行为模式的影响问题。这一问题可以用近似数学的方式来加以表述：如果A群体与B群体之间具有一种互补型分裂演化的关系，那么在A群体的成员应对B群体时表现出来的行为模式与A群体的成员相互交往时所表现出来的行为模式之间，我们能观察到怎样的关系？同样，如果B群体在应对A群体时表现出与A群体的态度互补的态度，那他们内部各成员间的行为模式又是如何？我们可以推测，如果A和B之间的分裂演化关系有条件持续发展到某一程度，这时各当事人的人格已发生了明显的扭曲，他们在各自群体内部的行为应该会受这种扭曲的明显影响；又因为这种扭曲的方向在两个群体中是不同的，我们就会发现每个群体都发展出了一种特别的精神气质，这些精神气质以简单的方式与分裂演化式的对立相联系。

当我们这样来表述这一问题时，它又涉及两个辅助性的问题。首先，是等级的平衡机制问题。在一个等级序列中，我们可以认为每一级别都与上一级别处于互补型分裂演化的关系中，同时又以另一种类似的关系与下一级别联系在一起。我们可以假设，由这些分裂演化所导致的人格扭曲在某种程度上由以下事实而得以缓解，即在这一系列的中间群体中，每个个体都被鼓励在面对上级群体时表现出一套行为模式，而在面对下级群体时则表现出与之互补的模式。但系列中最高级别的成员和最低级别的成员不具备这种补偿机制，在这些级别中的个体身上，我们肯定能看到不平衡的分裂演化迹象。

第二个问题与等级问题密切相关。如果群体A和群体B内

196 部各个体之间的行为是由每个群体在与另一个群体的互补关系中所展示出的行为所决定的，那么我们怎么解释一对孤立的个体而非群体之间的分裂演化？我们是否可以假设，补偿机制发生于每个个体的人格内部？我们是否可以这样期望，当我们了解了个体之间的行为是如何受到与其群体相关的分裂演化的影响，对这一过程的理解将为我们提供描述发生于个体内部的补偿机制的一套表述？

6. 还应该提及两种由外在刺激造成的控制分裂演化的特别情况：(a)如果个体能够意识到他们所卷入的分裂演化过程，他们也许有可能对此作出反应，而不是在其分裂演化模式中继续特化；(b)在雅特穆尔文化中，有可能不仅是男人和女人之间的分裂演化关系有助于控制成年礼半偶族之间的对称型分裂演化，而且后一种分裂演化在某种程度上也为男人对于成年礼秘密的关注倾向所控制。我们在这里看到的是一个复杂的例子，它包括了在第 4 条和第 5 条中提及的各种类别的整个机制系列。

7. 在一个互补型分裂演化中，两个相关群体之间的行为模式有可能会成为这样：当一个群体与另一个群体的差异越来越大，每个群体的成员都越来越依赖于另一群体成员的互补行为，这样，在
197 分裂演化过程中的某个点上会达到一种平衡，相互依赖的力量与分裂演化的趋向持平。

8. 最后，还可以肯定的是，一种分裂演化除了会受到相关群体内部的或外部的其他分裂演化的控制，还会被相关群体间关系中的反向累进变化所抵消。和分裂演化一样，这些过程也是个体对另一群体成员的反应所作出的反应之累积结果，但是反向过程

在变化的方向上不同于分裂演化。反向过程不会导致双方敌意的升级，而是导向相互关爱。

这一过程不仅发生于群体之间，而且发生于成对的个体之间；从理论上说，我们可以认为，假如真爱能够顺利发展，其进程会遵循某一指数曲线。

第十四章　纳文中所体现的精神气质

性别精神气质与纳文

198 从对雅特穆尔人的精神气质的研究中所能得出的最重要的结论便是，在这个社会中，每一性别都有自己的**和谐统一**的精神气质，并与另一性别的精神气质形成对比。对于男人来说，不管他是坐在礼堂里说话，还是在为男孩子举行成年仪式，或是在建造房屋——在任何情境下，他们在价值观上都同样强调骄傲、专断、粗鲁和装腔作势。这些方面被一次又一次地推向极端；戏剧化的行为倾向不断地将粗鲁偏转为讽刺，后者又进一步退化为小丑式的滑稽表演。尽管行为表现多种多样，但底下的情感模式是统一的。

在女人那边，我们发现的是一种不同的、一致性更弱的精神气质。她们的生活主要是围绕着获取食物和养育孩子这些必需的日常事务而进行的，她们的性情中所灌注的不是骄傲，更多的是一种“现实”感。她们是乐于协作的，她们的情感反应不是起伏很大、装腔作势的，而是平和“自然”的。但在一些特别的场合，妇女似乎会表现出对男人精神气质的某种模仿；从我们对“偏好类型”的讨论中，某些女人之所以受到赞赏，似乎是因为她们具有某些我们描述为男子气的特征。

如果我们从这一点回到纳文仪式所提出的各种问题上，我们就可以以一种新的眼光来看这些问题。沃的夸张行为这一要素看来不是一种孤立的古怪行为，而是雅特穆尔男人的一种正常而普通的行为。这一答案似乎不甚有趣，但它却包含着对文化行为的一个重要概括，科学发展的每一步都是在一个既定的相关领域中验证其一致性。我们也许已对这种一致性进行了更全面的研究，199
但得到的可能是同一类的结果。要进一步探究此事，我们就必须转向另一个科学学科，比如说，研究性格的形成。

就女人而言，由于她们的精神气质中贯穿着双重重点，她们在纳文仪式中的行为也就完全相应地划分为与日常生活的精神气质相一致的行为和与特殊情境下的骄傲相一致的行为。母亲的所有行为都是以顺从和自我贬抑为模式的。她与其他妇女裸躺在地，让她儿子从身上踩过去的行为，以及她们说的那句套语"从这么个小地方却出来了这么个大人物"，这些都和女人的日常精神气质很相符，是她为儿子感到骄傲的一种简单表达。因此，母亲的行为问题，就像沃的夸张行为一样，必须要放在另一科学领域中来理解。

我们可以从穿着男性服装的女人（即父亲的姐妹和兄长的妻子）的行为中看到妇女偶尔表露出的骄傲，她们只在很少的场合，即公开地在男人面前表演时才会表露出这种精神气质。

对雅特穆尔人精神气质的考察已经解释了在纳文仪式中各种亲戚的行为基调，但还有很多细节是无法用这样的简单概括就能解释的。比如说沃，他的小丑式滑稽举止是正常的，但他没有必要打扮成女人才像个小丑,而且,如我们在前文中看到的,沃也许是将自己视作劳阿的妻子,但此文化中的各种结构前提并没有成为推动此社群或是沃强调沃-劳阿关系中这一方面的动态因素。我们还需要从纳文机制中找出一些构成因素,这些因素以一种动态的方式导致了男女异装的现象。

我相信,如果我们考察了欧洲社会的男女异装现象,我们就有可能找出这个问题的答案。在纳文仪式中,这一现象既不是因为荷尔蒙分泌不正常,也不是由于这些男女易装者的心理和文化方面失调;因此,我们在欧洲寻找类似现象时,就可以忽略那些异常
200 案例而考察其他一些背景,在这些背景中,某种程度的男女易装现象在文化上是正常的。

我们想一想时髦的女骑手的例子。我们也许会将她穿的马裤看作一种为骑马而特别做的改制,她会说她的硬顶圆礼帽是特别设计来保护她不被头顶的树枝挂伤;但是,如何解释她的外套明显按男性线条进行裁剪?她在狩猎舞会上穿着女性化十足的晚礼服,她的日常行为也是中规中矩的女人举止,所以我们不能用内分泌因素或心理不正常来解释她的着男装的行为。

实际上这很清楚:一个在文化举止和心理上都很正常的妇女,为了要骑马,穿戴了一套她这一性别一般不穿的服饰,它们是仿照另一性别的服饰制成的。从这些事实中,我们可以得出同样是很明确的结论,即既然这个妇女是正常的,那么这一非常态因素则必然是由骑马这一行为引入的。当然,从某种意义上说,女人骑马并没有什么特别——在我们的文化史上,女人已经有几百年的骑马历史了。但如果将骑马这一行为与我们的文化所规定的女人的其

他得体行为相比较，我们立刻就会看到，骑马这项要求有强大的身体控制能力[①]的剧烈运动，是与女人生活中的绝大多数情境形成鲜明对比的。

在我们的文化中，女人的精神气质是围绕着一些特定的情境类型建立起来的，而男人的精神气质则是围绕着与之大不相同的另一些情境而建立起来的。结果就是，当女人被文化置于一种对她们来说是不寻常，但对男人而言是寻常的情境中时，她们就设计出了一套仿照异性的服饰，这套服饰已经为其社群所接受，被认为在这些特别的情境中是适宜的。

有了这一线索，即在某种情境下可能发展出男女易装现象，我们就可以转而再来讨论雅特穆尔文化。首先，我们来考虑单向男女易装行为发生的背景，也就是妇女参加宏大典礼的场合(参见图片 XIX)。她们此时所处的位置非常类似于女骑手的角色。雅特穆尔妇女的日常生活是安静素朴的，而男人的生活则是喧闹夸饰的。当妇女参加宏大典礼时，她们所做的是与她们的日常生活状态很不相同的事情——所以我们发现，在这类特殊情境下，妇女采用了一些男人的文化行为，她们举止如男人[②]，并佩戴着一些通常

① 用弗洛伊德学派的表述来说的话，骑马行为可以被视为一种性象征。我所倡导的观点与弗洛伊德学派的观点之根本不同在于：我将诸如鼻子、笛子、瓦甘这类性象征看作性别精神气质的象征，我甚至会在性行为中观察到这种精神气质得以表达的另一语境。

② 在戏剧表演、幽默的新闻报道以及诸如此类的形式中，人们一般认为，女骑手的体态、手势、语调等在某种程度上是模仿男人的，我们可以从着男装和部分着男装的雅特穆尔女人的骄傲姿态中看到其与女骑手的相似之处。不过，我还不能确定，女骑手的这些体态、手势等在何种程度上是确实存在的，它们会不会只是人们的一种想象。

只由男人佩戴的首饰。

以这种理论来看纳文仪式，我们就能够在纳文情境中辨识出会影响男人或女人采取男女易装行为的条件。这一仪式情境可以归纳如下：一个孩子完成了一项引人注目的功绩，他的亲戚要以一种公开的方式表达他们对此事的喜悦。对每一性别而言，这都是与他们的日常生活场景不同的情境。男人们平常所过的非现实的夸饰生活使他们很习惯于公共表演的“考验”；但他们并不习惯自由地表达他们同感于其他人的个人感情。他们相互间能够变本加厉地相互表达愤怒和轻蔑，他们能在自己的骄傲获得提升或遭到贬抑时表达出快乐或悲痛；但要为其他人的成就而表达出欢乐之情，则是其常规行为之外的事。

女人所处的境况则相反。她们之间的协作生活使她们能够自如地表达出无私的愉悦和悲痛，但她们不善于以一种公开的、夸耀式的方式将其展现出来。

202 因此，纳文情境就包含两类构成因素，公开展示的因素和与他人同感的个人情感；当被文化置于这一情境中时，男人和女人都要既面对自己比较容易接受的因素，也要面对令自己尴尬的因素，而后一因素是对立性别者的正常生活情境的氛围。我认为，我们可以将这种尴尬视为一种动态的[①]力量，它推动个体采取男女易装行为——整个社群已经接受了这一行为，而且随着时间的推移，它逐渐变成了一种文化规范。

因此，我们可以认为，男女性别间对立的精神气质在塑造纳文

① 参见第142页的脚注。

仪式中将发挥——而且在过去已经发挥了——切实的作用。它并没有推动此文化沿着其结构前提发展到我所描述过的那种极端状态。当妇女参加除纳文外的其他大型典礼时，使完全的男女易装行为正当化的那些结构性前提是缺失的，妇女只是佩戴着一些男人的装饰物而已。

最后我们来考虑一下沃穿着寡妇丧服，以及妇女穿戴着她们所能得到的最夺目的男人饰物这个问题。前者无疑是将男人对女性精神气质的反感以丑化的形式表现出来。我们已经看到，在哀悼场合，两性不同的精神气质形成了最鲜明也最尴尬的对比；沃穿着寡妇丧服很明显等同于男人对寡妇挽歌——孤独的寡妇通常在划着独木舟去她的园圃时唱起挽歌——的恶作剧式的漫画化。沃的此举是在自辱的同时，也顺带表达一下他对整个女性精神气质的蔑视，因为她们过于外露自己的悲伤。

处于另一方的女人则没有表现出对男性的骄傲精神气质的轻蔑。那是种张扬的精神气质。在纳文中，她们尽可能多地表现出这种精神气质——甚至还夸大了它。她们快乐地使劲用酸橙杆蹭
擦着丈夫的葫芦，以至于把锯齿都磨坏了。她们对于穿戴男性饰 203
物和以男人的狂妄方式行事很是喜欢，对此的迷恋多少使她们的注意力没有集中在庆祝某个孩子的成就这一当前事务上。除了女人们裸躺着让英雄从她们身上踩过去这一个场合，女人在纳文中的其他行为实际上都与纳文仪式本身并不相干，男人们的纳文仪式也是如此。因此男女两性表现出来的对立的精神气质几乎完全将纳文仪式从一种单一指涉转变为一种徒有虚名的东西。

不管怎样，既然纳文行为是一种沃庆祝劳阿的任一成就的传

统习俗，那么毫无疑问，这种在我们看来是扭曲了的、与主题不相干的行为在劳阿看来就是一种庆贺形式。

亲属关系动机与纳文

我上文已论述了纳文仪式是如何表现两性精神气质的，也就是说，我已经展示了纳文所涉及的不同性别的亲戚们可能具有的动机。这些动机是由我们对雅特穆尔文化的精神气质中的普遍结论中推论出的。我们现在必须将不同的亲戚作为处于特定亲属关系位置上的男人和女人，以此来思考他们的动机。这里我们将再次用到我们所得出的精神气质方面的普遍结论，来指导我们确定不同的亲戚可能具有怎样的动机。但我们并不是要研究根据性别区分开的亲戚群体，而是必须分别考察每类亲戚在亲属关系方面的动机。

沃(母亲的兄弟)。在沃这方面，从结构方面说，其行为的象征意义从以下这方面就可以得到清楚的解释，即沃处于劳阿的“母亲”和“妻子”的地位。但象征意义并不只具有结构性的一面，我们
204 还应该看到，象征行为——用屁股蹭男劳阿的胫骨、模拟生下女劳阿——既是具有“逻辑”的，也渗透着情感和未表达的[1]意义。由

[1] 在这一语境中，我有意地用了“未表达的”(inarticulate)这个词，而没用更为时髦的“无意识的”(unconscious)这一词。我不是很清楚这两个词之间意义上有什么区别，但用后一个词会意味着我在遵循某种意识分层理论，而这一理论的有效性我们在此并不涉及。

此，我们可以设想是何种真实的或文化设定的动机、意识或其他什么导致了沃要强调他与其劳阿关系的这些方面。

无疑，我们归之于类分的沃的任何情感和未表达出的动机可能会是我们人为加于其上的，但我们无须为此沮丧；实际上，如果不依据虚构的或文化设定的情感的确实力量来研究仪式的话，我们将很难对任何仪式作出解释。

在讨论纳文的社会学那一章，我们看到类分的沃努力想巩固他与劳阿之间的忠诚。他试图将这种类分纽带置于一个非常显要的位置，使它具有男孩与他的亲生母亲的兄弟之间所具有的那种结合力——有时甚至是与其亲生母亲之间的结合力。他象征性地表演了亲生母亲的兄弟与劳阿之间关系的两个方面：既作为劳阿的母亲，也作为其妻子。但颇有疑问的是，即使是对于亲沃而言，他在何种程度上会有真正的妻子式的或母亲式的情感；因此，在某种意义上说，类分的沃的表现就包含着双重虚假。他扮演亲沃的角色，而后者又扮演母亲和妻子的角色。

尽管如此，我们还是有必要去思考这些表演的动机。这些行为是表演出来的，而不是自发做出来的，当然，这并不是说它体现的动机的无意识成分更少。一个扮演哈姆雷特的演员会表现得好像他自己正在受哈姆雷特的情感驱动而行动，但对他正在表达的驱动力的性质，这个演员在很大程度上自己可能是说不清楚的。

因此，我们必须考虑两种类型的人[①]的心理状态： 205

① 当然，在由亲沃表演纳文的场合（这种情况比较少见），事情就更简单了。第二类情感相应也就更为真实。

1. 类分的沃的真实动机。我们可以将各种我们已经详细阐述过的情感因素归在这个名目下:他从自己的小丑表演中所感到的乐趣,对女性精神气质的嘲弄,他在表达为别人感到骄傲时的笨拙,他渴望得到劳阿的忠诚,诸如此类。

2. 亲沃所具有的未表达出来的假定动机。在这方面,我们必须考虑可能会是什么动机因素使沃在他与其劳阿关系中要强调他作为母亲和妻子的角色。

在这里,我们的前提非常不可靠,因为我们可以很轻易地构设出关于未表达出的动机的各种假设,但却很难对其进行检验。因为没有任何两种这样的假设是相互排斥的,而精神分析学家告诉我们,一个初始陈述或者意味着它所说的东西,或者意味着与其所表述的东西相反的东西。不管怎样,我将提出一系列可能的假设,以展示出在当前这一分析中我们可能会得出何种类型的答案,但我不会强调这些构建出来的假设中哪种更有可能性。

在这方面,有三个神话可能相关,都是关于沃杀死了自己的劳阿的故事。在每个故事中,紧随着这类谋杀事件之后的便是社群不同程度的瓦解,这些神话也就成为了一种移民史——从一个瓦解了的中心散落出来的各群体的历史。

这些神话或许是(1)指示出母系纽带在社群团结中的重要性,或者(2)一种对沃与劳阿之间的潜在对立和轻微敌意的表达。这两种解释并不是相互排斥的。相反,我认为我们应该将其视为互补的。一方面,由于母系纽带具有重要的社会意义,它会使人们对
206 这种内在的对立更觉得不安;另一方面,如果沃和劳阿之间不存在对立,就没有必要强调二者间的忠诚的社会重要性。总之,这些神

话可以看作既显示出了沃与劳阿之间的某种对立,又表现出了对这一对立的某种不安。事实上,沃-劳阿关系似乎是充满矛盾的。

我们正是希望从这种矛盾情感中找到沃的象征行为的动机,因此我们必须对沃-劳阿关系加以考察,以找出其中的哪些方面可能是这些混杂情感的根源。

既然沃和劳阿是由忠诚和共同利益之纽带联系起来的,我们就能比较容易地追索到沃对劳阿的友善之情的根源。按照结构分析的思路,我们可以将沃的友善之情归之于界定其地位的四种认同中的任一种或所有四种。但是敌意产生的根源则颇不分明。在我们的结构分析中,我们发现,沃-劳阿关系中具有很少或者没有可以被视为自身独特的因素,它的所有细节都可以恰如其分地归入沃具有的各种等同角色中:(a)母亲,(b)妻子,(c)妻子的兄弟和(d)劳阿的父亲。

因此,在寻找沃的敌意之根源时,我们有理由假设它是由这些角色关系中的某一方面所引发的。[①] 这些方面中最后一项,即沃与劳阿的父亲之间的等同,可能可以解释沃的敌意,它是父亲与儿子间矛盾情感的一种表达。但我认为这一说法不可取,有两个原因:

1. 这一说法与以下事实不符,即不仅是沃,妻子的兄弟有时也会在姐(妹)夫娶自己的姐妹时用屁股蹭他们的大腿。

2. 沃与父亲的等同只是沃-劳阿关系模式中的一个很不重要

---

① 当然,沃的"敌意"也可以部分归之于他的这些等同角色中的两种或多种的相互作用。我以前忽略了这种更为复杂的解释类型,原因是我偏向于一种更简单的解释方式,即从姻亲兄弟关系角度来进行解释。

的方面。

207 在沃-劳阿关系的其余三种角色等同当中，母亲与妻子这两方面似乎可以排除在外，理由如下：

1. 这些是在纳文仪式中被确实强调的方面。尽管沃也有可能强调致使其产生敌意的那些方面，但更可能的情况是，他会突出其他方面以减弱他的不安。

2. 如果我们将对立的根源归之于这两方面的任一项的话，那么要构建出一个既能解释沃对男女劳阿的纳文行为，又能解释妻子的兄弟的纳文行为的说法将非常困难，而且几乎不可能。

3. 母亲与孩子之间的关系不具有矛盾性。

由此，我们可以得出结论，沃所体现出的敌意应归于他作为其劳阿的姻亲兄弟(brother in law)的地位。按照这种解释，我们就可以看到，他在强调“母亲”和“妻子”的角色时，否认了他作为妻子的兄弟的角色。

我们对姻亲兄弟关系的考察——我们可以很清楚地在这种关系中看到对立的因素[①](参见第 94 页)——支持了这一解释。但整个过程还不是很清楚。在此种情况中，用不上我们所熟悉的补偿和替代过程。沃对其姐妹的丈夫怀有矛盾的情感，按照通常的做法，那么他可能在与后者打交道的过程中夸大他的友善，也可能

① 我们有可能阐明塔旺图(妻子的兄弟)的敌意是与此文化中的男性精神气质一致的，我认为解释这一问题的线索或许就在于男人们所偶尔表现出的对占有女人的骄傲上。可以参考当地在解释族内婚的正当性时用的一句套话，“她是个好女人”(第 109 页)。遗憾的是，我没有必需的详细资料来比较男人以其普遍的男性精神气质对待他们的姐妹的态度。

会对作为姐妹的丈夫之替代者的劳阿发泄出他的敌意。但在现实生活中他没有这样做，而是向他的劳阿表示出夸张的友善而不是敌意。更进一步，我们也没有理由认为对姐妹的丈夫的敌意应该转到劳阿身上去。我们已经看到，通常这种敌意是被公开谈论和 208
承认的。姻亲兄弟之间会取笑他们相互间的义务；如果妻子的兄弟的怨恨日益强烈，他可以求助于巫术。确实，姻亲兄弟之间的争吵可以从受惠和付出新娘礼金的角度来考虑，弗洛伊德主义者会推测性嫉妒是此情境中的潜在动机；但妻子的兄弟的敌意情感绝非没有表达的机会。没有什么理由会使他要去寻找一个姐妹的丈夫的替代者。

不过，我们也可以这样来看这个问题，因为沃为自己对姐妹的婚姻所抱有的公开敌意感到愧疚，因此以夸大的形式弥补给她的孩子。我们可以在此基础上构建一个合理的假设。但同样，我们也可以不将沃视为一个在试图作补偿的负疚之人，而是一个在声明自己清白的无辜之人。他也许反对过他的姐妹的婚姻，也许隐藏过对她丈夫的反感。不管是何种情况，文化都假定在姻亲兄弟之间存在着某种对立。但他和这场婚姻的后代之间并不存在什么龃龉，后者实际上是通过血[1]、利益和忠诚与他连接在一起的。不过，此后代也同样与其父亲紧密相连，也许这正是导致沃有可能对他们产生敌意的因素。这暗含着沃先前对其姐妹的丈夫的敌意有可能会扩散到其劳阿身上。沃在强调他是劳阿的母亲和妻子的角

① 在当地的观念体系中，血与肉被认为是由母亲传给的，而孩子的骨头则承自父亲。

色时也许就是在否认这种责难。

我们自己的文化中也有类似的现象，下面这种现象并不少见，即一直反对父母的婚姻的舅舅和姨姨后来自跌颜面地尽力讨好自己的外甥和外甥女。他们的位置类似于雅特穆尔文化中的沃，二者之间的主要差别仅在于，后者是真正地，而非比喻性地跌倒在地。

209 我们是把这些亲属视为在声明自己清白的无辜者，还是视作在进行补偿的负疚者——在缺乏更多事实的情况下——这要视我们所采取的精神分析理论的立场而定。我们甚至可以根据我们的兴趣，将这两种假设结合起来，说沃是为自己对姐妹的丈夫所表示出的公开敌意感到负疚，因而当被认为对其劳阿也表现出了类似的侵犯时，他便以一种过度强调的态度来声明自己的清白，而对于劳阿，他的确觉得自己是没有什么敌意的。我们可以发明出一整套这类不同的说法，也许每一种都不对，因为它们都会犯过于确信的错误；而任何试图在其中选择一种作为答案的努力都是建立在这样一种谬误之上，即意识当中那些不能清楚表达出来的层面都能像科学家那样具有精确的辨识力。[①]

不管怎样，我们都应该在我们的清单——即影响沃的立场的各种因素——上加上这么一条，即姻亲兄弟关系之间存在的对立，以及这种对立在沃与劳阿关系中的反射，而我们对这种反射的确

① 不过，如果我们对男人的标准化态度和行为进行更加细致的研究，即研究当他们无辜受到指责时以及当他们觉得愧疚而试图补偿时的态度和行为，我们也许能对沃的动机作出更清楚的表述。至少在某种意义上说，在我们目前还不具备有关文化的精神气质之充分知识的条件下，试图对动机进行分析，我们这里所提出的论述必然会是模糊的。

切机制还不清楚。更进一步，我们还应该注意到，或许可以将这些附加因素视作在某种程度上是动态的——它们按照亲属结构内设定好的线路将沃推向男女易装行为。

最后，沃的纳文行为的另一个可能动机也应该被提到。我们已经有了关于男孩与其父亲氏族和与其母亲氏族之间的关系的印象了，即在经济事务上，男孩归属于其父亲的群体，他的功绩则被视为其母亲氏族的成就(参见第 59 页)。考虑到这一前提，我们可以设想，沃的纳文行为是在象征性声称他对劳阿的成就的所有权；毫无疑问，在这里，文化赋予骄傲和成就的价值在发挥着作用。但这种对所有权的声称只可能是代入式的(vicarious)，男性精神气质在这里又一次表现出来，即在这类行为中，沃就必须扮演着女性 210
角色。因此，性别精神气质和在亲属关系中所处的位置这两个因素共同作用，各自在沃的行为中有所表现。

塔旺图(妻子的兄弟)。从我们已经述及的沃在纳文中的行为来看，塔旺图在其兰多的婚礼上用屁股蹭后者的胫骨这一行为，从某种意义上来说是纳文的初级形式。当然，我们并不是要沉浸于对纳文历史的研究，只是在当前，我们把这一特别姿势视作沃的最突出的行为特征。

影响这两类亲属的因素在很多方面是相似的，但塔旺图的行为在某些重要的细节上区别于沃的行为：(1)塔旺图只在那些强调其作为“妻子”角色的仪式上表演这一动作，而在那些暗含着他是一位母亲的仪式上则不做这一动作——这种缺失毫无疑问是与他的结构性地位联系在一起的。(2)就我所知，塔旺图只在他姐妹的婚礼上表演这一动作。(3)我相信,只是妻子的亲兄弟会做这一仪式动作,而对于沃而言,通常是类分的沃在表演纳文。

第二和第三个差异点或许与以下事实有关,即通常塔旺图并不需要隐藏或否定其情感的矛盾性。但在其姐妹的婚礼上——这场婚礼也许还是他自己安排的(参见第 96 页)——他也许觉得应该否认他对她丈夫怀有任何敌意[①];他是通过强调以下事实来表达他的这种否认的,即他并不是一位姻亲,而是婚礼中的一方,是一个"男性妻子"。[②]

尼艾、恩亚芒和茨哈恩博(父亲、兄长和弟弟)。我们还必须考
211 虑的其他男性亲戚就只剩下纳文主角的父亲和兄弟了。这些亲戚在纳文中都处于被动的角色;他们会被他们的茨海希(兄长的妻子)击打,父亲会帮助孩子收集首饰作为给其沃的礼物。但除了这些次要角色,父亲和兄弟在纳文中都不担任任何主动的角色。

不过,因为父亲和兄弟是男孩最亲近的男性亲戚,我们会依照情理推定他们也应该希望对他的成就加以庆祝;因此就有必要对他们在纳文中的消极角色加以解释。

我们可以首先来考虑各种条件——社会学的、经济的、结构的和情感的,这些条件也许与父亲的消极角色相关:

1. 进一步强调父系纽带并不能提高社群的整合程度。在像

① 就像在沃的情形中一样,对塔旺图的动机的各种表述都可以用这里所给出的因素来解释。

② 这是塔旺图(*tawontu*)一词的字面意思(*tagwa-ndo*=wife-man)。

雅特穆尔这样的社会里，任一群体内部的团结都在极大程度上取决于此群体与外在群体的对立；同时，可能一个群体内部的团结程度越高、力量越强大，它就越有可能与其他群体对立或拒绝自己对他们的义务。由此推论，对父系纽带的进一步强化会导致母系关系和姻亲关系的削弱，而社群整合是依赖于后者的。

2. 在经济方面，不存在父子之间互赠首饰的场合，因为这两种亲属各自的财产权远不像沃和劳阿之间区分得那么分明。父子的财产并不是建立在共同的基础之上，正如我们已经看到的，人们对父亲从儿子那儿接受食物持强烈的反感态度；但当地又存在着一种普遍的观念，即儿子会继承或者正在继承父亲的财产，父亲会竭尽所能地为儿子提供用作新娘礼金的首饰等。父亲送给儿子的这些礼物在任何意义上都是沃和劳阿之间的仪式性馈赠[①]所不能比拟的。

兄弟之间的关系也可以作类似的分析。他们的财产不是建立 212
在一个共同基础之上，但他们各自权利的分化又是很模糊的，所以从文化设定上看，他们可能会因遗产继承而相互争吵。

3. 父亲或兄弟的结构性位置中不存在任何因素可能使他们扮演其他亲属的角色，从而将对男孩成就的庆祝转向某种形式的滑稽表演。如果他们要在纳文中扮演某种角色，他们（像母亲一样）就不得不强调他们自身与纳文主角的关系。

4. 这第三点则促使我们想到一种确实存在着的阻碍父亲方

① 在雅特穆尔文化中，仪式性馈赠似乎并不发生在互补型关系之间。它也许是一种强调混合型关系中互补性方面的机制。（参见第 306 页）

面的纳文行动的机制。如我们已经了解到的，父子之间的关系是矛盾的；但这种矛盾并不是通过强调矛盾关系的某一面就可以缓解的。父亲一方面是执行规训的权威，另一方面又是一个应该为儿子的长进让路的亲属。对父亲所处的这两方面的关系的任一方面加以强调，都立刻会导致双方的尴尬，我们已经看到，在日常生活中，父子之间的行为模式控制在一种严格的中间路线上，甚至相互间避免表露出任何亲密。在这种境况下，很清楚，父亲不能在纳文中强调或夸张他与儿子关系的任一方面。

看来甚至是父亲所担任的消极角色，即被他的茨海希击打，在某种程度上也是与他的亲属地位相矛盾的。人们告诉我（但我没观察到），只能轻轻地打孩子的亲生父亲，而对茨汉布威尼艾（父亲的弟弟）则要重重地击打。

我们会注意到父亲的地位和沃的地位的对比。后者的亲属地位是由他的各种等同身份所限定的；其中一种身份（作为妻子的兄弟）是让人尴尬的，他于是强调其他的身份来摆脱这种身份。但父亲与儿子之间的关系是一元的，不能通过这种方式再细分。尽管他对儿子的感情被文化设定为矛盾性的，但他不能够通过强调他
213 的地位的其他方面来避开这种状态，而如果他强调其矛盾地位的任一面，他又会处于尴尬的地位。

在兄弟之间，切实的阻碍因素没有这么明显：但人们很自然地认为兄弟之间的关系是类似于父子间的关系的，尽管他们之间的关系没有被那样戏剧化和严格地界定。另一方面，兄弟间被认为是应该联合起来对抗外人的，但在文化设定上，他们又会为遗产分配而产生龃龉，而且兄长对弟弟具有一定的权威。我被告知

（但从没观察到），兄弟间存在着某种回避机制：他们不能经常一起闲逛；他们会为了去做某件事而一起走，但一定要为了某个确定的目的。因此他们的关系中包含着与父子间所存在的同样类型的矛盾因素。①

现在我们转而讨论妇女的纳文行为，我们发现她们的动机与男人的动机有相当大的差别。也有可能这种印象是因为我的信息不完全，但我认为这种对立还是确实存在的。

在沃这方面，我们发现他的行为表现了以下这些因素：

1. 他在亲属关系系统中的结构性位置，以及界定此位置的各种等同身份。

2. 雅特穆尔文化中的男性精神气质。

3. 他需要劳阿的忠诚。

4. 他的亲属关系位置所隐含的矛盾性。

5. 经济方面的考虑。

但是就我所知，女人的纳文行为不受后三类动机的影响。与之相对，我认为我们应该将女人的纳文行为视作纯粹是女性精神气质和她们的亲属关系地位所包含着的结构性认同身份的表达。
我倾向于认为，对于沃来说，纳文在某种意义上是由对效忠、经济 214
收益等的期望所推动的严肃的重大事情；而对于女人来说，纳文则是一种娱乐性的欢乐场合，她们只是为那些类似沃所遵循的结构

① 兄弟间关系类似于父子间关系的证据，参见兄弟间的交错（第280页），以及名字歌中人们唱的副歌“尼艾啊！恩亚芒啊！”（哦，父亲！哦，兄长！）（第49页脚注）

原则作些渲染，并且享受着穿戴男人服饰的特别权利。

在沃这方面，我们观察到，通常只有一个或两个沃会参加，而他们还特别是类分的沃。但在妇女方面则不存在这一规则。在明丁比特村，当孩子们带着打出的西米回来，人们为他们举行了一场纳文来祝贺。在仪式中，所有的妇女似乎都疯狂了。所有认为自己能与这些孩子拉上某种关系的妇女都做出种种夸张的纳文行为。

另外，我被告知，在为成功杀人而举行的纳文上，除了仪式主角的母亲和亲姐妹，**所有的**妇女都躺在地上让主角从她们身上跨过去。在此细节中我们看到，某种行为模式——它最初也许是典型的母亲行为——被其他的妇女采用，这种采用不是根据她们在亲属关系中的具体位置，而只是根据其性别。男人的纳文行为在某种程度上是由利用其所处的亲属地位所带来的优势所控制和推动的，但女人的纳文行为明显缺乏这类动机。

与此相对，我相信在社会学意义上，我们应该将女人的纳文行为的功能视为比沃的纳文行为要更具弥散性。后者通过强调某些特定的姻亲纽带而加强了社群的团结，而前者则似乎是在整个社群中散播着快乐。

与男人的纳文行为形成对立的妇女的纳文行为中的另一点还应该提到。沃在其纳文行为中所突出的是他所模仿的"母亲"自然而然表达出的情感；而妇女在其纳文行为中所夸张表现的是父亲和兄长角色中的一些特定方面，后者不能随意地表现这些方面，否则会造成尴尬。比如说父亲在儿子面前必须抑制自己的规训行
215 为，对他作出让步，但妇女在纳文中则夸张地表现出了父亲的训导

角色这一面。当然我们不能假设父亲被压抑的情感会作为影响妇女行为的动力。这也许是因为妇女从这类夸张举止中能获得一些特别的兴奋感，对于她们正模仿的那些亲戚而言，这类举止在某种程度上是一种文化禁忌。

在本章开头，我已经简要说明了妇女行为的精神气质基础、她们从昂首阔步的虚张声势中所获得的快感，以及她们着男装与公开展示相结合的方式。现在我们只需要考虑各种细节的象征意义。

恩亚米（母亲）。我们已经看到的母亲的纳文行为是雅特穆尔母亲为儿子感到骄傲这一情感的直接表达。在她这方面，不存在着男装的结构基础，她对孩子的感情不存在明显的矛盾性；因此她的行为中没有在别的亲戚中所体现出的复杂性。至于母亲在纳文中的裸体，我们可以将其与妇女采取仪式性裸体的其他场合——即在她们最亲近的男性亲属的葬礼上（参见第 179 页），以及她们作为恳求者时（参见第 169 页）——加以对照。母亲在表达悲伤和表达对儿子成就的喜悦时采取的是同一种姿态，这似乎有些奇怪。但我认为，我们可以将这三种情境中的裸体状态看作母亲放弃自我或否定自我情感的一种极端表现，这种表现或者伴随着欢乐，或伴随着悲哀。

艾奥（父亲的姐妹）。艾奥的仪式行为是以她与其兄弟，也就是与仪式主角的父亲的等同为基础的。在这种等同中，明显会有两个方面可能被加以强调。如我们已经看到的，父子间的关系是矛盾性的；父亲被迫既要维护他的权威，又要在儿子的成就面前让步。这矛盾的两方面的任一方面都可能被艾奥采用，但她实际上

选择了父亲身份的权威性那一面；她佩戴上最华丽的代表杀人的
216 饰物并抽打她的“儿子”。而如果选择另一种行为则会是戏剧性地凸显父亲在儿子成就面前的退让。我们可以设想，对雅特穆尔妇女来说，后面这样一种角色肯定是相当无趣的，并与她们的着男装行为很不相称。如果那样的话，她们虽然身着男装，却只是在扮演一个更切合于女性精神气质的角色。

就我所知，没有任何戏剧化的细节指向仪式主角娶艾奥的女儿的可能性；我们可以将这种可能性的缺失看作另外一个证实我们的假设的证据，即这种婚姻是近期才出现的类型（参见第 108 页的脚注）。

茨海希（兄长的妻子）。茨海希的行为是建立在等同于其丈夫即仪式主角的兄长的基础上的；她的行为和在亲属关系中所处的位置在很大程度上类似于艾奥。我们已经看到，兄长的地位类似于父亲，所以茨海希之等同于主角的兄长也就类似于艾奥之等同于主角的父亲。

茨海希地位中的唯一一个特别之处是与娶寡嫂制相关的，在这种制度下，她有可能成为仪式主角的妻子。毫无疑问，正是这种可能性导致了茨海希的纳文行为中的那股泼辣劲儿，这种氛围在主角刺穿一个象征着其茨海希的子宫的鱼篓的场合下被发挥到极致。这一层关系在主角的姐妹的行为中再次得到渲染。

恩扬盖（姐妹）。这类亲属在纳文中没有扮演什么重要的角色，但在她和主角一起踩过那些平躺着的妇女时，她是等同于他的。接着，她以夸张的戏剧化动作表达出我们（或者是她）所认为的主角所压抑的欲望。她用手拨弄女人们的生殖器，尤其是茨海希的。她会突然地这样做并大叫“一个女阴!”但是穿着男人服饰的茨海希会回答道,“不! 是阴茎!”毫无疑问,她们之间的这种争执应归因于以下这一事实,即姐妹将自己视为茨海希的潜在丈夫,而茨海希将自己视为该主角的一个潜在的兄长。217

姆博拉(母亲的兄弟的妻子)。这一亲属将自己等同于沃。她也和他一样,戴着捕获来的颅骨跳舞(参见图片 V_A),接受劳阿送的首饰。因为姆博拉所等同的男人自己正穿着女人的衣服,我们发现她似乎对自己的性别有些把握不定,所以在纳文中她有时候穿着如男人,有时候又穿着如女人,这就并不奇怪了。不过在她以男人的姿态与她那穿着女装的丈夫进行过仪式性性交之后,这种模糊性质也就澄清了。

还有一个细节需要考虑,即艾奥穿着男人的服装、戴着羽毛头饰跨过躺着的姆博拉(她也穿着男人的衣服)。关于这一点,我只能给出一个尝试性的解释。为某个男人的成就而骄傲被视作其母亲氏族的特权,而不是其父亲氏族(而他自己是属于这个氏族的)的特权。看来她在这一戏噱场合中戴的羽毛头饰是一种杀人的装饰标记。[①] 可以说,艾奥(主角的父亲氏族中的成员)是来夸耀孩子的成就的。她们跨过姆博拉,后者躺在地上,就像英雄的母亲躺在她胜利的儿子面前。她们的姿势,以及她们之等同于沃的事实似乎表明,姆博拉是母方氏族的代表。她们跳起来,

① 遗憾的是,我的信息提供人没有告诉我当地人称呼在此场合中所戴的这种特别饰物的名称。他只说这些羽毛要被塞进木髓里,这通常是制作特定类型的杀人头饰的技术。不管怎么说,这一饰物是一种杀人的标志。

夺走象征着成就的羽毛头饰，也就是在象征性地宣称此成就是属于母方氏族的。

这一解释的另一佐证还可以从以下事实中看出，即杀人饰物通常是由主角的兰欧阿纳姆帕（丈夫那边的人）送给他的。这与我刚才提出的解释是一致的。

第十五章　雅特穆尔文化的认知理式

从以上关于雅特穆尔文化的分析和一般描述中，我们可以明 218
显地看到，除了从其独特的精神气质中生发出来的一些特征外，此文化还渗透着某些一般性的特征。这种文化以它所具有的围绕着各种特定情境发展起来的大量结构性细节让我们惊异不已。其中最突出的是，我们见到了一种围绕着个人名字和祖先而建立起来的奇特的家谱印记(haraldry)和图腾系统——这种我们只能描述为过度发达的倾向在其成年礼系统中有所体现，这一系统中交错着各种双重区分组合以及成年礼层级；我们还可以在纳文仪式中看到这种倾向。在这里我们看到，文化由一些简单的结构性前提而推展到了这样一种程度，即在某种程度上沃举止如劳阿的妻子。

显然，此文化具有某种趋向复杂性的内在倾向，它所具有的某些特性驱动它配制和维持着越来越繁复的构成。因为这一倾向显然参与塑造了纳文仪式的形态，所以有必要详细考察其性质。

我在田野调查时经常在思考此文化的这种特性，但我总是找不到任何理解此问题的线索。只是在事后，在我写这本书的时候，我才想到文化结构和精神气质这些概念并对其加以阐释，以此作为思考上述问题的一条途径。我在田野调查的时候没能对我现在认为能说明此问题的那些方面加以特别的关注，但鉴于目前还几乎没有其他人从这个角度来进行研究，我将用现有的材料来阐明这一方法。

我将文化结构定义为“一个集合名词，用来指具有内在一致性的逻辑体系，它通常是由科学家将各种文化前提组合在一起而构建出来的”。对于“逻辑”一词，我要加一个注释，说明我们应该料想到
219 在不同的文化中存在着不同的逻辑体系和不同的文化前提组合模式。

这个定义中我们首先要注意到的一点是科学家的角色。我说文化结构是由科学家所构造出来的一个体系，由此我们可以这样来表述我们当前的问题：为什么和雅特穆尔文化中的素材相比，比如说阿拉佩什文化[①]，更能激发科学家进行展现更高复杂性的理论概括？这种展现出来的复杂性是此文化中真实存在的复杂性的反映呢，还只是由于民族志作者和他所描述的社群在语言和文化上的不对称而导致的一种偶然产物？

在这里，我们处于一个很困难的境地，正在从事文化展示工作的科学家也许是最不适合来判断其复杂性之根源的人。我只能说，首先，在我试图进行结构分析之前，雅特穆尔文化对于我来说是复杂而丰富的，其次，我分析的结果是使这一文化至少对于我来说，显得更为简明了。根据这一印象，我至少可以相信，其复杂性并不完全是我自己的思维方法所创造出的产物。[②]

① 参见玛格丽特·米德(Margaret Mead)的《性别与气质》。

② 在某种程度上，我的思维方法——结构性的、精神气质学的和社会学的——也是土著人自己遵循的方式。我将在本章结尾(第 284—285 页)讨论这个问题。

这种复杂性以某种形式存在于文化自身，是由各种前提构成的。我将“前提”这个词定义为能在大量的文化行为细节中辨识出来的假设和隐含意义；我还提到，尽管土著人经常是用象征性词语来表达这些假设，但在某些情境下，他们也会明确地将其表述出来。

如果我们接受(a)文化结构的复杂性是文化自身某些属性的反映，以及(b)这种复杂性的组成因素在某种程度上作为观念和 220
假设存在于土著人的头脑中，那么接下来我们就可以将文化结构的所有普遍特征指称为雅特穆尔人头脑中的特性；而我们在这里实际上处理的是雅特穆尔人的人格在认知与智力方面的文化表达。

经这样表述之后，这一问题看上去与精神气质问题很是近似。在处理这两个问题时，我们都必须对极其相异的文化情境中表露出的某种普遍倾向作出解释。而且，我们正在考察的这一倾向与文化结构之间的关系和精神气质与动机之间的关系似乎具有相同之处。我们已经了解到，精神气质构成了对个体欲望和需要的一个决定因素。精神气质是一个情感态度系统，它决定了一个社群对生活情境所能提供的各种满足与不满足所赋予的价值，而且我们已经看到，精神气质可以被恰当地视作“组织个体的本能和情感的文化标准化系统”。

与此类似，我们现在考察的这一倾向是我们的文化结构定义中的一个变量，是“逻辑”这一词的含义，是决定如何系统化地将各种结构性前提构建为一个整体的因素。

通过这两个问题之间近似的类推关系，我们可以设想，文化结构中的这一变量是对社群中的个人进行标准化的某种因素。我们用观念、假设和“逻辑”这些词语来定义社会结构，而这些在某种意义上都是认知过程的产物，因此我们可以作如下推测，即我们正在讨论的雅特穆尔文化的特征应归于**对个体人格的认知方面的一种标准化**。我把这种标准化及其在文化行为中的表现称作文化的**认知理式**(eidos)[①]。

221 现在我们再回到雅特穆尔文化中来具体考察它的认知理式。让我们首先来考虑我冠之以过度发达的、具有结构复杂性或者前提多样性这些不同的描述语的那种现象，看我们能否从对个人认知过程的标准化的角度来重新表述它。根据我们对社会结构的定义，这个问题就变得非常简单了。社会结构是由“观念或假设”构造出来的，而文化是以其结构内各因素的多样性为特征的；也就是说，它包含着大量的“观念或假设”这类认知过程的产物。要从个人的标准化角度来重新表述它，我们就只能说是文化的形塑提高了他们的认知产品的产出。事实上，他们在其文化的刺激下而达到的智力活动水平在原始人当中是不同寻常的。

这里我并不是指任何智力天赋的增长，后者在很大程度上可能是由遗传因素决定的。不过，需要提及的一点是，雅特穆尔人确实会通过法术来努力增强记忆力。男孩出生不久，就被带到一堆被施了魔法的火旁吸入冒出的烟，目的是使他长大后能对他的氏

---

① 当然，我不是在“认知理式”这个词在古希腊哲学中的意义上来使用它的，但既然这个哲学术语的古希腊哲学意义形式还未被吸收入英语中，所以我在其现在的语义上使用这个词也算是恰当的吧。

这种对认知理式的说明和对社会结构的定义，我觉得是颇为笨拙的，但在对各种文化的精神气质和认知理式进行过充分的考察之前，要对这一问题作出更确切的阐述是不可能的。

族图腾名字博闻强记；在其以后的生涯中，他还会被施以各种咒语，这些咒语被认为会作用于他的心（记忆力所在之处），赋予他记住名字循环圈和咒语的能力。在一个采取此类技术的文化中，至少可以说它存在着一种选择性因素，即它青睐于那些具有更高认知能力的人。不过，我用这个例证不是要说明他们的天赋是如何提高的，我关注的是个体的认知机制如何被激活，而不是处于闲置状态。

加上了这条说明——我们所讨论的不是天赋，而是刺激—— 222
之后，我们或许会发现，各文化在其激发智力活动方面程度迥异：尽管就我所知，还没有人在田野工作中关注过这一现象。当然，要对个人智力的惯常活跃状态作出任何数学评估是不可能的。但是有很多事实可以表明，在雅特穆尔人中，这种高度的活跃状态是普遍性的，并且是由文化所激发的。

目前我们关于智力过程的认知方面的知识还远远不够，因此我们不可能如我们所期望的那样来系统地描述雅特穆尔人的材料。不过，我们可以将这些过程粗略地分为回忆的过程和思维的过程，二者似乎都促进了雅特穆尔文化之复杂性的维持和发展。

让我们首先来考虑文化对记忆力的刺激作用。[①] 我们已经看到，在雅特穆尔人当中培育出了一种博闻强记的品质。这一点在有关名字和图腾的辩论中最为戏剧化地展露了出来，我已经说过，一个博学之人脑袋里装有一万至两万个名字。这个数字是根据每

① 我自己对这些问题的思考受到了巴特利特（Bartlett）教授的《记忆》（*Remembering*）（1932）的很大影响，我是在从新几内亚回来后读到此书的。

个氏族所拥有的名字歌的数量、每首歌中的名字数量以及这类人一般所具有的引述名字循环圈的能力——他们甚至能很详细地引述除他们自己氏族之外的其他氏族的名字循环圈——很粗略地估算出来的。所以我们在接受这个数字时应该颇为谨慎，但有一点是肯定的，即这类人所博闻强记的内容是相当巨大的。

进一步说，他们所达到的这种记忆成就很少依靠机械式的生记硬背。他们所记下的所有名字几乎都是组合词，每个名字包含着四个到六个音节，它们都指涉着秘传神话的各种细节，因此每个名字都具有至少一种要素。这些名字都成对配置，一般来说，任一对中的两个名字都两两相似，就像特威德尔邓（Tweedledum）与特223 威德尔迪（Tweedledee）一样——所改变的音节造成的醒目的区别往往具有某些含义；而且这一对名字是根据某种简单的关联类型结合的：反义或同义。意义的逐步变化会贯穿起成串的成对名字。

因此，这些名字序列包含着一些指称标签，使人们能够通过意象过程或是词语联系而记忆它们。我收集了大量这样的名字，并一次次地注意到，成对词中所包含的**秩序**是由细微且连续性的变化构成的。存在着一种被模糊定义了的引述每串名字的标准顺序。但我从来没有听到过有人批评其他人引述名字的顺序不对。通常的情况是，一位信息提供人在每次复述名字序列时都会有细微的改变。甚至偶尔名字的配对也会改变，但后面这种类型的变化是被明确视为错误的。

巴特利特指出①，机械记忆的一个最明显的特征是精确性，事

① 《记忆》，第 203 页和第 264—266 页。

件或词语的时间序列可以通过这种精确性被唤起。所以，从其加于名字之上的持续的顺序变化上看，我们可以认为，它所涉及的心智过程主要不是机械记忆。对于这一结论，我还有其他的证据，即我的信息提供人在努力回忆起他们记得不是那么清楚的名字序列时的做法。在我的记忆里，我从来没有听到过信息提供人像欧洲的孩子那样，从头开始重复他们已经说出过的名字序列，希望这种机械重复能“推动”他们想起更多的名字来。通常的情况是，我的信息提供人会坐在那儿，一次又一次地想出某个名字出来(更经常是一对名字)，并常会怀疑这个名字是否已经说过了。

而且，当一个雅特穆尔土著人被问及过去的某个事件时，他通常都能给出与之直接相关的回答，而无须先描述在时间上先后关联的一系列事件来引出被问及的事件。雅特穆尔人很少会沉浸在那种按时间顺序叙述的冗长废话中，而这种叙述方式，如巴特利特所指出的，在那些擅长于机械记忆的原始人中是很典型的。 224

还有一个文化细节值得一提，它倾向于激发更高级的过程，而不是机械记忆。它涉及辩论技巧。在一场典型的争辩中，两个相争的氏族各自宣称某个名字或某一串名字归自己的图腾所有。每个氏族只有通过展示自己拥有这个名字所指涉的秘传神话的知识，才能证明对这个名字具有所有权。但如果这个神话被公开而为众人所知，它所具有的证明某氏族对于此名字的权利之价值就会被破坏。因此，在接下来的两个氏族间的争执中，每个氏族都声称他们自己知道这个神话，同时努力去探察对手真正知道这个神话的多少内容。在这种背景下，演说者不是将神话作为一个连续性的叙述，而是作为一系列小的细节来把握的。一个演说者每次会提及一个细节——证明他知道这个神话——或者他会刺激对方说出某个细节。我认为，这种方式导致了一种将故事不是作为一个事件的发展序列，而是作为一整套细节的倾向，每个细节都具有不同程度的保密性——这种分解式的方法几乎肯定是与机械记忆对立的。

但是，尽管我们可以肯定地说，雅特穆尔人的博识主要不是靠机械记忆过程来激发的，但我们还不能肯定地说它涉及了那些高级过程。不过，似乎有一些指向视觉或动觉意象的文化细节在其中发挥着相当重要的作用。在辩论中，双方不断地展示出各种物件。比如，当双方在争论塞皮克河的图腾所有权时，一串项链被挂在礼堂中央以代表这条河。在辩论过程中，氏族 A 声称，沿河岸长的象草——它们构成了鲜明独特的河岸景致——毫无疑问是属于他们的；所以这条河也必然是属于他们的。他们会相应地拿出

225 一支装饰着这种草叶的漂亮的长矛，指着它说，“我们的伊阿姆布威尤什①！！”另一方面，氏族 B 则声称这条河是他们的蛇金德津-卡姆波伊，他们的主要发言人马里金德津走去拿了些颜色鲜亮的叶子装饰在代表他的蛇的物体上，这些饰物原来装饰在礼堂里的一支木梆上。同样，在一场关于太阳的辩论中，很多参与者将自己装扮成某种象征着太阳起源神话中的太阳所具有的某些特质。

演说者的一个辩论技巧是在强调其发言的某些要点时，用一束叶子拍击着桌子。这束叶子总是被用作某些名字和物体的可见可触的象征物。一个演说者会说，“这片叶子是某某，我可不要那

① 这是象草的图腾名。

个名字”，然后他将这片叶子扔向对方。或者他会说，“这片叶子是某某的观点”，然后轻蔑地将其扔到地上；或者他会用那束叶子扫扫地面，意思是清除对手的胡言乱语。与此类似，一个空的小叶包会被用来作为某种秘密的象征物，演说者会向对方挑战，要求他展示出他对此秘密了解多少：他会举起这个小叶包，以嘲笑的口气问对方是否知道里面是什么。

这种视觉或动觉思维的倾向也体现在他们总是倾向于对社会组织加以图解化的做法上。在几乎每一场典礼中，参加者都被按群体安置，这样整个模式就成了关于社会系统的一个图示。在礼堂，氏族和半偶族通常是根据各群体的图腾系统来分配座位的；不过，如果举行的是成年礼，那么这种安排原则就被打破，代之以基于相互交错的成年礼偶族和层级的安排原则。①

最后，我们还要引用纳文仪式来作为这种视觉和动觉思维的 226

一个更深入的例子。我们已经看到，亲属系统抽象的几何特性在此仪式中是如何通过服装和肢体动作来象征的；我们可以顺带将这一点看作认知理式这一视角对于我们理解此仪式的一个贡献。

但是，我以上描述的那些场合中的认知理式表达与文化整体之间的关联还不十分清楚。我主要是通过图腾辩论来阐述认知理

① 关于这方面的其他资料，参见《大洋洲》(1932)中各处；不过，其第256页上说，村庄在纵向上分为两个图腾半偶族，这一陈述是错误的。我是在对一个村庄所进行的短期访问中收集到这一材料的，当时村庄里在举行一场成年礼。在举行成年礼的礼堂里，我的信息提供人似乎被礼堂里的成年礼模式大大感染，他在向我提供信息时，似乎是把这一模式扩展到了整个村庄。事实上，村庄的进一步划分在总体上并不遵照半偶族划分的原则，其划分是**横向的**而非**纵向的**。我第一次考察时所调查的主要村庄明丁比特村在村落安排方面没有确定的规则，因为地面到处是烂泥。

式的，并且指出，正是这种辩论活动要求并推动了一些人的极其可观的记忆能力。另外，我还给出了各种事实，证明机械记忆在此类活动中并不重要，而视觉和动觉意象似乎在其中扮演了重要角色。我还指出，在记忆名字这一特定活动中，我们可以设想，词语的联系在其中起到了相当的作用。但这些因素所造成的效果也许互不相干。另一方面，对记忆力的积极培育也许只局限于某些被挑选出的专家；而且，也只有在名字具有重要性的特定背景下，才会发展这种记忆力。只有考察过这两种可能性，我们才能够由已给出的事实得出以下结论，即记忆力的充分发展不仅影响了作为整体的文化，还特别影响了纳文仪式。

我们首先来讨论这一行为可能在多大程度上影响整个社群，在多大程度上只是局限在少数特定专家的范围内。整体上说，大

多数男人在记忆名字方面都具有非同寻常的敏锐性。[①] 我在收集名字时，尽可能地从专家们那里获得材料，但值得注意的是，即使在我与那些在公共辩论中从来不敢摆出博学姿态的信息提供人谈论其他事情时，他们也会不断地将话题转向与图腾系统相连的事件，而且也试图给我列出名字清单。例如，我在前文中描述过的一
227 个特别热情但提供的信息又不精确的信息提供人（图片 XXII）就是这种情况。他坚持要讨论秘密知识，要提供给我他的氏族的名字清单，不过其中充满了错误和矛盾之处。不过，在年轻人中间，有一种观念抑制了他们试图炫耀自己在这方面的浅薄知识的热情，

① 我没有妇女方面的资料，但由性别间精神气质的对立，我可以推测，在认知理式方面，她们与男性也有相当的差异。

那就是认为在这方面的博学只是适合于长者来表现的。我遇到过三个很聪明的年轻人，他们坚持不向我提供名字，当我极力要求他们这样做时，他们让我去找他们的长者。但当他们不在的时候，其他人告诉我，他们中的两个在这方面已颇有学识，当他们年纪渐长后，将成为伟大的辩论者。因此，年轻人在名字问题上的沉默并不意味着他们不具有像长者们那样对这一智力技巧形式的敏锐感知。[1]

不过，关于少数专家的推动作用如何作用于整体文化这一问题，以下事实可以提供更为完整的回答，即这些专家不断地将自己确认为仪式的非正式掌控者，对那些正在执行仪式各复杂程序的人提出批评和指导。人们不仅在有关图腾名字辩论时听到他们的声音，而且在从成年礼到土地权的所有问题上都能听到他们的意见。这样，文化在很大程度上是处于这些受博闻强记和辩证法训练的男人们的监管之下，并由他们加以阐述以指导大众。由此我们有理由确认以下这一点，即实际上记忆被更深开发的个人较之其他人，对文化的繁复化和维护的贡献要大得多。

最后还有个问题，即有关图腾名字的相关事务是否构成一个独立的语境、一种特别的兴趣，其影响独立于整体文化之外，或者
它是一个广泛交错的系统，会对文化的所有部分产生影响。此处 228
的各种迹象有力地支持了后一种观点。命名系统其实是整个文化

① 年轻人在名字问题上的沉默可以与他们在礼堂内的相对安静互为对照，我在讨论男人的精神气质时提到过后一状况。我提到在小礼堂里，男孩们模仿长辈们的暴烈举止，但我没听说过在小礼堂中举行过模仿年长男人的博学辩论。不过，在孩子们中有很多种测试各自的知识的游戏，比如有关灌木植物的知识。

的理论图像。文化的所有体系化的方面在其中都有体现。相反，我们也可以说此系统在文化的每一方面都有其分支，支撑着每一种文化活动。每一个咒符、每一首歌——甚至是小伙子们编的短情歌——都包含着一串串的名字。萨满的言辞是通过名字来表述的。附体于萨满的神灵自身就是命名系统中的重要节点。婚姻的安排经常是为了获得名字。转世与继承也建立在命名系统之上。土地的占有权是建立在氏族成员资格基础上的，而氏族成员资格又是由名字来确证的。一个买下了名字的男人同时也得到此名字所属的氏族的成员资格以及耕种此氏族土地的权利。河流和园圃中所出产的每一物品在此系统中都各有其位。土地、河流、天空、浮草岛都在此系统中被命名。家里的各种物件、房屋本身，以及礼堂都包括在此系统中。每一个男人、女人和孩子都包括在内，社会人格的各个方面也在此系统中得以分化表现（见下文）。

事实上，文化中唯一一个几乎独立于命名系统的领域是成年
229 礼领域；①但即使是在这里，我们仍发现，所有神秘的发声器具都有图腾名字，神秘的木梆大致等同于萨满神灵，成年礼半偶族的名字通常是多音节的，尽管在氏族的名字分配系统中没有这类名字

① 在这方面，东部雅特穆尔人（明丁比特村等）和中部雅特穆尔人（坎卡纳芒村等）之间有所区别。在中部，成年礼半偶族和图腾半偶族都分别被称为“太阳”和“母亲”；尽管事实上，有一些氏族在图腾系统中属于某个半偶族，在名字辩论中站在这个半偶族的立场说话，但在成年礼系统中，它们又转到另一个半偶族的立场上去了。但在明丁比特村，成年礼系统的双重划分被认为完全与图腾系统无关，成年礼半偶族并不以“太阳”和“母亲”来命名。它们分别被称为基希特（Kishit）和米沃特（Miwot）。另外，明丁比特村的秘密木梆并不等同于萨满神灵。在坎卡纳芒村，木梆和神灵都被称作瓦甘；但在明丁比特村，木梆被称为瓦甘，神灵则被称作伦怀尔（*lemwail*）。由此可见在明丁比特村，图腾系统与成年礼系统之间的关联较之坎卡纳芒村为弱。

的位置。最后，在成年礼结束时，受礼者从其母亲的兄弟那儿得到一个特别的名字。

从这一系统的这种不同寻常的分叉延伸中，我认为我们有理由确定，学识更为丰富的男人会以他在辩论中所获得的认知习惯参与到每一文化行动中去；这不仅是指他们这种在辩论的特定背景中由文化所激发出的记忆力，而且是指这种激发对文化整体所造成的影响，它促进和维持了我们所看到的、作为其文化特征的极端复杂性。

到此为止，在描述雅特穆尔的认知理式时，我们已经讨论了其量的方面，以及其主要培育出的思维机制类型。我们还需要更为详尽地讨论其标准思维的模式化及其特有的逻辑类型。遗憾的是，我几乎没有什么能阐明当地人的思维方式的资料，因此几乎只能依靠一些文化细节，从那里推导出个体的思维模式。从理论上说，我们既可以通过文化规范，也可以通过信息提供人的陈述和在实验条件下的个体行为来追溯这些过程。

首先，我们必须注意到，大量的雅特穆尔人的思维是“理性的”(intellectual)——我这里是在通俗的意义上使用这个词，它暗含着这样的意思，即这些人能够“凭理智行事”，而不是说他们很聪明(intelligent)。

雅特穆尔人头脑里成天琢磨的那些问题在我们看来从根本上就是虚幻的。例如，在太阳半偶族与母亲半偶族之间有一个固定的辩论议题，即夜晚的本质。太阳半偶族的人宣称白天是他们的图腾特性；母亲半偶族的人宣称夜晚是他们的图腾特性，并发展出了一套繁复、秘密的冗长陈述，用在天空中聚拢的群峰、鸭子和银

230 河来解释夜晚的存在。太阳半偶族的人对此很是不屑，因此夜晚往往成为争辩的焦点。母亲半偶族的人坚持认为夜晚是一个确实的现象，重叠的山峰等可以作证；而太阳半偶族的人则坚持说夜晚是不存在的，它只是白天的反面，因为**他们的**图腾——太阳在其中是缺失的。

不过，在太阳半偶族自身内部也存在着关于太阳的争辩。太阳的一个图腾名称是特瓦特马利（Twatmali），[1]但这两个半偶族中有两个氏族都声称这个名称为他们所有。每个氏族都有自己的、与此名称相连的名字序列。氏族 A 所声称的序列为：特瓦特马利、阿外马利（Awai-mali）、卡鲁阿特马利（Ka-ruat-mali）、基萨鲁阿特马利（Kisa-ruat-mali）等（有 9 对名字）；氏族 B 声称的序列为：特瓦特马利、阿外马利、恩多姆布旺加恩多（Ndo-mbwangga-ndo）、卡姆布瓦克姆布旺加恩多（Kambwak-mbwangga-ndo）等（有 8 对名字）。以前有一段时间，两个氏族在表面上达成了一个相互妥协的解决争执的方案：有两个特瓦特马利，一个是现在照耀着我们的太阳，另一个是以前的太阳，它化作一块正在腐烂的岩石躺在塞皮克河北部平原中的某处。但这种解决方案只是局部的，因为关于这两个特瓦特马利哪个属于哪个氏族，一直就没有达成一致。现在，每个氏族都宣称自己的特瓦特马利是正在天空中的那个，对方的那个正躺在平原上腐烂，以此来奚落对方。

这种智力论辩的另一个典型的主题是水表的波纹和波浪的本

① 太阳半偶族中的其他氏族还有其他的名称来指称太阳——伊昂冈马利（Iang-gun-mali）、卡拉恩迪米（Kala-ndimi）等。此处所论及的争论只涉及特瓦特马利这个名称。

质。据说有一种隐秘的观念，认为人、猪、树、草，也就是世界上的所有物体都只是波浪的各种样式。而且人们似乎多少都认同这一观念，尽管它或许与转世理论有冲突，根据后一理论，死者的魂灵会化作薄雾被东风吹过河流，吹入死者的儿媳的子宫。尽管如此，还是存在着波纹和波浪是如何形成的这一问题。声称东风为其图腾的氏族对此有明确的回答：风用她的蚊扇（mosquito fan）形成了波浪。但有些氏族则将波浪人格化，认为它是独立于风的一个 231
人（康坦姆马利，Kontum-mali）。其他氏族还有别的说法。有一次，我和几个雅特穆尔本地人走到海岸边，我发现有一个人自个儿坐着，全神贯注地盯着海面。那天没有风，但有缓慢涌起的海浪冲击着海岸。他说他的一个图腾祖先（一支被人格化了的木梆）顺着河流漂到海中，他们认为是他掀起了海浪。他凝视着汹涌飞溅的海浪，它们并不是由风掀起的，而这验证了他的氏族神话的真实性。

另外一次，我邀请我的一位信息提供人来见证摄影底片的显影过程，我先是减低了底版的感光度，然后将其放在一个敞开的盘子里，在适度的光线下让其显影，这样我的信息提供人就能看到影像慢慢显现的过程。他对此极感兴趣，过了些日子，他让我答应不再向其他氏族的人展现这一过程。康坦姆马利是他的一个祖先，他在照片显影的过程中看到波纹现身为形象的真实过程，并将此视作其氏族秘密的真实性的体现。

这种对宏大自然现象的理性态度不断在人类学家和他的信息提供人之间的谈话中突然出现，后者努力地向人类学家询问关于宇宙本质的知识。我很快就认识到，在这种谈话中应采取的正确态度就是要特别谨慎。我在提供信息前一定要强调其秘密性，并且将此秘密作为一种联系着我和我的信息提供人的纽带而与其分享。在铺设了这些前提之后，我所说的话就被认真对待了，如果没有这种前提的话，我所说的通常只被当作泛泛的谎言。一天，一个男人静静地走过来，向我夸耀说他知道欧洲人关于白天和夜晚的秘密；一个白人告诉过他，白天时太阳在地球上面转，晚上太阳就回到东方，飞回到天空世界中去了。所以，当我们地球上的人处于夜晚的时候，天上的人就处在白天，反之亦然——这是一种用雅特穆尔语言对地球对跖地的恰当再表述。

232 我在坎卡纳芒村时发生了一次月食，我和我的信息提供人谈论过这事儿。我很惊奇地发现，他们对这一现象兴趣不大。他们将此归之于茨霍什人所施的魔法。我的一个信息提供人伊奥威梅特似乎对这种解释颇为困惑，并问我我们欧洲人是怎么看的。我支吾了一阵，接着作了解释。处在月食状态中的月亮是发红的，而且一些天前，我的信息提供人告诉我，太阳会吃它的同类。月亮之所以发红是被太阳排泄物中的血染的，而这些排泄物就横在月亮和地球之间，遮蔽了月亮的光芒。这个秘密使我和我的信息提供人之间结下了一条非常有益的理解纽带，后来好几次，他都用“我俩知道的那事儿”来指称这件事。如果将来能收集到伊奥威梅特是如何对我告诉他的话进行再表述的，会非常有意思。

更为特别的是，雅特穆尔人的思维不仅以其理性为特点，而且倾向于坚持认为，在象征意义、社会意义或情感意义方面是真实的东西，在认知上也是真实的。以这种方式构建出的这类看似矛盾的观念对雅特穆尔人的意识显然是很具吸引力的；当然，同样的精神螺旋式的发展方式，在世界各地的辩证学家和神学家那儿都可以看到。在雅特穆尔人那里，辩证学家和神学家并不是一个独立的阶层，而是，如我们所看到的，其文化的主要贡献者。由此我们发现，此文化的种种复杂之处都可以视作这种矛盾类型引发出的杰作，它们凸显了情感现实和认知现实之间的矛盾，或者说是情感真实之不同方面之间的矛盾。

这方面的例子，有我们前面已提到多次的、对社会人格的不同方面所作的区分与等同的观念。在命名方式中我们已经注意到了这种文化现象。我们已经看到，男人的各个名字是如何构成了他的多向忠诚图式：对他父亲的氏族、对他母亲的氏族和对他类分的沃；而且他的另外一个名字又是如何与他作为成年礼受礼者的身份联系在一起的。一个男人死后，他的不同的灵魂有不同的归宿：他的父系层面在他的儿子的儿子身上转生；他的母系层面以沃给 233
他的那个名字居留在死者之地；他的秘密名字所代表的他个人的人格层面则化成陶片精灵，守卫着他的氏族。这些不同的灵魂以同样的方式与他人格的各不同层面相互对应。

对人格的各层面加以区分在瓦甘这一最重要的精神存在类型中表现得更为突出。脚踏泥地而创造出了干地的卡瓦-姆布旺加瓦甘既代表着生者，也代表着死者，当地流传着他去往死者之地的神话。我在明丁比特村时，人们给我看过他的一幅画像，是用两种颜色画成的，画像的右边用赭色，代表鲜活的肉体，左边用黑色，代表石头，即人死后蔓延全身的卡瓦（瘫痪或发麻）。因此在画像里，卡瓦-姆布旺加人格中的两面被图式化地展示了出来。

瓦甘在命名方式上有不同的区分。瓦甘不仅是他们母亲的氏族和父亲的氏族的成员，他们还按照各自的功能而拥有不同的名字链。这些功能包括：(a)萨满神灵；(b)在巫术中被召唤出来的复仇神灵；(c)成年仪式中的秘密木梆；(d)姆布瓦特戈威(被人模糊视作与多产相关联的仪式人偶)；(e)姆外(青年人跳舞戴着的长鼻子面具。这种年轻人的舞蹈类似于年长男人所表演的木梆瓦甘仪式)。

瓦甘的这些不同的名字很多都是秘传的，尤其要保密的是以下事实，即尽管它具有相互区别的不同化身，但它们在根本上是同一的。只有更博学的人才知道，姆外和姆布瓦特戈威实际上都是瓦甘；他们告诉我这一点时，好像这是一个他们也无法理解的奥秘，是他们必须接受的一个矛盾体，他们带着严肃的谦卑和对其不可思议性的接受而惊异于这一事实。与此同时，他们以一种过分
234 强调的方式坚持其同一性，以便支持其信仰——相较之下，信仰是比较难于被理解的。

另一个坚持社会真实性的例子(从认知角度看似乎是荒诞的)是一句经常被重复的表述，即波拉苏斯棕榈树特普明曼[1]既是一棵棕榈树，又是一条鱼。特普明曼是西米棕榈树纳乌的凯什(对应物或伴侣)。但在雅特穆尔经济中，西米的配对物是鱼，因为河岸居民用他们逮的鱼与丛林村民打出的西米进行交换。由此我们可以觉察到说波拉苏斯棕榈树是一条鱼这种说法是具有一定正当性的。

在两种真实性之中突出认识上更为模糊的那种倾向，在亲属

① 这种棕榈树的名字叫特普明曼、卡姆布古利等(参见第50页所给出的完整清单)。在以前发表过的一篇文章(《大洋洲》，1932)中，我说卡姆布古利是一种不同于特普明曼的棕榈树种类。我第二次考察时，发现波拉苏斯是一种雌雄异株的棕榈树，卡姆布古利是雄株，特普明曼是雌株。事实上，当地人将特普明曼视作男人，茨希克(*tshik*)这个词就既指代“果实”，也指代“阴茎”。

制度体系中也有所表现。在以前对此文化所作的一个描述中，我指出，此“社会系统的形态学”[①]是父系的，而在人们的情感方面，则是母系占优势地位的。我现在倾向于将这种主要从情感方面强调与母亲纽带的重要性的做法看作过度补偿的另一个事例，它看重那些更不明确的事实。我的信息提供人在和我谈论母亲和母亲的兄弟时，也明显表现出某种带有困惑的坚持，与他们告诉我瓦甘的不同人格时所表现出来的情绪一样。似乎是因为父系在氏族组织上已足够明确地表现出来了，故没有必要再加以强调。但它的明确存在却使母系方面的关系显得有些晦暗，后者虽然具有同样的社会真实和情感真实，但由此而成为在认知上更不明显的关系。因此，母系关系就更受到强调。

这种思维方式的另一个例子是将劳阿认同于母方氏族祖先(参见第 52 页)。这种认同的基础看来也纯粹是情感性的。在氏族与其劳阿的关系和氏族与其祖先的关系这两种关系中，唯一共同的因素就是骄傲感，即对劳阿和祖先的成就的骄傲感。 235

在纳文仪式中，我们同样可以看到这种以仪式行动表现出来的螺旋式思维方式。从社会的、经济的和情感的意义上说，沃是劳阿的母亲和妻子。但在严格的认知意义上说，他根本不是这类角色。在仪式的进展中，正是情感真实得到了强调，而在这两种真实中，情感真实是更难被认知所理解的。

除了在情感真实和认知真实之间的这种对立感之外，雅特穆

① 《大洋洲》，1932 年，第 189 页。我用“社会系统的形态学”来指那些被当地人明晰地表述出来的文化前提，例如像氏族、半偶族、成年礼层级这类已被命名并加以区分的群体。一个男人与其父亲的关系是被明确地表述的，而与母亲的关系则主要表现在象征行为中。

尔人的思维中还有另外一些固定的模式或主题，他们的思维正是在这些文化模式中得以训练的，而且这些模式遍布于各种机制中。行文至此，我再指出这些模式在很大程度上是相互矛盾的，读者们大概就不会觉得惊讶了；此文化整体看上去像一块复杂的织物，其中各种相互冲突的认知理式主题相互交织在一起。通过拆解和分离这些主题，我们就可以认识到并描述出一些更为重要的因素：

(a)多元论的意识：关于世界上的物体、人和魂灵存在的多样性和分化性的认识。

(b)一元论的意识：任何事物在本质上都是同一种，至少都是由同一根源生发出来的。

(c)直线二元论(direct dualism)的意识：任何事物都有一个同属的配对物(sibling)。

(d)对角线二元论(diagonal dualism)的意识：任何事物都有一个对称的对应物(counterpart)。

(e)思维模式控制着个体和群体的序列划分；这些模式明显是以(c)和(d)为基础的。

多元论和一元论的意识我们只需简单地了解一下就可以了，
236 因为就我所知，这二者都没有对纳文仪式产生任何影响。一方面，我们有这样一些材料(前面我已经提及)，即世界上的各种事物和人，及其个性的不同方面，都被赋予了个体化的名字，这些名字的数量有成千上万；另一方面，人们又坚持认为所有的事物实际上都是同一个。总体说来，似乎多样性的认识是外行的和大众化的，而关于一元论基础的各种细节则是只有博学者才了解的深奥秘密。

这并不是说关于一元论的一般概念是个秘密。当两个氏族在争夺对某个祖传名字的所有权时，某个男人会在公开辩论时慷慨陈词："一个父亲、一个母亲、一个根——我们（人类）就是这样一种人"，通过这一惯例化地提及人类最早的父母中的一对，他们坚决维护所争论的名字的不可分割性。

但这一对源始父母的名字是秘密，庞杂的神话体系中的所有细节也都是秘密，在这些神话中，整个世界是以一种历史神秘主义的方式由一元论统一在一起的。

人们对于瓦甘的观念也贯穿着同样的思维。有很多个瓦甘，而且他们中的很多都具有多重人格；但所有的瓦甘又都是一个，都是由卡瓦-姆布旺加传下来的，后者通过一团团嚼过的蒌叶而繁殖自身，他踩过这些蒌叶，它们就变成了另一些瓦甘；但这些瓦甘实际上又都是卡瓦-姆布旺加。这种神秘的一元论的另一个例子，是当地人认为世界上万事万物都只是波浪的不同样式。

但是，与万物之统一性这一认识对立的是，我们还发现存在一种混淆状态，这可能是由于氏族间的对立以及对骄傲感的强调造成的。每个人都相信并坚持认定根本上的一元论，但每个氏族群体都有它自己的神话体系，在此体系中，他们自己的祖先被赋予了在世界最初起源中的关键位置。所以呈现出来的状况是，并不存在一个一元论的理论，而是一个由相互冲突的理论组成的一整个系列，其中每个理论都强调世界的根本统一性。

在其多音节图腾系统中，至少有两对（或者更多）源始父母；除
此之外，还有第三对父母，他们的名字很短，不属于任一氏族[①]—— 237

① 我的信息提供人，明丁比特村的康根万告诉了我这一对非图腾的源始父母的名字，莫加威阿（男）和利伦（女）。有趣的是，他将这两个名字看作非常重大的秘密；尽管我们也许会认为这些名字没有什么价值，因为它们没有氏族地位和灵验的效力。

因此，这一文化是在一元论和多元论之间摆动的。

当地人关于不同“道路”的观念是关于世界的基本多元论的一个有趣表现。这是当地人自己也表述得比较含混的一个观念，而且每个信息提供人所说的都不尽一致。人们告诉我，人类、瓦甘、克格瓦（女巫）和温德津布（树精），所有这些都各有其“道路”。但有些信息提供人倾向于认为只有两条“道路”：一条是人类的，一条是神灵的；另一些信息提供人则区分出三条“道路”，瓦甘和克格瓦的、温德津布的和人类的。有人用洋泾浜英语告诉我，瓦甘就是“背后的真实”（behind true），也就是说，尽管它们是不可见的，但它们仍以某种神秘的方式在场，我们可以用“第四维”或另一“存在层面”这类短语来表述这种方式。尽管道路被描述为即时传输的方式，但伊阿姆巴（*iamba*，道路）这个词在适用于精神性存在时，似乎也等同于“存在层面”。

雅特穆尔人思维中的一元论和多元论相对来说比较容易理解，而其二元论的两种形式则有些含糊。不管怎样，问题是，我相信直线二元论和对角线二元论的区分会在我们描述雅特穆尔文化以外的其他文化时有用武之地。[①]

238 我用二元论来指将事物、人或社会群体看作成对联结在一起

① 在这样阐述直线二元论和对角线二元论时，我还没意识到这两个概念只是互补型和对称型精神气质在认知理式方面的对应物。这里所用的这两个短语在某些方面是笨拙的，我们也许可以用“互补型”代替“直线”，用“对称型”代替“对角线”，从而简化这种表述。不过看来这样不加改变地保留原来的阐述方式是有益的，这样读者就能看到，在我创造出分裂演化这一概念之前，在我关于雅特穆尔人的认知理式的记述中是如何表述分裂演化现象的。二元论的两种类型与分裂演化的两种类型之间的对应是我在此书接近尾声时才琢磨出来的，我是在写“后记”时，这一等同才在我的脑海里明晰起来。

的倾向；根据每对中各因素所表现出来的关系类型，我将二元论分为直线的和对角线的两类。在直线二元论的情况中，其关系被看作类似于一对同性别的兄弟或姐妹之间所具有的关系；而在对角线二元论的情况中，其关系被视作类似于互相娶了对方的姐妹的一对男人之间的关系。

我是在读到伦纳德·亚当(Leonard Adam)博士的一篇文章[①]时想到这种解释的，他在文章中提到尼泊尔的一种他称之为"人为的兄弟关系"(aritifical brotherhood)的机制。当我们思考这种关系与雅特穆尔文化中相对应的、已被制度化了的各种"人为"关系所形成的对照时，二元论思维的两种形式之存在就变得很明显了。

在几乎所有的文化中，我们都可以发现这类制度化了的成对相配关系，在更为简单的社会，通常我们会发现，这些配对关系不管是与外人所达成的，还是跨越亲属纽带而结成的，都依然以他们熟悉的亲属关系纽带为模式。因此，在尼泊尔，伙伴间的行为明显地是以尼泊尔文化中的兄弟间的行事规范为模式的。另一方面，在雅特穆尔人中，不存在"人为的兄弟关系"，但代替此关系的，是一系列以姻亲纽带为模式的"人为的"关系类型，而且他们强调这些关系的对称性特征。

这种对比使人印象深刻，它自然导向另一个问题，即为什么是

① 《人》，第XXV卷，1935年，第12页，以及《比较法学学刊》(*Zeitschr. für Vergl. Rechtswissenschaft*)第XLIX卷，关于或许是建构于对角线二元论基础之上的"人为关系"(artificial relationships)之事例，参见霍卡特(Hocart)的"血亲兄弟关系"，《人》，1935年，第127页。

这一种而不是另一种“人为”关系被制度化了，这一制度化的过程表现出了什么样的文化因素？我现在要提出的理论就试图要从认知理式的角度来回答这个问题。

这一理论可以简单地表述为，存在着两种对立的二元论思维
239 类型。第一类是欧洲人很容易理解的，（用一个几何学类比）它是将一个菱形的邻角归为一类。这种我将归之于直线二元论的思维类型，它导向以兄弟关系为基础的人为关系的形成以及诸如雅特穆尔人所具有的那些观念，即世界上的万事万物都是成对组合的，在每一对中都有一个是兄长（或姐姐），而另一个则是弟弟（或妹妹）。

第二类思维类型则是欧洲人更难理解的，因为它在我们的认知理式中没怎么发展起来。[①] 它是把一个菱形的两对角归为一类，强调它们根本的平等与对立。这种对角线思维方式导致雅特穆尔文化倾向于形成虚拟的姻亲关系，以及认为世界上的任一事物都有其平等对立的对应物的观念。这种观念进一步扩展成更大型的二元化构建，它是形成两个半偶族太阳和母亲之区分的基础，它们分别具有对立的图腾：天空和土地，白天和夜晚；它还扩展到成年礼系统中的相互交叉的双重划分，其中某个半偶族的一半为另一对立的半偶族中斜对的那一半施行成年礼（参见第 279 页的图表 4）。

① 也许我们应当问，既然两种分裂演化的类型在欧洲社会都存在，那为什么对角线（即对称型）二元论思维对于我们会更困难呢？答案是，我们习惯于用成对的术语来思考互补型关系，但一般不把对立和竞争视作必然的成对关系。尽管我们的社会是建立在竞争和对立之上的，但缺乏双边性的对称关系。

这两种思维模式可能见之于所有文化的认知理式中，但我相信，各文化对二元论的两种类型的强调程度是有很大差异的。在雅特穆尔文化中，两种类型都得到了充分的发展。很难估计它们的相对重要性，因为对于欧洲观察者来说，对角线思维似乎更为奇怪并给人印象更深。我的印象是他们更强调对角线类型，而东部雅特穆尔人（明丁比特村、坦布南村等）较之中部雅特穆尔人（帕林拜村、马林盖村等）这种倾向更强。在明丁比特村，我收集到了两类成对排列的萨满神灵的名字清单。一类清单中，成对名字是由 240
兄长和弟弟的名字组成的，而在另一类清单中，它们是由成对的凯什（对立的配对者）组成的。在帕林拜村时，我试图收集同样的这两类清单，但我只收集到了以成对兄弟排列组成的名字清单，我的信息提供人说："是啊，东部人总是在谈论凯什；但我们不那样。"毫无疑问，帕林拜村和明丁比特村之间的这种认知理式-逻辑上的差异部分是由以往的历史造成的，有意思的是，东部人在地理上也更接近于巴纳罗人（Banaro）[①]和蒙杜古马人[②]的地区，人们在后两个族群中曾收集到最复杂的对称型亲属制度。

除了帕林拜村和明丁比特村之间存在这种一定程度的差异外，二元论的两种类型在整个雅特穆尔地区都有充分的发展；并且都能在纳文的型构中被辨识出来。一方面，我们看到了各种直线的认同：兄弟姐妹间的、父子间的、夫妻间的；另一方面，作为对角

① 瑟沃德（Thurnwald），《美国人类学学会论文集》（*Mem. Amer. Anth. Ass.*）第III卷，1916年。

② 玛格丽特·米德（Margaret Mead），《性别与气质》（*Sex and Temperament*）。

线思维的一个例子，我们又看到了姻亲兄弟间的整个关系模式，以及婚姻纽带的这两端在纳文中完美的反向对称，在纳文中，父亲的姐妹穿戴着男人的服饰，将自己认同于父亲，而母亲的兄弟则穿戴如女人，将自己认同于母亲。

当然，除了这两种，在雅特穆尔社会中还培育出了其他类型的二元论。在我们自己的文化中，我们有物质与意识之间的二元论，以及建立在人格的不同层面之对立基础上的其他一些二元论。不过就我所知，雅特穆尔人对这些二元论并不热衷；他们也并不特别强调基于精神气质模式的对立而产生的二元论。在一个每一性别都有其自身的精神气质的文化中，这或许是颇令人奇怪的。即使是关于“男性”准则和“女性”准则的普遍观念在图腾双重划分中也
241 只是个很微小的主题。太阳被人格化为一个男子，而属于母亲半偶族的月亮则被人格化为一个女人。母亲半偶族的最重要的标志是女阴（就我所知，它并没有被人格化为女性）。但这种类型的对立并没有被进一步强调，土地与天空都被人格化为男人。雅特穆尔人的思维通常会忽略那种揭示精神气质之本质分化的观念。他们中还从未出现过一个布莱克[①]；他们关于世界起源的神话强调的是天空和大地的**分离**，而不是强调各伟大的对立面的汇聚创造出了世界。事实上，他们几乎不具有将精神气质方面的对立与对角线二元论联系起来的倾向，所以我略带迟疑地将夫妻之间的认同归于那类以直线二元论为基础的事项中，而不是将其与姻亲兄

① 威廉·布莱克（William Blake，1757—1827），英国诗人、画家，有作品《天堂与地狱的结合》，探索两个极端对立面之间的关系。——译者

弟之间的认同归为一类。[①]

最后，在我们结束讨论直线思维和对角线思维之前，我们还要提到一点，即原始人和人类学家一样，倾向于混淆这两种思维方式。在一个典型的分类系统中，亲属称谓的分配是以同性别的兄弟或姐妹之间的认同为基础的。这样，对两个不同的人用同样的亲属称谓就成为一个强调他们之间的社会一致性的机制，但同样这种机制也可以用来强调基于对角线思维上的认同。因此，在新不列颠的苏尔卡人(Sulka)那里——我 1929 年曾在那里做了数月 242
的调查——用于亲生母亲的兄弟的称谓被扩展使用到对立半偶族的自己的亲生母亲的兄弟的对家(counterpart，*krus*)。在雅特穆尔系统中也能辨识出同样的现象，即父亲的坦宾延也遵循着不吃那个父亲的儿子所采收的食物的禁忌，而这禁忌主要是针对父亲的。

另外，直线二元论和对角线二元论的混淆还发生在图腾半偶族和氏族系统内。这一系统被认为是由一系列逐渐缩小的二分法构成的，但对于这些二分是属于直线的还是对角线的，人们并不很清楚。我已经论述过，两个半偶族之间的关系整体上是对角线型

---

① 这一段是在我认识到直线二元论等同于互补型模式之前写的，我没有改写它。我发现当我和其他人讨论二元论的类型时，他们常常会混淆对角线二元论式的几何对立和白天与夜晚之间形成的对立。我当时还没有形成明确的概念，但我确信那是一种误解，所以这一段主要是要说明自然界的对立是不包括在对角线二元论中的。我当时没有想到要像我现在这样从肯定的角度来说明此事，即说明互补的性质是包含在直线二元论中的。

其图腾系统中不太强调“男性”和“女性”的准则可能与以下事实相关，即这一系统反映的是社群分化为半偶族和氏族，而不是反映性别分化。

的。但成对的相关氏族则被认为是以成对的兄弟为源头而传嗣下来的，因此它们之间的关系被认为是直线的二元关系；这一观念也被扩展到半偶族中，因此太阳半偶族的人说他们是母亲半偶族人的“兄长”。①

我们可以说，成对氏族间的直线二元关系已扩展到了半偶族之间的关系上；我们也同样可以认为，两个半偶族之间的对角线二元关系已经影响到了氏族之间的关系。各个氏族的图腾祖先名单显示出其中大多数是相互模仿的。每个氏族都有其已被人格化了的猪、鹰、火、鳄鱼、礼堂和萨满神灵等；而且，似乎与对角线二元论相联的对称感在引导着各氏族相互模仿（也就是说，氏族之间的关
243 系虽然名义上是互补型的，并且是用“年长的”和“年少的”这种词语来表述的，但它在某种程度上又是以对称型对立为模式的）。

需要特别强调的是，雅特穆尔人处理直线二元论有一个特别之处（正是这一点，而不是其他任何细节，使我在“结语”中得出了“直线”二元论等同于互补型关系模式的结论）。任何事物或任何人都有一个兄弟（或姐妹），多音节的名字因此是成对安排的，每一对中，一个名字是另一个名字的兄长（或姐姐）。在可辨识出存在着直线二元论思维的整个领域，都伴随着这样一种概念，即一个单元是另一个单元的年长者。而在由对角线二元论形成的各人认同

① 我记得母亲半偶族的人也跟我说过，他们是太阳半偶族的“兄长”，但我的笔记里没有关于这一条的记录。也许他们这么说的时候，我没有太在意，把它当作某种夸口而忽略了。这很有趣，因为如果作为互补型关系标志的年龄差异成为了对称性对立的内容，这可能对于我们理解成年礼层级群体系统之转换成对称性对立的半偶族有所助益。参见夸什欣巴与基利马利的争吵（第 124 页），他俩是通过孩子们的婚姻而结成对称型关系的。夸什欣巴最后夸耀说他是基利马利的“兄长”。

的情况下，则不存在这类观念，这些人似乎名义上是地位平等的，并且他们通常属于同一性别；而那些直线认同的人则永远不会是平等的，必须在年龄上或者在性别上区分开来。

在不同性别的兄弟姐妹的情况中，则不强调年长，而是性别差异明显类似于年龄差异。一个姐妹，不管年龄大小，总是称呼她的兄弟为恩亚芒，而男人只用这个称谓来称呼他的兄长。但是在同性别的兄弟或姐妹间，恩亚芒（同性别中的年长者）和茨哈恩博（同性别中的年少者）这两个称谓都经常被使用。在名字系统中，有成对的男性名字，在多数情况下，也有相应的成对的女性名字，比如：

Mwaim-nanggura-ndimi （兄长）	Mwaim-nanggura-ndimi-ndjowa （姐姐）
Temwa-nanggura-ndimi （弟弟）	Temwa-nanggura-ndimi-ndjowa （妹妹）
⋮	⋮
（9 对名字）	（7 对名字）

年长与否通常是在同性别的成对名字中被提及，而在不同性别的成对名字中是被忽略的。

在直线二元论思维起作用的其他文化中，我们发现这种思维
方式会通过在神话中提到双胞胎来加以表现。但就我所知，雅特
穆尔文化里没有这种类型的神话。看来，相较于雅特穆尔人对年 244
长的强调，某些文化中对双胞胎的极度恐惧和不能容忍是在这方
面的更进一步发展。雅特穆尔人对双胞胎是容忍的，并没有对此
现象表现出很大的兴趣。不过，有一些神话提到了同名人（*oiseli*）

的观念。一个男人问遇到的另一个男人的名字，发现后者与自己同名。他接着问那人的父亲的名字，发现(就像名字系统理论上所要求的那样)其父亲与自己的父亲也同名。在神话中，同名的两人立刻会建立起友谊。但在现实生活中，他们似乎彼此不大关注。

现在我们从成对的认同或对立的问题转向更长的序列，在这里，我们会辨识出一种新的思维模式。雅特穆尔文化中没有首领制或等级制，只在三种语境下才会出现这种序列排列，[①]在所有这些序列中，第一、三、五之类的单位被归为一组，与另一个由第二、四、六之类的单位所构成的一组形成对比。存在这种模式的三种语境是：代际交替、成年礼层级交替和兄弟间的交替。

一个男人自己这一代、他的祖父辈和他的孙子辈归为一个被称为姆巴普马(字面意思是“行”)的群体，与此相对，他的父亲和他的儿子组成一个对立的姆巴普马。我已经提到过，这种隔代关系是与他们的转世观念联系在一起的，我在此只需再提一点，即一个男人可以称呼他的父亲的父亲为恩格韦尔(祖父)，也可以称其为恩亚芒(兄长)。这一将某人与其父系谱系上相差两代的、居于类似地位的亲属等同起来的现象贯穿于整个亲属制度系统；所以一个男人的儿子的妻子就是他的恩亚米(母亲)，而他的儿子的妻子的兄弟就是沃(母亲的兄弟)。

245 成年礼层级系统是这种交替模式存在的第二个背景，这里只能简略描述一下。

---

① 也有一到两个小的序列排列是不分级序的，如成排地种山药和房柱的排列。在这些事例中，不存在间隔归类现象。

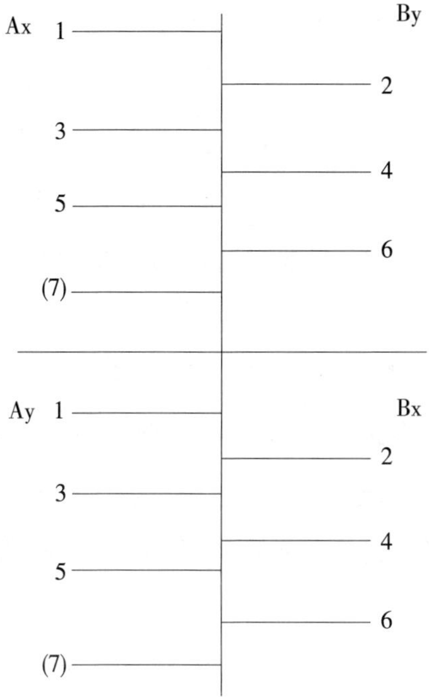

图表 4　成年礼群体示意图

两对交叉的半偶族被标记为 A 和 B 与 x 和 y。这样得到的四个部分就是 Ax 和 Ay，By 和 Bx。一个半偶族的成员给对立的半偶族的年轻人施成年礼。因此，Ax 的成员给 By 的成员施行成年礼。Ay 的成员给 Bx 的成员施行成年礼。每个四分之一部分又分为三个有名称的代际群体：1、3、5 和 2、4、6，这样，1 是 3 的父亲，3 是 5 的父亲；2 是 4 的父亲，4 是 6 的父亲。

这样安排的系统就造成某个半偶族（A 或 B）总是另一个的年长者。在图表中，A 是 B 的年长者。因此，A 中的每一个代际群体都略高于 B 中相应的群体。Ax_1 的成员已为 By_2 的成员施行过成年礼。Ax_3 目前正在给 By_4 施行成年礼。而 Ax_5 的成员在

不久的将来则要由 By_4 的成员来为他们施行成年礼。By_6 还都是些小孩子。同样，Ay_1 已为 Bx_2 施行过成年礼，照此类推。

随着时间流逝，Ax_1 的成员会死去，Ax_7 会作为新的一代出现。半偶族 B 就会成为 A 的年长者，他们的年长者地位会在某次争吵时由他们对自己的力量的展示而获得承认。然后 By_4 将开始给 Ax_5 施成年礼。

在这个完美的系统中，1、3、5 群体联合起来，与 2、4、6 群体形
246 成对立，后一群体在级别上是穿插于前一群体之间的，总比他们低半代。因此，在父系氏族中表现出来的代际交替的思维模式在这里显现为半代群体之间的交替，它们就像车轮的辐条那样交错排列着。

在整个系统中，每个层级都被说成是下一个较低层级的“兄长”。这样，1 是 2 的兄长，2 是 3 的兄长，诸如此类。这种用法就与此模式存在的第三种语境产生了关联。

在有很多兄弟的大家庭中，也会发现这种交替模式。他们的语言中有五个称谓（不是数字），分别用来称呼第一、二、三、四、五个孩子；在他们的父亲死后，他们在争夺自己都有份儿的遗产时，老大和老三会联手对抗老二和老四。我问起老五，人们说：“他那时还小，只能在一边旁观。”

最后，我还试图在另一种语境中去考察这种模式的发展，即在笛乐的结构中。[①] 成年礼笛子没有演奏者可以控制和改变音高的侧孔。所以演奏者只能局限于笛管所能发出的几个自然的和音。

---

① 《鹰》(*The Eagle*)，圣约翰学院杂志，1935 年，第 258 页。

一支笛子能发出三个八度音程中的七个音，但每个音之间的跨度很大，以至于用一支笛子吹不出任何曲子来。这一困难由一种交替方案克服了。笛子通常成对演奏，在每一对中，一支笛子的音调要高于另一支。在演奏中，这两支笛子之间的音高的差别就造成了一支笛子的和音有规律地穿插于另一支笛子的和音之间；这样，两个依次吹奏的表演者就能吹出简单的曲子。音高低一些的笛子被称为另一支的“兄长”，不过在作为图腾标志时，一对笛子是被看作一个单位的。

这种笛子的和音交错是否就是我们在此讨论的那种思维类型的另一种表现，这也许还要打个问号。但从代际间、成年礼层级间和兄弟间的逐次交替看来，这种现象在现实中明确存在。就我所 247
知，除了在一些小的方面——如一个男人的姐夫的父亲等同于其劳阿（参见第 25 页所述关于猪的分配）——之外，这种思维模式在纳文的形塑中没有起什么作用。我之所以比较详细地描述了这种交替式思维，是因为这种思维方式具有普遍性的影响，而且我认为其中结合着两种类型的二元论思维，即对角线思维侵入进直线认同和年长原则已然发挥作用的领域。因此，在成对兄弟间，只有后两个因素在起作用，而在更长的序列中，我们发现，对称型对立的原则破坏了这些序列。

在这样一种关联中，如果我们试将关于狄俄斯库里（Dioscuri）、卡斯托耳（Castor）和波吕丢刻斯（Polluk）的古希腊神话与雅特穆尔人的认知理式加以比较，会很有意思。狄俄斯库里是一对双胞胎，其中卡斯特是会死的，而波吕丢刻斯则是不会死的。会死的那个最后在一场战斗中被杀死，而他那不会死的兄弟则与宙斯达成和解，作为一项恩惠，后者准许他可以与他的兄弟分享他的永生。从此，他们各自隔天出现。[①]

天上那对双胞胎（双子座）的交替与雅特穆尔人中的兄弟间的交替和成年礼层级间的交替之间的类似很是引人注目；但我们应该谨慎去探究这其中的意味——如果它包含某种意味的话。首先，从社会学和精神气质学的观点来看，这两种文化的认知理式之间的类似显然不具有什么意义。它更不可能意味着这两种文化有任何历史关联。这两个系统间的类似只是体现在一个经严格限定了的界限内，我们在归纳结论时，没有权利越出这个边界而进入历史的、社会学的或经济学的领域。我们不能草率地从认知理式方面的类似推导出，古希腊人与雅特穆尔人的兄弟间的关系在任一
248 文化行为模式中都是相似的。显然，同样的认知理式在两种文化中会通过很不相同的行为方式表达出来。

我们唯一能得出的结论就是，类似的思维模式既存在于古希腊文化中，也存在于雅特穆尔文化中，我们还可以指出，这些思维模式在这两种文化中都是通过兄弟关系的语境表达出来的。除此之外，我们得不出更多的推论。不过我认为，如果我们能严格区分开认知理式的、精神气质的和社会学的观点，从而使我们能在更大程度上比较不同文化中的细节，那还是颇有价值的。迄今为止，我们还没有任何等值标准能指导我们确定可以在哪些方面进行比

① 这个神话还有其他版本，但其他的版本与雅特穆尔文化中的交替思维的可比性不大。例如，有的版本说，波吕丢刻斯被允许白天与众神生活在一起，晚上则在地狱里与他的兄弟在一起。

较，以及基于所发现的相似之处可以得出哪类结论。

我的主张是，如果我们能够训练自己每次都严格地按照某一种社会功能或文化功能来思考问题的话，我们最终就能够自由地比较不同文化中的细节，并明确地知道我们正在比较什么，以及我们能从这种比较中得出哪类结论。我们的结论确实在范围上很有局限性，以至于它们看上去似乎没有价值，但它们至少在一点上是有价值的，即进一步提出问题。尽管在认知理式方面的结论不能解释文化行为的其他方面，但它们至少可以提出问题，而要回答这些问题就必须从其他方面进行探究。在两种不同的文化中考察其类似的认知理式可以很好地激发对相关人群的社会学或经济学的考察。

还有一个很值得考察的比较点是雅特穆尔人的亲属制度系统与澳大利亚土著、安布里姆人（Ambrym）等族群中的阶级系统之间的类似。在所有这些系统中，我们都能够辨识出对角线二元论思维和直线二元论思维，并且我们在其中都能发现对代际间隔交替的强调。不过，澳大利亚土著的系统和雅特穆尔人的系统之间的一个显著差别是，前者是*封闭的*。一个澳大利亚土著人的社群
被分成固定数量的组群，关于哪一组应该跟哪一组结婚，哪一代应 249
该跟哪一代结婚都有规定。雅特穆尔人的系统则不是这样，尽管雅特穆尔人有比较严格的艾埃婚制度，但他们的系统不像澳大利亚土著人那样是封闭的。这里，我认为我们触及了雅特穆尔人思维中的一个重要的主题：这些土著人不是将他们的社群视为一个封闭的系统，而是视为一根无限扩展和分叉的树干。一个氏族会逐渐增大，然后再有分支；一个村庄也会逐渐扩大，然后它会衍生

出新的聚居区。雅特穆尔人对社群的观念可能与封闭社群的观念不同，他们认为社群是一种持续分化的东西，“就像莲花的根茎”不断发出新株一样。

我们有必要再考察一下澳大利亚土著的亲属制度与雅特穆尔人的亲属制度的另一个不同之处。从对澳大利亚土著的亲属制度的记录来看，他们似乎认为亲属称谓的分配是由社会群体的系统决定的；事实上，在澳大利亚，类分性亲属制度是**真正类分的**。与此相对，雅特穆尔人对亲属称谓的使用是基于家庭自身的**扩展**。我们这里关注的问题不是在遥远的古代，这一或那一称谓是如何被用于称呼这一或那一亲属，而是关注一个纯共时性的问题，即现在人们在对各类亲属分配以各种亲属称谓时所运用的思维方式；很清楚，在一个类分系统中，人们的思维或是从社会群体推论到家庭或是从家庭推论到社会群体。至少是有些社群会采用其中一种方式，有一些则采用另一种方式。对于雅特穆尔人而言，我认为他们是在扩展的基础上而不是在类分的基础上来分配亲属称谓的。

这是个在人类学圈子里讨论得很多的问题，看来人类学家有的倾向于这一种思维方式，有的则倾向于另一种。探究土著人在这方面是否也互有差别是很重要的。看来有些文化偏向于归纳法思维，有些则偏向于演绎法思维。

250 如果原始人当中也存在着人类学家的思维方式的话，那么我们将怎样来评价本书所倡导的各种思维方式？在这一阶段，我们返回到我们已经构建起的系统，考虑一下如果按照土著人的认知理式，它意味着什么，这样做可能会颇有收获。我们已经证明了一个事实，即任一行为都是与以下方面相关联的：(a)作为整体的社会,(b)个人的情感,(c)个人的思维;而且我们已经将自己训练成依照这些相关形式分别进行思考。除了这些相关形式外,我们还需要考察其他一些方面:其中一个重要的方面是我们应该既将整个文化看作一种指向物质资料的生产、分配和消费的机制,又将文化看作一种模塑个人之个性的机制。

我现在要说的是,土著人自己也或多或少意识到了他们行为的这些不同方面,各种文化的不同在根本上是由于个人的意识中对这一或那一方面强调的程度不同①。

如果我们问一个人,他为什么以某一特定的方式行事,他可能给出的答案不外乎以下五类,他会说:

1."这种行为能提高社群的福祉。"这是在用社会学的术语回答我们的问题。

2."这种行为是惯例,是传统,它与其他行为是协调的。"这是在用结构化的术语回答我们的问题。

3."这种行为给了我某种情感上的满足",或者"它使其他人情感上得到满足或感到不满,而我喜欢这种结果"。这是在用精神气质学的术语回答我们的问题。

4."这种行为能够提供这种或那种有用的东西。"这是在用经济学术语回答我们的问题。 251

5."这种行为可以训练我的脑子或其他人的脑子",或者"我

① 在何种程度上这种标准化类型应该被视作精神气质还是认知理式,这或许是有疑问的,但我不认为这个问题在目前会对我们造成实质性的困扰。也许应该引进其他一些术语来指称不同类型的标准化,但与其相关的各种表现目前还没有得到充分的考察,因此也就不足以引进新的术语。

从小就这样做”。这是在用进化论的术语回答我们的问题。

但是，正如我们已经看到的，不管怎样，从前三种视角来看，所有这些相关方面实际上在所有行为中都有所表现。

于是，我们必须确定的问题是，假使以上诸方面都存在，个人能在同等程度上意识到它们吗？我要指出的是，在不同的文化中，这些不同的方面是以不同的程度被强调的，而不同人的个性中显现出来的深刻差别则是与他们主要意识到的行为的这一方面或那一方面相对应的。

不过，在考察这一问题时，有一点必须特别小心。读者应该已经注意到了，要从一种思维方式转向另一种思维方式是需要一定的智力技巧的，而且我们自己往往更习惯于按照其中的某种视角进行思维。我自己，至少在我能意识到的层面，更倾向于用结构化的术语进行思维；在评估雅特穆尔文化对这些不同的思维方式的强调程度时，我可能已经受到了我这一偏见的影响。有可能我在询问我的信息提供人时，我的问题表述就表明我希望获得结构化角度的回答。

我们已经看到，在雅特穆尔文化中，社会学的种种概念通常是由象征词语表达出来的。社群的幸福与繁荣被描述为一些被称作姆布万或科普的神灵存在；村庄的战斗力是由鹰来象征的，成年礼层级的团结则由鳄鱼来表征。

当地人在说到复仇制裁时提供了一系列更为有趣的社会学式的和其他形式的表述(参见第 66 页)。我们已经看到，关于这问题有各种表述。我们首先听到了关于恩格拉姆比的一些表述，它是一种黑云，飘浮在有罪之人的房子上面，会导致他的亲戚生病。这

种表述将有罪者的整个亲戚群体松散地包括了进来，可以将其看 252
作社会学式的表述。其次，我们听到了关于瓦甘的表述，这也可以看作社会学式的表述，它区别于第一种表述之处在于，它所象征性地表现的群体团结不是侵犯者的亲戚群体之间的团结，而是被侵犯者的氏族内的团结。是这一氏族的瓦甘在报复对其成员的侵犯。再次，我们听到了关于个人复仇（即同态复仇）的表述。在这里，事件只是被简单地表述为个人的情感和动机，以及相应的行为，而更具社会学意义上的表述所具有的象征特征则消失了。

在所有这些社会学式的表述中，我们可以辨识出一种思维体系的发展，它很切合于涂尔干提出的宗教理论；而且我们可以设想，因为社会学式的表述倾向于是象征性的，所以这不是雅特穆尔人有意识地强调的行为方面。

有趣的是，这种关联让人想到，在现代欧洲的“极权主义”共同体中，例如法西斯主义共同体，以前几乎被忽略的行为方面现在则被所有的宣传所强调。个人被塑造得越来越倾向于从自己与国家关系的角度来看待自己的行为。从国家的角度对社会学动机有意识的表述似乎要取代以前从神的角度对此问题的象征性表述。

另一方面，在我看来，结构式的表述在雅特穆尔文化中有更多体现。沃被明确指称为母亲，他的很多行为在当地人看来都是与这个重要前提相一致的。还有大量的文化行为被当地人视为“传统的”，而我认为，这可能是对结构式观点的一种表达。这其中并不包含着复杂的三段论：我们只要想一想，这就相当于说，之所以做一件事，是因为人们以前一直这么做。不管怎样，这毕竟是一种具有结构一致性的表述。

253 雅特穆尔文化的另一个也许是结构性思维表现的特征是，土著人倾向于引用一些简练的套话。“她是个好女人”——所以族内人娶了她。我不是很清楚这类表述在何种程度上是套话或格言。但我的信息提供人在说出这些语句时的语调很不同于他们在陈述行为动机时的语调。

雅特穆尔人关注行为之结构性层面的另一个例子还表现在他们在描述其婚姻系统（第 108 页）和图腾名字清单（第 148—149 页）时，经常强调其直观和明晰。

我们也许会猜测，这种对结构性视角的强调是与以下因素联系在一起的，即我们已经了解到的雅特穆尔男人的一个特征——他们缺乏平和的情感；如果这种关联成立的话，那么对世界的结构性视角就可能是克雷奇马尔称为分裂演化之综合症候中的一个重要行为表现。这样就又提出了一个问题，即在强调某种观点的人格与强调另一种观点的人格之间发生分裂演化的可能性。

另一方面，有关情感的表述在雅特穆尔男人中很少见。我能想起的仅有的两个例子是对不愉快情绪的表述——恩格拉恩加（*ngglangga*）和基安塔（*kianta*），前者指的是一个男人的自尊心被伤害了时的情感，或许可以译作“自尊受损”（*pique*），后面那个词指的是妒忌。这两个词偶尔会用于解释行为的原因，但我从来没有听过他们在解释行为细节时提到过愉悦的情感。沃威阿库格瓦（*wowia kugwa*）这个表示“相爱”的词，几乎只在女人中使用，女人使用情感性表述来解释行为的原因的频率似乎远远大于男人。

经济学的表述在雅特穆尔文化中不太常见。但是，尽管每一笔新娘礼金都被记录了下来，尽管雅特穆尔男人在讨价还价方面

很有能耐，但在这种巴布亚新几内亚人的文化中对经济方面不是 254
特别强调，而后者是多数美拉尼西亚文化的典型特征。货币、交易和积累财富完全不是雅特穆尔人的重要关注对象。考察一下文化上对行为的情感方面的强调与精神分析术语所称之为肛门型人格类型之间的联系，或许是很有价值的。

土著人也许会采用的另一个观点是历法（calendric）观念，不过这只是我的一种实验性提法。我自己对时间的理解就十分有限，所以我几乎完全没有调查雅特穆尔文化的这一方面。尽管如此，我的印象是，雅特穆尔人对行为的这一方面很少强调。一个地位极重要的人——由他来决定某个特定仪式何时举行——偶尔用很含糊的语句跟我说起过瓦甘和姆外仪式的周期，有一两次我试图弄清楚这些周期，但始终没达到目的：我的信息提供人似乎对此意见不一。即使是在讨论月亮历这样的主题时，我的信息提供人都显得不大有兴趣，而且显然对此一无所知。这方面的困难在于，其日历并不纯是以月亮为基准的，还与水平面相关。通常一年包含着 12 个月亮，其中 5 个是高水位月亮，5 个是低水位月亮。这两组月亮中间都有一个过渡月亮。但因为河水的涨落是非常不规律的，我的信息提供人通常弄不清楚某个特定时间是属于哪个月。当然，365 天的一个天文年大约有 13 个阴历月，而雅特穆尔人认为一年只有 12 个月，所以他们永远不可能依照月亮来精确地确定日历。

通常男人的工作似乎并不太受一天的时间的控制，即使是最重要的仪式也会以某种极其奇怪的方式推迟。晚上举行的仪式通常要在月圆时候举行，但经常会从一个月圆之日推迟到下一个月

圆之日，有时候这一推迟会妨碍舞会的举行，因为河水涨起来了，
255 跳舞场浸满了水。在这种情形下，人们会在独木舟上搭起台子供跳舞者使用。

我已经说过，精神气质和认知理式分别是人格中情感方面和认知方面的体现，但还有必要强调一下，人格的其他方面也会被标准化，我们在这里简略考察一下其他一些方面：

1. 阿波罗型和狄奥尼索斯型。本尼迪克特博士[①]描述过两种可能出现的、成对的、极端的人格变体，并且展示了这两种极端人格会在文化中被标准化。不过我们还不很清楚，她所称之为阿波罗型和狄奥尼索斯型人格的行为表现如何与精神气质和认知理式联系起来。我个人的印象是，在阿波罗型人格中存在着一种标准化，这种标准化是与对感情和情绪的多种组织化类型结合在一起的。但是，除非我们能在这种分离现象与其他心理现象之间建立起恰当的关联，尤其是我们对意识有了更多的了解，否则我们不可能更精确地界定这一对对立的人格变体。

2. 速度。在国外游历过的人通常会有这样一种印象，即较之观察者本人所在的社群成员的反应，异域的人们的反应会显得或更快或更慢，或更机敏或更迟钝。这一印象毫无疑问是由于相关人格的文化标准化形式不同，这是很值得研究的。例如，我们还不清楚，文化是否会影响人们的反应时间。

3. 稳定。有些文化中的人似乎非常小心地避免受到或让别人受到突然的情感冲击。林格伦小姐告诉我，在蒙戈尔人（Mon-

① 《文化模式》（*Patterns of Culture*），1935 年。

gols)当中,如果某个人带来了令人激动的消息,即使这个消息本身是需要人们立即采取行动的,报信人也要过一会儿再发布这个消息。看来各文化在对个人适应性方面的要求上差异甚大,因此,去考察某个灵活变通之人在一个特别强调稳定持续的文化中的地位,以及某个情感固化者在一个强调灵活适应的文化中的命运,将 256
具有重要的意义。

4. 最后,我们还应该记住,本书只是对雅特穆尔文化的一个共时性的描述,而个人和文化还可能依据他们是将世界看作过去的产物还是当前的一种运行机制而呈现出不同程度的多样化。

目前,我们所能做到的只能是指出还存在着其他诸如此类对人格加以标准化的类型,但在其文化背景下对这些心理现象加以研究可能会有助于我们理解这些现象本身;而文化人类学也有可能对个体心理学的相关问题作出重大贡献。这两方面任一问题的研究进展都会促进对另一问题的研究,而人格的文化标准化这一概念是连接它们的桥梁。

第十六章　1936 年后记

257 本书的写作是关于人类学材料之处理方法的一项实验，或者说是一系列实验，我还需要报告我是如何展开这些实验、如何评价我所采用的方法，以及对我视为最重要的那些结论是如何加以强调的。

我的田野工作是零碎而不连贯的——与其他人类学家的田野工作相比，恐怕更是如此。不管怎样，我们开始为此不可为之事，即在几个月的时间内收集关于一种异常复杂和完全陌生的文化的材料；每一个真诚的人类学家在回到英国后都会发现自己的田野工作存在着严重的缺失。但我的情况更糟。一般的人类学家都会对他所研究的文化的某一方面有明确的兴趣，不管其兴趣是历史重构、物质文化、经济还是功能分析，他至少可以收集到贯穿他的观点的、足够写一本书的材料。但我在田野中时还没有这种兴趣指引；我以前（现在仍然）对历史重构表示怀疑；我那时不认为（现在依然如此）正统的功能分析能达致什么成果；最后，我自己的理论取向（《大洋洲》（*Oceania*），1932 年，第 484 页及以下各页）太过笼统，被证明在田野中派不上用场。

我不十分清楚我为什么就该研究这个问题而不是那个问题。当信息提供人告诉我一个关于巫术和谋杀的故事时，我不知道接下来该询问什么——这与其说是缺乏训练还不如说是过于陷入怀疑主义。因此，除了在收集系谱关系和亲属术语时的标准程序之外，我通常会让我的信息提供人随意从一个主题转向另一个主题，或者问一些当时我脑袋里冒出来的问题。偶尔，我会让一个信息 258
提供人回到先前的某个谈话主题中来，但我那时就应该清楚，我对某些主题所给予的特别关注是没什么理论依据的。

这种方法，或者说缺乏方法，是很不经济的，但也有好处。比如说，我知道了土著人是如何看重他们庞大的图腾名字系统的；而我并不是从乏味的陈述中，而是从应我的信息提供人的要求逐字记录下几千个名字的奇特经历中认识到这一点的；而且，当我要从我的塞满了名字的笔记本中找出有关偏好类型的信息时，这种痛苦经历也让我更加深了这一认识。

阅读本尼迪克特博士的《文化模式》的部分手稿——此事在前言中已经提到——以及与福琼博士和玛格丽特·米德博士的交谈，使我隐约意识到一条关于我要在人类学中做什么的线索。在我离开新几内亚之前的三个月中，我试图循着这一线索进行考察。我终于认识到了田野工作方法的重要性，在最后那段时间里，我努力去弥补我那些笔记中的缺陷，它们记录的是一些泛泛的主题。我认识到了两性间精神气质对立的意义，但那时我还没有设计出一种专门的、适合于这种精神气质研究取向的考察方法。直到回到英国后，我才认识到观察一性别的人对另一性别的人的行为的反应，以及收集当地人对偏好类型的陈述的重要性。当我的信息提供人告诉我，沃林-恩丹布威有个大鼻子（参见第 188 页），我记下了他的表述，但没有意识到这个文化细节会有什么特别的意义。

我在此强调我的田野工作是缺乏方法的,那些可能指责我"选择事实来切合自己的理论"的人该得意了。当然,这种选择发生在我从笔记本中提取材料的过程中,但这一过程是在英国进行的。而实际上这些事实是在随意中记录下来的,那时我根本就没有想到精神气质、认知理式和分裂演化。我现在之所以强调这些,是因
259 为如果我在田野调查时试图选取某些与我的问题相关的事实,那么这些材料对我之后的工作是全然无用的。

当我开始要把我的观察拼成一个连贯的叙述时,我所面对的是一大堆零散的、互无关联的材料。例如,我有很多关于巫术和报应的故事,但没有一个可放进对亲属制度、技艺、情感态度等相关事实的系统研究中去。当然,我所收集到的也并不是完全相互孤立的事实,只是这些事实都是一小束一小束的:有些事实是基于历时的基础,有些则基于结构性的基础,诸如此类。没有一个组织体系能贯穿所有材料,我的各种事实集束大都是按照我的信息提供人的观点归类的,所以材料的各种分类是建立在土著人的思维而非科学的思维之上的。我必须要从这些材料中构建出一个对雅特穆尔文化的描述。在此诸种前提下,如果我还成功地展示出了此文化的某些内在一致性,这便最好地证明了我所运用的分析方法的有效性。

此书是经过了怎样的种种步骤而逐步成型的,对此的说明可以作为我观点的一个总结;而记录下我在此过程中所犯过的错误,也许会对这条道路上的后来者有所助益。

帕林拜村举行的纳文中有一个细节给我留下了深刻的印象。我以前见过着男装并为所穿戴的男性服饰而自豪的妇女,甚至还

发表过一篇有关明丁比特村的纳文仪式的文章，但我以前从没有见过着女装的沃。我以前从来没有认识到这是一个逗乐的角色。我以前关于纳文的精神氛围的整个印象是错误的，虽然人们告诉了我纳文中的种种仪式行为，但我对那些行为的情感方面毫无所知。

虽然我还不知道这意味着什么，但我知道，沃的滑稽表演已经改变了我对纳文的整体观念；而且，如果这样的话，那么男人穿着邋遢的女装与女人骄傲地穿戴着杀人者的服饰之间的对比就肯定在某种程度上包含着理解雅特穆尔文化的重要线索。我的思维方式发生变化始于我在原来纯粹的一板一眼的正式描述中掺入了对情感的强调，由此我逐渐确信，精神气质是一个重要的**因素**。 260

回到英国后很长时间，我才从照片上发现，女人装饰着通常是男人们佩戴的那些饰物参加公共典礼，这一发现使我想到了其与时髦的女骑手之间的类似，并使我发展出在第十四章中提出的关于雅特穆尔人男女易装的理论。

我还不能判断此理论的可靠程度，但我是非常严肃地提出来的；尽管这一理论在全书中只是一个很不重要的细节，但我还是对它怀有特别的感情，因为本书的整个综合过程都是从这一细节上发展出来的。在 1934 年的国际代表大会上，我在社会学分会上宣读了一篇论述雅特穆尔人的男女易装的论文。在文章中，我简要论述了纳文仪式和雅特穆尔文化中两性的精神气质。我觉得我已经相当完满地解释了纳文仪式的各种奇特细节，而且直到现在我仍然确信精神气质是至关重要的一个要素。

代表大会之后，我开始着手修改这篇论述男女易装的小文章，认为值得发表它，并觉得我以后可以将这篇文章作为一本论述雅特穆尔文化的专著的框架。但在修改过程中，我加进了一种又一种的方法取向，这篇文章的内容不断扩充，终于成为现在这本书。现在它的目标已不再是提出一种关于雅特穆尔人男女易装的理论，而是要提出关于人类学问题的几种思维方法。

我所遇到的第一个困难是关于雅特穆尔男人穿围裙而女人穿裙子这一事实。我认为我的精神气质理论在解释仪式性的男女易装时是颇为完满的，但我不能解释一个简单的情形，即在更为日常的场合，两性都穿着各自特定的服装；而男女易装行为要在文化中发挥作用，这种日常着装的分化显然是必需的。但这个问题并没有太困扰我，而且我很快就不再考虑它了。不同性别的人应该穿不同的衣服，这是此文化中的规则，是一项“公式”。事实上，我干
261 脆利落地打发掉了这个问题，以至于我在这本书中根本就没有提到这一明显的事实，即男女两性的着装区别是“激发”男女易装的一个因素。

我提出的一个更严肃的问题是，为什么是母亲的兄弟，而不是父亲，来表演那些滑稽动作。我又一次求助于“公式”和“结构”这类术语。按照各种公式建立起来的亲属关系系统是社会结构的一部分，而纳文是“建立在”这一结构之上的。似乎还存在着另外一种被称作“结构”的“东西”，在文化中发挥作用。

在我看来，精神气质包括偏好类型和情感表达行为，而结构则包括亲属关系系统和其他“公式”。如果一个男人责骂其妻子，他的行为属于精神气质；但如果他娶了他的父亲的姐妹的女儿，这就是结构。我还进一步将结构视为一个路径网络，它引导着精神气质，又受其影响（参见第 142 页的脚注）。现在回想起来，我简直不敢相信，我曾经沿着那样的思路思考并且用过那样的比喻；我发觉

我没法不带着讽刺的语调来描述我的这些早期想法。

我花了很长一段时间来摆脱这些错误，在这之前，我尝试过其他方向。我在我的文化分支清单上加上了我过去经常称之为“实用功能”的一项。这是“个人需求的满足”和“社会的整合”的一种混合体。之所以会将这两类社会功能混在一起，是因为我将两种几乎不相干的因素，即沃所需要的效忠和这种效忠同时有利于社会的整合，搅和在了一起。我那时仍然认为，精神气质、结构和实用功能是文化可以细分出来的几个类别；我甚至在开始写本书的最后一章之前，还没有逃离这个泥沼。

在这一章中，我试图考察这些文化分支之间的内部关联。我发现，我并没有给出区分这些文化因素的明确标准，从而使我可以将归为精神气质的东西从那些我归之为结构或实用功能的东西中区分出来。我开始怀疑我的分类体系的有效性，并做了个实验。
我选择了三个文化事项：(a)沃送食物给劳阿，实用主义事项；(b) 262
一个男人责骂他的妻子，精神气质事项；(c)一个男人娶他的父亲的姐妹的女儿，结构性事项。然后我在一张大纸上画了有九个方格的表格，三行三列。水平栏中排出我列出的文化事项，垂直栏中列出我分出的类别。然后我强迫自己设想每一文化事项都可以归于每一种类别中。我发现这是能够做到的。

我发现我可以从结构的角度思考每一个文化事项；我可以将每个事项看作与一套和谐统一的规则和公式[①]相一致的现象。同

① 我在后文中将放弃使用这种关于文化结构的教条式用语，而用**前提**这一术语来代替规则或公式，后者强调文化结构的**和谐统一**的本质，而忽略诸如文化结构是如何实施、它是否能被当地人清楚地表述出来这类问题。

样，我也可以将每个事项看作“实用主义的”，它或者满足了个体的需要，或者有助于社会的整合。同样，我还可以从精神气质的角度将每个事项视作一种情感的表达。

这一实验可能看上去很幼稚，但对我来说很重要。我之所以详细地叙述此事，是因为也许会有一些读者还倾向于将“结构”这类概念看作在文化中“相互作用”的各具体部分，他们很难（我也是）将这些概念视作只是对某些或为科学家或为土著人所接受的观点的一种标示。我们也可以对诸如经济制度、亲属制度、土地所有制这类概念进行类似的实验，结果会是很有启示意义的；甚至像宗教、语言和“性生活”这类概念都不能确切地作为行为的类别，而是应该将它们看作一些标签，它们标示着某些观点，人们以此为基点来观察所有的行为。

我们还可以用科学家所接受的观点，或者从行为的某些方面，来重新表述这个问题。我们必须认识到，每一行为单元都有其精神气质的、结构的和社会学的意义。①

263 这就意味着我必须清楚地认识到，精神气质和结构这类提法都只是一些不同的视角或文化的不同方面，因此要在每个行为单元和土著人的每个陈述中去寻找所有的这些方面。但这仍很困难。首先，将具体性（concreteness）赋予现象的各方面这一思维习惯是很顽固的。怀特海所揭示出的这一谬误已然是——当然是从

① 如果不是受怀特海的启发，我不会发现“错置具体性”（misplaced concreteness）的谬误；而且，如果没有和沃丁顿（C. H. Waddington）的谈话——这些谈话在我意识里播下了怀特海哲学的种子——我也永远解决不了这一问题。

古希腊哲学时期以来——欧洲认知理式的一个重要原则或主题。我花了一年多的时间来脱离这种思维习惯，即使这样，也只是部分脱离，我担心，尽管我作了大量的修改，本书中的很多段落可能依然或多或少地受到了这种思维习惯的影响。

另一个困难是如何使我的各种视角相互区别和独立开来。我总是会在写作某一章时从这章所运用的视角上游离开来，然后就发现，比如说，我在论述精神气质的那章里插入了一段结构性的表述。有个例子值得一提：我对小礼堂中那场关于亵渎行为的争论气氛（参见第 119 页）印象很深，而在我细究这场争论的过程中，一个事实逐渐显现出来，即在一个成年礼层级内部不会有严厉的制裁。我将这看作一个极其重要的事实，我做了条注释，标明这种内部制裁的缺乏应该插入到描述礼堂中的精神气质的章节中去。我后来将关于此事所写的几页内容插到了那一章中，直到我重新阅读文稿，我才发现这几页内容完全是社会学的。后来它们就成了从社会学角度进行论述的那章中第二部分的核心内容。

这个例子有助于展示出错置具体性会如何混淆各个相互区分的方面。我的思维序列，尽管没有明确表达出来，但大概是这样一种走向：这场争论的气氛让人印象深刻；这场争论是“纯粹的精神气质”；所以我从这场争论中得出的结论也属于精神气质方面的论述。

另一个困扰我的问题是，如果土著人自己也像西欧人一样，在 264
经济制度与法律之间作出了区分，并将其视为文化的各分支部分而不是文化的不同方面，我是否应该接受他们这种观点并采用他们的分类。后来当我在思考雅特穆尔的认知理式问题的时候，我突然想到，我们应该去探究世界上的各种文化对我所提出的这些思维方式是如何标准化的：当我认识到人们有时会用结构性的思维想问题，有时则按照经济学、精神气质，或者社会学的方式想问题，之后我便明白了，我不必再为当地人的文化分支观念而烦恼。我有正当的理由认为每个行为单元中都会表现出所有的方面，而当地人在某个既定情境中只意识到其某个方面，这一事实可能正是我们在对其文化进行认知理式考察中很有意义的一个要点。

从错置具体性的谬误中摆脱出来，对我来说是个巨大的进步，我希望我对自己曲折的思考经历的记述能有助于其他人更清晰地了解自己所遇到的问题。从那时起，我提出的抽象体系的构建就成为相对简单的事了。不过，即使只是为了彰显其他一些人的贡献，我也还要在此提及此过程中的另外三个步骤。

将社会学从我的“实用功能”杂货堆中分离出来。这应该归功于拉德克利夫-布朗教授。我在芝加哥将我的一份关于抽象系统的纲要给拉德克利夫-布朗教授看，他注意到我是在与他所用的不同意义上使用“结构”这一术语的；他用此词指社会的结构，而我用它来指他建议称之为“文化结构”的东西。循此思路，我将我的“实用功能”分解成两个独立的抽象概念：“社会学”（在这个术语的严格意义上）和我称之为“动机”或“行为中的精神气质表现”的东西。

将认知理式和精神气质分离开来。这是因为在定义文化结构
265 时使用“逻辑”这一术语使我感到有些尴尬。在不同的文化中我们肯定会发现不同类型的“逻辑”，对此我认为有必要用一个脚注加以解释，在写这条脚注时，我意识到我应该尽可能全面地描述雅特穆尔文化的逻辑，这是此文化的一个重要方面。于是，我原来所表

述的“精神气质”就分为了两个主要的抽象概念：精神气质和认知理式；这二者相互关联，就如行为的情感方面与认知方面是相互关联的。于是我放弃了在原来宽泛意义上使用“精神气质”这一术语的做法，我原来用它来涵盖文化中所有那些弥散性特征，它们可以归结为个人的标准化，而现在我采用本尼迪克特博士的术语“构型”(*configuration*)来指代这一宽泛的意义。本尼迪克特博士在谈话中也同意，她最初使用这个术语时，就是想用它来涵盖对个人的很多不同方面的标准化，而且应该有一个普遍性的术语来便利地指称文化的所有这些方面的结合。

遗憾的是，虽然“逻辑”这个尴尬的词引出了认知理式的概念，但设计出这一概念实际上根本没有减轻使用“逻辑”这一术语时的尴尬。我认为这一点恐怕是我的系统阐述中最薄弱的一环。我只是指出了文化结构是行为的一个重要而独立的方面，但我至今还不能用这一观点对文化的统一性特征作出确切的表述。

与这一难题密切相关的是如何区分人格中的情感方面和认知方面。我知道心理学家现在倾向于对情感和认知这类术语持怀疑态度，但我仍然希望，如果我们首先将这些术语看作行为的某些方面而非行为的类别，然后再比较不同文化的精神气质和认知理式，最后也许我们能够达到对思维和情感的更深入的理解。

分裂演化。这个概念是在与玛格丽特·米德博士和福琼博士的多次谈话中很缓慢地形成的。米德博士贡献了一个非常重要的思想，即互补型精神气质的思想。但在我回到英国后的很长一段时间内，我依然是按照静态的术语，比如说精神气质类型或人格类型，来思考各种现象。我过度沉浸于类型心理学的结论。后来我

266 逐渐认识到，如果雅特穆尔文化中两性的精神气质之间存在着这种互补关系的话，那么从这种关系状态的这一特别本质来看，每一种精神气质必然会对另一种精神气质产生某种形塑或指示作用。正是从对问题的这种具体表述中发展出了互补型分裂演化的概念。

后来，通过与艾伦·巴洛（Alan Barlow）关于欧洲政治的谈话，我发展出了对称型分裂演化的思想。关于这些过程的那一章是这两种思路结合的结果，同时这个混合体又包含了一点儿黑格尔辩证法的因素。

以上这几个阶段引导着我逐渐区分开五种研究社会中人们的行为的主要视角：结构的（和认知理式的）、情感的（和精神气质的）、经济学的、发展的和社会学的。我没有给出发展的方法和经济学方法的例子，但我试图从其他三种视角的每一种出发，分别给出一个关于雅特穆尔文化的略图。结果是，在每一章中，根据所采用的方法，文化的不同部分被排列在一起。在结构分析的那章里，文化中极其相异的各种情境被排列在一起，以展现与母亲的兄弟的纳文行为相关的各种等同。在社会学分析的那章里，我们看到，纳文仪式与婚姻系统被放在一起比较，后者被视作庞大的社会整合机制中的一部分。在精神气质分析的那章里，我将日常生活、猎头和成年礼等各种情境中雅特穆尔人的典型情感表达汇集到一起，由此赋予纳文中不同亲属的行为以特定的情感价值。最后，在论述雅特穆尔人的认知理式的那章中，我将雅特穆尔人的图腾系统模式、成年礼层级，甚至是笛乐排列在一起，给出了一个关于雅特穆尔人的思维方式的描述。实际上，不管我们使用什么方法，我们的材料都是同样的，包含着雅特穆尔人行为的有规则的全部多样性。

尽管不论我们要研究文化的哪个方面，我们的研究材料都是 267
同样的，但这并不是说按照何种顺序考察不同的方面是无关紧要的。在赋予纳文行为细节以情感价值时，我坚持认为，除非我们已经研究了整个文化的精神气质，否则这种赋予价值的做法就是危险的。因此，关于雅特穆尔人精神气质的普遍描述必然要先于我试图分析纳文中不同亲属的情感的那章——即使在这方面我颇为谨慎，但这章恐怕还是全书中最不令人满意的一章。

在研究雅特穆尔文化的逻辑时，我采用了完全相反的顺序安排。我首先勾勒了作为纳文仪式之基础的前提，然后才给出一个关于雅特穆尔人认知理式的概括描述。因此就必须提出一个问题：如果我们不能够在研究过整体精神气质之前就推测动机，那么我们能在对一种文化的认知理式作出概括之前就将行为归因于一些特定的前提吗？

我认为这个问题相当重要，要回答这个问题就要对人格的情感和认知两方面之间的关系进行深入的思考。目前我只能提出两个可能的答案：我不得不采用的论述顺序可能是我自己的心理状态造成的，也可能是我的信息提供人的心理状态造成的。我说过，在我自己能意识到的心理发展过程中，行动的结构性和逻辑的方面较之情感的方面显现得更为清晰，我相信对于雅特穆尔男人来说也是如此。如果这一观察是正确的，那么我在将情感价值赋予行为细节时，我是在推测更为无意识的过程，因此我所需要的支持材料只能由关于雅特穆尔人精神气质的先期研究来提供。但在行为的逻辑方面，在某种程度上，我相信我的信息提供人能够提供相对清晰的表述，并认为我能够直接得出不同的行为细节之间存在着内在一致性的结论。

另外，能很清晰地表述行为的结构方面，这不仅是土著人的特
268 点，也是欧洲人的特点。英语——也许是所有语言——并不适合于确切地描述情感。我们能够非常简明地表达出一个三段论，但要对情感作出任何简明的表述几乎是不可能的。我们最多只能是用松散的新闻体或艺术文体来简略勾画出一种精神气质或人格，然后用几个词来归纳这种概述，而这些词的意义已经由之前的概述确定下来了。因此，在给出了一个关于雅特穆尔人精神气质的概略描述后，我将此精神气质标记为“骄傲的”和“分裂的”(schizothyme)。这些词具有上百种不同的意义，但我所用的意义在某种程度上已经由我对雅特穆尔人精神气质的描述而界定下来了。如果没有这种先期的描述，我们所赋予行为的情感价值就只会受一些关于人类本性的泛泛的，而且可能是谬误的假设所引导，这些假设总是很空泛，模糊了性别、性情和文化各方面的差异。

在这一章，我们试图——也许还不太成熟——对我在本书中所例示的这种种不同的方法路径概括出某种具有普遍性的观点。有一点很有意思。如果说，不管我们采用哪种方法，我们的材料是一样的，一种方法与另一种方法之间的差别就在于材料的安排上；那么，与之相关的一项考察便是，我们能否证明文化的某一分支或者是某种系统现象具有至关重要的地位，以至于对行为细节的每一次重新排列组合都抹不掉它，或者说，它在我们的每一幅描述图景中都以可辨识的形式一再出现。

将文化分为如婚姻、亲属体系、成年礼、宗教等制度这种正统

的“细分法”已经完全不存在了；但有一种现象在每一次重新洗牌的过程中都始终存在，而且在每一种描述图景中都被以不同的术语所描述。在论述精神气质的对立和竞争的那章中——实际上当时还是待完成的最后一章——我声称，虽然分裂演化概念是从精神气质研究中发展出来的，但“我们应该着手从我所提倡的所有视角——结构的、精神气质的和社会学的——出发来研究分裂演化”。当我写下这个句子时，我的意思是想将对分裂演化的社会学和结构方面的研究作为以后的工作。我已经注意到马克思主义历史学家们已在致力于对这一过程进行经济学方面的研究，由此我 269
推论我们还必须要考察其结构方面和社会学方面，但我还不清楚从这些视角来看这一过程会是怎样的。因此，在重读我的手稿时，我很惊讶地发现我花了好些篇幅来讨论两种分裂演化形式的认知理式和社会意义；而当我发现对称型分裂演化在我的理论中是在很晚的后期才加入的内容时，我更惊讶了。

在从社会学角度进行论述的那一章的最后几页（第125页以下），我讨论了发生在人类社会中的各种裂变模式。我强调了雅特穆尔社群的裂变与欧洲社群的裂变之间的对照，前者产生出具有与母社会类似文化规范的子群体，后者则生产出具有与母社会不同的文化规范的子群体。我还注意到，具有相似规范的子群体的产生是与一种外在取向的制裁系统相联系的，而具有不同规范的子群体的产生则是与某种向心体系或等级体系相联系的。

这两种类型的裂变可以直接用对称型分裂演化和互补型分裂演化来描述。我已经说过，雅特穆尔社会整合中最薄弱的环节是姻亲关系，当社群分裂时，正是这类关系被瓦解了，而建立在父系关系基础上的联系则保持了下来。这个社会的“分裂平面”是与父系关系平行的，但却切断了母系和姻亲纽带。

我们已经看到，在这个社会中，父子之间、兄弟之间的关系是互补的，而姻亲兄弟之间的关系则是对称的。因此在裂变中主要被破坏的是对称型关系，我们有理由推测，裂变本身也部分是对称型分裂演化的结果。

我们发现，纳文的一个社会功能是加强这些姻亲关系，但有一
270 点还不很明确(参见第 114 页)，如果是为了达到这个目的，为什么仪式所强调的是类分的沃和劳阿之间的关系，而非姻亲兄弟之间的关系。按照欧洲人的思维，似乎强调后者更自然。但从分裂演化的相对位置考虑的话，我们有理由这样推测，即由于二者在年龄上的差别，沃-劳阿的关系在行为模式上的互补更具一贯性，因此在一个似乎不大能控制对称型分裂演化的社会更适合于发挥作为纽带的功能。而且，还有一点值得注意，即沃在纳文中的实际行为可以被描述为一直在强调他与劳阿关系中互补的那些方面，而压制对称性的那些方面。他突出他作为劳阿的“母亲”和“妻子”的地位，由此否定与他的“姻亲兄弟”身份相关的对称性的关系方面。

这种对沃-劳阿关系的互补模式的强调有可能是通过混合各种互补行为模式来控制某种对称型分裂演化的一种方式(参见第 220—221 页)。不过，既然社群最后的裂变所形成的分裂平面还是割断了这些母系的和姻亲的纽带，我们可以认定这种试图控制对称型分裂演化的努力并没有完全成功。

与雅特穆尔社群经由对称型分裂演化而产生的裂变相对，我们发现，在欧洲社群中，子群体通常是通过反抗严密的中心等级

制——法律的、宗教的和军事的——而脱离母群体，这些等级制是这些社群整合的典型特征。所有这些等级都是由各种系列的互补关系而建立起来的，因此我们可以合理地猜测，裂变全部是或部分是互补型分裂演化的结果。

目前我们只能说到这里；将雅特穆尔社群的裂变归因于对称型分裂演化，而将欧洲社群的裂变归因于互补型分裂演化，在很大
程度上我只是在扩展我的结论，而没有经过严格的论证。不过，这 271
些扩展的论断可以作为一种归纳的样本，并可通过对分裂演化的社会学方面的研究而得到细致的证明。

在从社会学角度论述的那章，分裂演化是以社会分裂的类型归类的面目出现的，在论述雅特穆尔人的认知理式的那一章里，这一过程被表现为二元论类型的一种分类（第 270—281 页）。我对我所使用的“直线”二元论和“对角线”二元论这对术语颇不满意，而且我发现我很难向别人解释清楚这对概念；不过直到我认识到我可以用互补型和对称型这对词（在这两个词用于描述分裂演化关系的意义上）来替代“直线的”和“对角线的”，我才找到了重新表述这一问题的办法。

想一想我分别归为“直线”关系和“对角线”关系的清单，这种对应关系是很明显的。“直线”关系存在于兄弟之间、姐弟或兄妹之间以及夫妻之间；而这些都是典型的互补型关系。“对角线”关系存在于姻亲兄弟（尤其是相互交换姐妹的姻亲兄弟）之间和凯什（相互赠送过首饰的双方，或者是其子女相互婚配了的双方）之间；这两类关系都是对称型的。

在“直线”关系中，互补模式的重要性从人们强调图腾名字清

单中同性别的兄弟姐妹间的年龄差异中很明显地表露出来。对于不同性别的兄弟姐妹，则不强调年龄的差异，这是颇有意味的。“性别差异明显类似于年龄差异”（第 206 页）。我们现在可以来猜测这种类比的本质：这两种差异的相似之处在于，它们都在其关系中引进了互补模式的一种基础。

在成对的氏族和成对的半偶族之间的关系中，我们可以辨识出两种二元论的形式。由于氏族通常是按照“年长者”和“年少者”
272 成对分组的，同时氏族成员为了祖先的荣誉而投入了大量的精力进行对称型的竞争，结果就使两种二元论纠结在了一起。我们可以试探性地假设，相关氏族间这种长兄与幼弟式关系的表述也许减弱了它们之间的对称型竞争。但对此我们还不是很明确，需要对实际行为作更多的研究；尤其是我们需要知道，在何种背景下，成对的氏族成员强调他们间的兄弟关系，在何种背景下，他们又相互竞争（参见第 277 页的脚注）。在没有更充分的信息的情况下，我们还不能将这种分组看作两类二元论和两种分裂演化类型等值的证据。

不过这种等值在复杂的成年礼层级之间和兄弟之间的间隔交替体系中体现得很清楚。我将这种间隔交替归结为“结合着两种类型的二元论思维，即对角线思维侵入到直线认同和年长原则已然发挥作用的领域”（第 281 页）。我们现在可以用分裂演化模式来重新表述这两种二元论形式的结合。任何两个连续层级之间的关系都是互补的，并打上了鲜明对比的印记，就像成年礼仪式中所发生的那样，在此仪式中，受礼者是施礼者的“妻子”。但是两个成年礼半偶族之间的关系则是对称型的。文化要求这两种群体之间的关系是对抗性和竞争性的。实际上，这种关系为我们提供了对称型分裂演化得到最完全发展的例子。

至于构成这种交替系列的决定机制，我曾设想（第278页），这种交替模式本身就是雅特穆尔认知理式的一个主题，因此只要是在适当的语境中，这种模式就会反复出现。但我还不清楚这种假设是否可以得到证明或者是否有必要。有可能并不是整个模式，而只是这两种二元论类型包括在认知理式中。从历时的角度考虑一下，我们会认识到，这些复杂的交替体系似乎不大可能完全是通过文化接触而被引进的。因此我们就必须思考这些系统最初是怎样发展起来的；只有解决了这一问题之后，我们才能够思考作为 273
“认知理式产物”的交替模式，例如设想某个交替体系是建立在头一个交替体系的模式之上。而且，据我所知，当地没有描述交替的词语，这种词语的缺乏似乎说明交替体系是在每一种语境中重新形成的。有可能认知理式所提供的唯一的标准化方式就是两种二元论类型的标准化。而这些二元论在土著语的亲属术语中得到了完全的表达。

如果情况果真如此，我们就必须认识到，交替体系在雅特穆尔文化中的发展以及在我们自己文化中的缺失是由以下这一事实决定的，即雅特穆尔人是通过二元项来思考互补型模式和对称型模式的，而在欧洲，尽管我们也将互补型模式视作二元的或在等级体系中设定的，但我们并不认为对抗或竞争模式必然是二元化的。在我们的社会中，对抗和竞争被认为是存在于任何数量的人们之间，其最后达致的系统并不一定是以某种双边的对称模式为基础的。只有当人们习惯性地用这种二元项来设想这两种关系类型时，才有可能发展出雅特穆尔社会中这种交替等级制。

还要提及另一条考察路径，尽管目前我们还不能回答它所提出的问题。在对比不同的精神气质时，我们追问，适宜的情感态度系统是怎样在每个个体中培育出来的；因此这里我们要追问的是，这两种二元化思维方式是如何被培育出来的。对于这个问题，我只能尴尬地这样表述，即这种思维习惯是通过观察并谈论各种关系模式而形成的。

不过在当前的语境下，这个问题本身具有一定的学术意义，因为它也许比其他任何存在于精神气质和认知理式之间的差异更能提供有力的例证；因此，对其术语加以考察可以使我们对人格中的情感方面和认知方面的差异作出恰当的阐述。

274 在精神气质学方面，我们必须确定个体是怎样被模塑为接受特定的精神气质，即在与他人和外界打交道时采取的一套特定情感态度系统。用行为主义的术语来说，我们必须确定一套特定的反应系统是怎样形成的。不过目前我们要确定的是，个人怎样被训练成对个人与群体间的关系加以区别和分类。因此，我们此处所关注的不是反应系统，而是个体应用于刺激物的分类系统。

因此，我们可以说，每一个我们称之为刺激-反应类型的事件系列都既具有情感的方面，也具有认知的方面，而要研究哪一方面是由我们的研究方法所决定的。如果我们选择某一刺激-反应行为，考虑构成反应的所有细节，以及它们是如何联系在一起的，然后我们接着分析此反应的其他相关细节系列的构成，我们就是在研究反应的组织构成，由此可以达致对人格的情感方面的了解。另一方面，如果我们以一个既定的刺激-反应为起点，将其与其他类似的事件系列相比较，我们首先会得到关于能激发某一特定反应细节的**刺激因素**的清单，然后根据它们所激发出的反应来对刺激因素进行分类，最后我们可以达到对人格的认知方面的了解。

也许还应提到，严格说来，在这些过程中，我们所得到的并不是关于个体的知识，而是与个体相关的的事件的知识。而当我们认识到“人格”这个词并不是指孤立的个体，而是指“**处于世界之中的个体**”时，这就不存在什么矛盾了。

对于“情感的”和“认知的”这两个术语的定义，我们可以用图表的方式来表示(图表 5 和图表 6)。当我们发现，一个个体对刺激 1、3、5 表现出反应 A，我们就可以说他把这些刺激与 2、4、6 区分了开来，并基于它们所具有的一些共同性质而把它们归在一起；由此出发，我们可以继续对此人所特别具有的整个区分和分类系统进行更为细致的研究。这种研究就是对其人格的认知方面的研究。 275

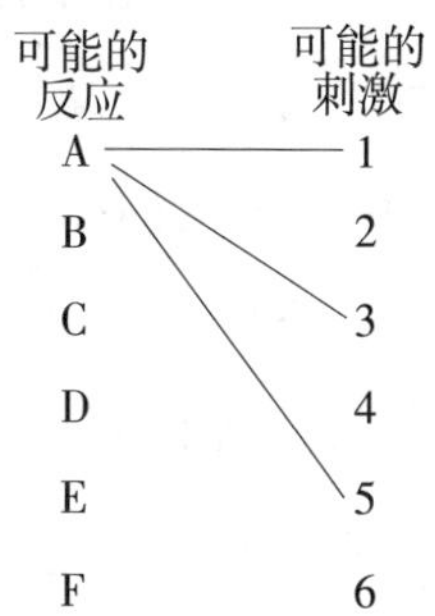

图表 5　对人格的认知方面的研究

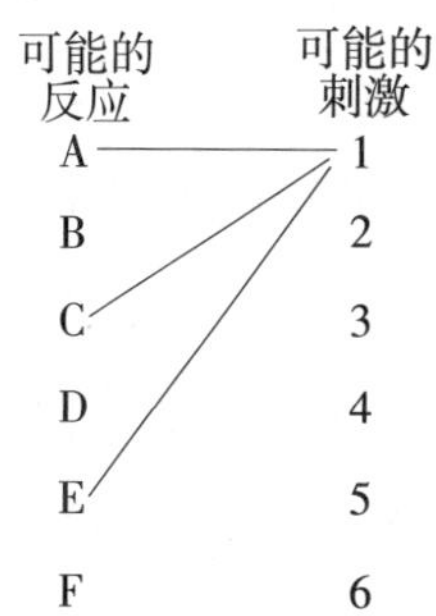

图表 6　对人格的情感方面的研究

在本书的第二章(第 32—33 页)，我提到文化结构中的“三段论”和“逻辑”；对人格的认知方面的这一定义如果在将来的研究中可能显示出其价值的话，我们就应该考虑如何重新表述这一定义，这是颇有意思的。简言之，我们不应该根据逻辑而应该根据行为的类别来阐述这一问题。我们不应该说，“某人对刺激 1 和 3 产生反应 A，而刺激 5 类似于（或者说等同于）1 和 3，所以，他对刺激 5 也会产生反应 A”；而应该这样表述：“刺激 1、3 和 5 是被归为一类的”。由此，我们就直接进入了分类体系的研究，即文化的认知理式研究。

在情感方面，问题就没有这么简单了。如果我们发现某人对刺激 1 表现出反应 A、C 和 E，我们就会将这些反应归结为某种情感的综合症状。由此我们可以进一步对个体表现出的所有相关的反应系列加以分类。但这种做法有诸多困难，也许除了我们描述
276 为“情感”的那些系统，还有其他机制造成了这些反应之间的相关性。尽管如此，但目前我还想不出有什么其他方法能如此近似地把“情感”这个词转化为行为主义的术语。

我认为，对情感的这种表述不会对我对雅特穆尔人精神气质的概括有什么影响。的确，我对雅特穆尔人精神气质的描述远远不是对相互关联的反应系统所作的系统阐述，但这一缺陷并不是因为我的理论概念中的弱点，而只是由于实际上我们很难用批判性的、全面的方式来描述人类行为。当我说，在成年仪式上，男人们的行为“基调”是严酷的、不负责任的，而不是苦行式的，我的意思是说，他们所表现出来的行为，比如清洗受礼者，是与其他行为细节结合在一起的，这样就使整个场面显示出严酷的色彩。除非我们发明出能确切记录并分析人类的姿态、手势、语调、笑声等的技术，否则我们只能接受对行为“基调”的这种新闻式勾勒。

不过，有必要对题为“纳文中所体现的精神气质”那一章进行某些修订。“动机”这个术语完全可以不要，但我还不能确定该用

哪个词来替代它。我觉得,最理想的状态是,这一章应该是对沃所表现出来的所有反应的综合症状进行分析。然后可以将这些综合症状与在此文化的其他语境中收集到的综合反应症状进行对比和等同,最后,这一章应该发展成对情感和认知研究的综合分析,以显示在纳文仪式情境下的那些刺激可能会激发出这些综合症状。

我们从设想这种理论上应该已经完成的复杂分析转而讨论我们实际上完成了的工作,从而更详细地考察我在不同章节中采取的不同视角之间的区别。我们已经看到,在文化的精神气质、认知理式和社会学三个不同方面都能辨识出分裂演化的现象;将以下这个因素考虑进来是不无助益的,即在用不同的方法进行描述时,我们给这个历时的过程造成了哪些扭曲。 277

首先,所有对分裂演化的表述都有一个共同的缺陷。它使我们认识不到分裂演化是一个历时的、变化的过程。我们所用的每一种方法在名义上都是完全共时性的,每一种方法都只提供了分裂演化的一个共时"切面",在这个切面上所显示的某个时刻中,变化过程是被视作静止的。

实际上,由于我的阐述缺乏严密性,分裂演化的社会学视角展示给我们的是社会裂变的两种形式,我认为这两种裂变都应该被看作历时性的过程。严格说来,在从社会学角度论述的那章里,我本应该将自己限定在对外围化整合系统和中心化整合系统作出区分,而不应该游离开去考虑在这两种状态下裂变的结果。可以想见,即使遵照这种严格限定的分类,我们最终也会发现,外围式的整合主要依赖于个体之间的对称型联结,而中心性的整合则主要依赖于互补型联结。但在写这一章时,我还没有认识到这一点,这大概是因为那时我的注意力完全集中在那个主要的单元上，即作为整体的社会。

不过，在描述雅特穆尔人的精神气质时，我们所展示的分裂演化完全是共时性的。我们看到，精神气质方面的对立在文化中是静态存在着的。[①] 从给精神气质方面的对比贴标签——开始标示为“互补型”，后来用克雷奇马尔的类型学——到最后认识到每一种精神气质都会对另一种精神气质的形成产生影响，这期间经历了一个很长的过程。分裂演化的历时性的一面开始一直没有进入我的视野，直到后来我突然想到了个体如何被形塑进互补关系模
278 式的问题，实际上是到那个时候，我才开始放弃类型学，转而从发展心理学的角度来思考这个问题。

通过对雅特穆尔人的认知理式的描述而发展出的分裂演化观点也同样在范围上是有所局限的。我认为，只从这个方面来看的话，我并没能从互补型关系和对称型关系的角度来描述“直线的”和“对角线的”二元论。这里，我没能清晰地表述这个问题，其困难不仅在于缺乏历时性视角，还在于其他两个因素：第一，我已经陷在那两种二元论形式的标签中，很难从这些标签的暗示中摆脱出来；第二，我那时认为，将其与一对既定的单元等同起来或是区分开来，对二元论来说是不重要的，而这（不合逻辑地）阻碍了我去考察那些关系模式。

因此，我们的每一种方法都包含着歪曲，而且只提供了对现象

① 对成年礼中分裂演化过程的分析是后来插入到精神气质的描写中的，并且是在我已经区分了两种类型的分裂演化之后再写的。

的局部认识，但我并不认为，为此我们就必须抛弃这些方法。现象的每一孤立的方面虽然是不完全的，但这种分离可以给我们提供更进一步的简洁性，而且我们能够用这种简洁的术语来表述我们的问题和结论，从而能够马上关注到相关的事实，这也是其优势所在。我们应该明白，一位建筑师总是先画好大楼的平面图和立视图，但这并不妨碍他最终能准确地画出大楼的整体图像。当我们了解了文化各分离的方面的概况后，我们有可能继续对这些方面进行综合，这种综合本身也会包含一些歪曲形式，但它更完全了，因为在收集事实的过程中，我们在受几种不同的相关类型的引导。

最后，我还需要说明我所提出的这些事实、理论和方法的价值。很清楚，我没有为人类学的事实储备作出什么贡献，我在各章中所用到的有关雅特穆尔文化的信息只是为了阐明我的方法。即使从这个目的来看，我所提供的事实也是薄弱的，所以我当然不能 279
声称我的事实证实了某种理论。

这可是个很严重的缺陷，而且，如果不是有另一个缺陷在某种意义上抵消了它的话，这本书将毫无价值。如果没有坚实的事实支撑，要提出一些新的理论和假说，那肯定是不可接受的；不过我所提出的理论在任何意义上都不是新奇的。在某种程度上，它们都是老生常谈，也许自有语言以来，它们就一直被小说家、哲学家、宗教领袖、律师、普通人，甚至是人类学家以各种形式说来说去。结构、精神气质，还有其他种种，都不是新的概念和理论：它们只是给旧的思维方式贴上的新标签，事实上，我所用的概念中只有两个——认知理式和分裂演化——真正称得上是新的标签。

我明白，使用标签时会有内在的诸种危险，这些小纸片太容易掩盖它们所标示的事物。尽管我们必须始终小心地使用标签，但它们还是有用的，整个科学是依靠它们建立起来的。在本书中，它们的用处在于帮助我清理原有的观念，使我能每次只考虑文化的一个方面，而不是将所有方面混杂在一起。我们关于人类本性诸方面的知识有极大一部分是不科学的，只有将这些知识置于一个科学的框架内，我们才有希望产生出新的观念和理论。

第十七章　1958年后记

哲学家怀特海有一个广为流传的故事。他以前的学生、后来 280
的合作者，著名的伯特兰·罗素(Bertrand Russell)到哈佛大学访问，在一个大礼堂就量子理论作演讲，这是个很难讲的题目，而且量子论在当时是一种比较新奇的理论。罗素尽量想使这群精英听众们能听懂这个问题，而这些听众中有很多人对数理物理学一无所知。他讲完坐下后，怀特海从主席座上起身，向演讲者致谢，对罗素才华横溢的讲演表示祝贺，“尤其祝贺他*揭开了*那笼罩在事物之上的广袤的黑暗”。

所有的科学都是努力在将各种解释机制覆盖在那笼罩于事物之上的广袤黑暗之上，也因此遮蔽了这种黑暗。科学家们在做一个游戏，运用他们根据特定法则发明出的解释原理来试探这些原理是否能扩展到覆盖那广袤的黑暗。但扩展的法则是严格的，整个行动的目标实际上就是去发现还存在着哪些黑暗部分未被解释所覆盖。

但这一游戏还有一个更深层、更具哲学意味的目标，即了解解释自身的本质，以此来廓清最为晦暗不清之事物的某些方面，即认识的过程。

这本书写出已21年了，认识论——一种将我们称之为知识和解释的现象作为自己的研究主题的科学或哲学——已经发生了根本性的变化。1957 年为本书再版所作的准备工作就像是一个发现之旅的回溯，回溯到那个种种新的思维方法开始隐约闪现的时期。

《纳文》所探索的是解释的本质。尽管这本书当然包含着雅特穆尔人生活的各种细节，但它主要不是一部民族志著作，不是可供
281 其他研究者在今后加以综合的素材零售。相反，它旨在进行综合，它研究能将各种素材组合起来的方法，而组合素材就是我所说的“解释”。

这本书显得粗糙笨拙，有些部分几乎是不可卒读。这主要是出于以下原因，即在写作此书时，我努力想做到不仅通过组合素材来进行解释，还要将这一解释过程作为一个例子，使解释的原则在其中显露出来并可以成为研究对象。

本书交织着三个层次的抽象。最具体的层次是民族志素材。稍抽象的层次是对素材进行尝试性排列，以组成此文化的种种不同画面。更进一步的抽象是对这一智力拼图中的各碎片是如何拼组在一起之过程进行自觉的讨论。本书的最后高潮在于(1936年)后记中所描述的发现——是在本书付梓前几天思考出来的，这个发现在今天看来像是一个起码的常识：诸如精神气质、认知理式、社会学、经济学、文化结构、社会结构，以及诸如此类的种种术语指称的只是科学家们组合这些拼图的方式。

这些理论概念具有一种客观现实的秩序。它们实际上只是科学家所接受的、对认知过程的种种描述，如果要说像“精神气质”或“社会结构”这些概念具有比这更多的真实性，那就是在犯怀特海所说的错置具体性的谬误。如果我们采取正确的逻辑分类，那么

这种圈套或幻象就会像其他种种幻象一样消失。如果说“精神气质”、“社会结构”、“经济学”等等都是某种语言中描述科学家们排列材料之方式的一些词语，那么这些词语就不能用来解释现象，也就不可能存在任何所谓的“精神气质的”或“经济学的”现象类别。当然，人们会受到经济学理论或经济学谬误——或者是饥饿——的影响，但是他们不可能受“经济学”的影响。“经济学”只是一个解释的类别，它自己不能解释任何东西。

一旦这种谬误被揭示出来，就会兴起一门崭新的科学——它实际上已经成为现代思想的基石。但这门新科学至今还没有一个令人满意的名称。它的一部分被包括在现在称为传播理论（com-
munications theory）的学科中，一部分被纳入控制论（cyberne- 282
tics），还有一部分属于数理逻辑。但我们还没有对其整体加以命名并从整体上来构想这门学科。它是对唯名论和唯实论之间的平衡所作的一种新的架构，是一套新的概念框架和问题，替代了柏拉图和亚里士多德所设定的前提和问题。

这篇后记的一个目的就是要将本书与这些新的思维方式联系起来，本书的内容隐约预示了这些方式。此文另一个更为特定的目标是将本书与当前心理学领域的思想联系起来。由于认识论的思潮在全世界范围内发生着变化和进展，本书作者的思想也在经历着变化，尤其是在接触到心理学的一些问题后，这种变化更加速了。我曾经担任过为精神分析医师讲授文化人类学的工作，曾经面对过由文化的多样性和被模糊地定义为“临床实体”（clinical entities）的疾病之间的对比而提出的问题，后者指的是由外伤经历而引发的心理疾病。

这一将本书与心理学联系起来的特定目标比较容易达到，但另一个更广阔的目标，即要将本书置于当前认识论背景下，则更困难。因此我将先处理心理学方面的问题，不过我要提醒读者，心理学的问题中总是充满了认识论的难点。

《纳文》是在几乎没受弗洛伊德的任何影响下写成的。有一两位评论者甚至对此表示了不满，我倒认为这是幸运之事。那时我对于精神病学的感觉和判断是不完整的，如果那时就过多地接触到弗洛伊德的思想，大概只会引导我错误地使用和理解它们。我会沉浸在对各种象征符号的解释之中，而这会使我的注意力偏离那些更为重要的、关于个人之间及群体之间的过程的问题。因此，我甚至没有注意到，作为成年礼围栏入口的鳄鱼下颚在雅特穆尔语中被称为茨哈威伊阿姆巴(*tshuwi iamba*)，字面意思是“阴蒂之门”。这一条材料确实能印证成年仪式中一个隐含着的观念，即男性施礼者被等同于受礼者的“母亲”，但是，试图去分析这种象征意义会打断我对各种关系的分析。

283 但是，沉迷于象征符号的分析并不是精神分析理论的唯一缺陷。也许它更严重的缺陷是在心理学类型学方面的混乱。人类学的一个重大错误就是幼稚地试图运用心理学的思想和标签来解释文化差异；而本书最薄弱的一章当然是我试图依据克雷奇马尔的类型学来描述精神气质之对立的那章。

毫无疑问，类型学问题在现代已有了更多的进展，例如谢尔登(Sheldon)的体型分类研究就是在克雷奇马尔粗糙的二元论系统上的一个重大进步。但我关注的并不是这一点。如果谢尔登的类型学在1935年能为我所用的话，我会优先选用他的成果而不是克雷奇马尔的，但这样做仍然会是错误的。我现在的观点是，不管是文化人类学还是心理学中的这些类型学，充其量只能是一些具有启发意义的谬误，是一些死胡同，它们唯一的用处就是表明我们需要一个新的起点。幸运的是，我只是将我对心理类型学的一些随意的想法放在了独立的一章中；如果不是这样的话，我几乎不会让这本书再版。

但类型学的地位至今仍未明确界定，而这是极其重要的。精神病学家仍然在致力于对精神疾病进行分类，生物学家仍在追寻着种和属的分类；生理学家仍在追求着对人类个体进行分类，希望能在依据行为标准定义的类别与依据解剖学定义的类别之间找到某种一致性。最后，我得承认，我自己也在追寻着一种分类，一种关于互动过程的类型学，不管是发生在个人之间还是群体之间的互动。

在这一领域中，认识论问题对于整个生物学领域，包括雅特穆尔文化和精神病诊断领域，是至关重要的。整个进化论理论中有一个相对不太确定之处：那些种属是确实存在的还是只是一种描述的机制？我们如何解决关于连续性和非连续性的争论？或者说，我们如何调和在自然界一再发生的变化的连续性和由变化导致的种类的非连续性之间的对立？

目前在我看来，在分裂演化的过程中可以找到这些问题的部 284
分答案；本书分析了分裂演化的过程，但在本书完成之时，还几乎不可能从其分析中提取出这些答案。进一步的发展还依赖于其他方面的进展，包括学习理论（learning theory）的扩展、控制论的发展、罗素的逻辑类型理论之运用于传播理论，以及阿什比（Ashby）

对事件序列——它们必然导致原来处于静态的系统发生参数变化——的形式分析。

因此，讨论分裂演化与更现代的理论发展之间的关系是通往新的综合的第一步。在此讨论中，我假设在生物科学的所有领域，关于变化的问题在形式上都是类似的。

分裂演化的过程，如本书中所描绘的，是累进的或者说定向的变化的一个例证。进化的首要问题是方向问题。以往的随机变化观假定变化是任意的，只是通过诸如自然选择这样一些现象才给进化变化强加了一个方向。这种描述是否足以解释直向式进化(orthogensis)现象——在菊石、海胆、马、驴、雷兽等的化石记录上所显示出的、长期持续的定向变化过程——是很可怀疑的。或许还需要其他解释以及一些补充性解释。其中最明显的就是气候或环境的其他累进变化，这种类型的解释也许适合于某些直向式进化系列。更为有趣的是，累进式的环境变化也可能会发生在有关生物种类的生物环境中，这样就提出了一种新的次序的问题。人们一般不会认为像鹦鹉螺①或海胆这样的海洋生物能够影响气候，但鹦鹉螺的变化会影响它们的生物环境。总之，一个有机体个体的环境中最重要的因素就是：(a)同种类的其他个体；(b)与这个特定个体保持着密切互动关系的植物和其他种类的动物。一种特
285 定的特征是否能存续下去，似乎是部分依赖于这一特征被同种类的其他成员共有的程度；另外，在与其他种类动物的关系方面，(如捕食者与猎物之间的关系)必然存在着类似于在人类日渐升级的

① 鹦鹉螺的化石即为菊石。——译者

攻击与防御的互动体系中所存在的关系，后者是我们已熟悉的、在全球性军备竞赛中令人担忧的关系。

这些系统与本书涉及的分裂演化现象具有很近的可比性。在分裂演化理论中(以及在军备竞赛中)，我们假定了一个附加因素来说明变化的方向性。对称型分裂演化中对立日趋尖锐的趋向，或者是在互补型分裂演化中角色分化日趋严重的趋向，都被假设为是以习得现象为基础的。本书没有讨论到这一方面，但我们整个理论是建立在有关性格形成过程的特定观念之上的，这些观念在大多数精神病学理论中也是隐而不现的。下面将简要地对这些观念作一个总结。

我所说的习得的级别(order)即哈洛(Harlow)所说的“整套习得”(set-learning)，我则称之为“再次习得”(deutero-learning)。我假设在任何有关习得的实验——例如巴甫洛夫提出的习得类型或称工具性习得[①]类型——中，不仅包括实验者所感兴趣的习得，即在实验环境中不断提高的条件反射频率，还包括习得的更为抽象或更高的层级，在此层级上，实验对象提升了他处理既定类型的状况的能力。如果这一类型的状况在他的生活世界中总是出现的话，他就会越来越多地对其作出反应。例如，动物的再次习得倾向于按照巴甫洛夫实验的次序进行，可以假定是一个性格形成的过程，借此它逐渐习惯于生活在一个这样的环境中，在这个环境中，似乎它们可以预先觉察到那些将出现的强化因素(或无条件刺激)

① 工具性习得(instrumental reward type)，指被试对象在特定情境下倾向于以能够产生奖赏效果、强化先前愉快经验的方式进行反应的一种学习方式。——译者

的征兆，但它不可能加速或阻止这些强化因素的发生。总之，它会逐渐成为一种“宿命论”的物种。与此相对，我们可以推测，接受重复工具性习得实验的对象会渐次习得一种性格结构，这种结构使
286 他感觉到自己生活在一个他能控制强化因素产生的环境中。

而所有那些作为解释机制的、唤起个体过去经历的精神病学理论都必然以这些高层级的习得理论或学会习得(learning to learn)理论为基础。当病人告诉治疗医师，她童年时期曾学会了操作打字机，这并不会引起后者特别的兴趣，除非他既是个治疗医师又同时是个职业咨询师。但是当她开始讲述她学习这门技术的背景，她的姨妈如何教她，如何奖励她或惩罚她，或者不搞任何奖励或惩罚，这时精神病学家就开始感兴趣了；因为病人的学习背景的形式特征或曰**模式**是了解她现在的习惯、“个性”以及她如何理解和参与与他人的互动的线索。

精神病学如此强调的这一理论类型同样是分裂演化思想的基础。与另一个人处于对称型关系中的个体被假设为倾向于(也许是无意识地)按照他所期望的、与对方(或许更广泛地，与所有他人)建立更强的对称型关系来形成自己的行动习惯。

这一观念也为累进式变化打下了基础。如果一个特定个体习得了对称型行为模式，他不仅会希望看到其他人也有如此的行为类型，而且会认为其他人也会经历同样的环境因而也会习得对称型行为，并依此认识而行动。这里所说的是个人的变化影响他人的环境从而在他人中造成类似变化的一个例子。而这种现象反过来会在最初这个个体身上引起同样方向的更进一步的变化。

但我所观察到的雅特穆尔社会的情况并不符合这种分裂演化

的图景。很明显，在雅特穆尔社会，所发生的是一种单向的过程，如果任由其发展的话，它会在处于对称型关系中的两个人或群体之间导致更进一步的对立，或者是导致互补型的两个人或群体之间的进一步分化。如果只存在这一单向过程，那么在某个点上，这个社会将会崩溃。我在写作本书时已经意识到了这一困境，并且 287
试图用对称型过程和互补型过程在某种程度上的相互抵消来解释假定的系统动态平衡（第220—221页），因此包含这两种过程的文化就能够平衡这两个过程。不过这种说法充其量只是一种不令人满意的解释，因为它假定这两个变量协调一致地具有同等和对立的价值；但是，除非这两个过程之间存在着某种函数关系，否则二者之间要维持平衡显然是不可能的。在化学反应中的所谓动态平衡中，某一方向的变化率是反向变化之生成物的浓度的一个函数。但我看不出在那两种分裂演化过程之间存在着什么相互依赖的函数关系，所以当时写这本书的时候我就把这个问题搁下了。

随着控制论的发展，问题完全变了。我有幸成为梅西讨论会（Macy Conference）的成员，在第二次世界大战之后，这个团体定期开会。在我们的早期会议中，“控制论”这个词还没有被创造出来，我们聚在一起主要讨论我们当时称之为“反馈作用”（feedback）的力量在生物学和其他科学领域中的应用。很快我们就明确发现，关于目的与适应的整个问题——最广义上的目的论问题——都必须重新思考。这些问题是由古希腊哲学家们提出来的，而他们所能提出的解决方法只能是某种似乎是神秘主义的观念：一个过程的终端可以被视作“目的”，而这一终端或目的又可以被认为是对它之前的过程的解释。而这一被普遍接受的观念是与形式和模式的真实(*real*)(即先验的而非内在的)本质的问题紧密相连的。对反馈系统的形式研究即刻改变了所有这些问题。我们现在可以用因果循环的机械模式(如果系统的各参数是合适的)来讨论均衡或稳定状态。但是,在写作《纳文》一书时,我严格地遵循
288 着一条目的论的禁忌,即结果永远也不能用来作为对过程的解释。

负反馈(negative feedback)这一观念并不是新发明出来的;克拉克·马克斯韦尔(Clark Maxwell)分析带有调节器的蒸汽发动机时就运用过这一观念,而一些生物学家如克劳德·伯纳德(Claude Bernard)和坎农(Cannon)在解释生理性自体调节时也运用过。但是这一观念的解释力还没有被认识到。而我们在梅西讨论会上所做的就是探索这些观念能运用于解释各种生物现象和社会现象的广阔范围。

这些观念本身是相当简单的。我们要做的不是去追问因果线性链条的特征,而是追问因果循环(或者比循环更为复杂)所发生于其中的系统的特征。打个比方,如果我们考察一个包含着元素A、B、C和D的循环系统,它们之间的关系是:A的行动影响到B的行动,B影响C,C影响D,D影响A;我们发现这一系统所具有的特性迥异于线性链条中所具有的任何特征。

从本质上说,这种循环的因果系统必然要寻求稳定的状态或是进行累进的指数变化,而这种变化是要受到限制的,或者受系统的能量资源的限制,或者受外界的限制,或是受限于此系统本身的崩溃。

带有调节器的蒸汽发动机可以说明保持稳定状态的循环类型。整个循环是这样建立起来的:活塞运动得越快,调节器就转动

得越快；而调节器转动得越快，其平衡臂就越分散；而这些平衡臂越分散，所提供的动力也就越小。而这反过来又作用于活塞的运动。这一循环的自我调节特征作为一个整体是依赖于这样一种机制的，即循环中至少存在着这样一个环节，即当某种事物一增多，就会有另一种事物减少。在这种情况下，系统就能够自我调节，或者是寻求运作中的某种稳定速度，或者是围绕此稳定速度上下摆动。

相反，如果蒸汽机是配以按下面这种原理建造的调节器，即调节器的平衡臂越分散，就能为汽缸提供更多的蒸汽，这样就会出现 289
工程师们所说的“失控”的状况。这种反馈作用是“正向的”(positive)，整个系统会运行得越来越快，运行速度指数增长，最终达到蒸汽提供量的极限，从而导致飞轮或其他部件的损害。

我们这里没有必要再深入讨论这类系统的数学原理，只需要注意一点，即所有这类系统的特征都是和时间相关的。调节行为或调节信息是否在最合适的时刻发挥作用？这一作用是否充分？调节行为是否过度？是否不足？或者时间上是否过迟？

将目的或适应的观念替换成自我调节的观念，这为我们讨论雅特穆尔文化的问题提供了一条新的思路。分裂演化似乎是在加速累进变化，但问题是这种累进变化为什么没有导致这类文化的崩溃。有了自我调节的因果循环这一概念模式，我们现在自然要问的一个问题是，在此文化中是否存在着某些功能性关系，即在分裂演化的张力逐渐加大时，是否有适当的控制因素会被激发出来发挥作用。如果说对称型分裂演化就是为了平衡互补型分裂演化而产生的，这种说法并不充分。现在需要追问的是，是否存在某种交流通道，使对称型分裂演化的加剧会导致对其加以调节的互补型分裂演化程度的提高？这一系统是否是循环的并能自我调节的？

答案很明显(第 14 页)。纳文仪式所表现的沃和劳阿之间的关系是对两性间互补关系的漫画式夸大，它实际上被过度的对称型行为所抵消。当劳阿在沃面前自夸自擂时，沃则回应以纳文行为。也许在开始描述纳文的背景时，最好将这种对应描述为其首要背景，将劳阿在猎头、捕鱼等方面的成就看作劳阿实现雄心或达到等级提升的特定事件，这些事件使他与沃形成某种对称型关系。
290 但雅特穆尔人不是这样看待这一问题的。如果你问一个雅特穆尔人有关纳文的背景，他首先会列举劳阿的各项成就，然后作为补充才会提到那些不太正式的(但也许从本质上说更有意义的)背景，即如果劳阿试图与沃处于一种对称型关系时，沃就用纳文来控制劳阿的这种冒犯，而沃的这种自辱的纳文姿态会使劳阿产生负疚感。事实上，我只是在后一次调查雅特穆尔社会时，才注意到，当沃把年幼的劳阿抱在自己的膝上时，如果孩子撒尿了，沃就会用纳文动作来威胁他。

有趣的是，对称型行为和互补型行为之间的这种关联被双重倒转了。劳阿做出对称型的姿态，而沃并不回应以互补型的傲慢压制态度，而是相反，以夸张的顺服态度作为回应。或许我们可以称之为倒转的倒转？也许沃的姿态只是对顺服的一种漫画化？

我们无法很轻易地阐明这一自我调节式的循环的社会功能。需要讨论的问题是，氏族间过度的对称型对立是否会在实际上使劳阿在与其沃的关系中更频繁地采取对称型的行为方式，而由此导致的纳文行为模式的日益频繁是否倾向于巩固这一社会。只有用统计研究和恰当的测量才能阐明这一点，但这非常难施行。不过，有一个很好的例证可以检验这种影响。沃和劳阿通常属于不同的氏族。在两个氏族处于紧张的对称型对立的时候，我们可以推测其成员之间发生对称型的相互侮辱举止的可能性也更大；而如果这两个氏族碰巧存在着劳阿与沃的关系，那么我们就可以肯定，互补型仪式会被启动，它会起到修复这种可能发生的社会分裂的作用。

但是，如果存在着这样一种功能关系，即过度的对称型对立会启动互补型仪式，那么我们也可以推测会存在相反的现象。事实上，如果一个社会中过度的互补型分裂演化不能激发出某种程度的对称型对立的话，这个社会是否能保持稳定状态就很难说了。

我们还可以用民族志资料来说明这一问题：

(1)在塔姆布纳姆村，如果两个小男孩在其同龄人看来相互间 291
表现出同性恋的举动，那么其他男孩会让这两个小男孩拿着棍子面对面站着进行“格斗”。事实上，在雅特穆尔文化中，任何细微的男同性恋暗示行为都是特别具有侮辱性的，会导致对称型的争斗。

(2)如本书中已经讨论过的那样，沃的着女装行为是对女性角色的漫画化，而父亲的姐妹和兄长的妻子着男装的行为则是对男性气概的骄傲展示。看上去似乎这些女人在针对男人表现出对称型的对立，以补偿她们通常所处的互补角色。而她们在这样做的时候，正是沃在表现他相对于劳阿的互补角色的时候，这也许是颇有意味的。

(3)成年礼中的施礼者与受礼者之间的互补关系通常会由各成年礼群体之间的极端对立关系所平衡。这里，互补型行为再一次以某种方式为对称型对立设置了背景。

这里，我们还要提出那个社会学的问题，即这些互补型和对称型变化是否可以被认为在阻止社会解体方面是有效的。同样，要用手头现有的事例来论证这个问题很困难。不过，这一问题还有另外一个方面，可以使我们有理由确信，在对称型和互补型之间的这种摆动看来对社会结构具有重要的作用。我们的资料能显示出，雅特穆尔人会反复地经历和参与这种变换。由此我们有理由推测，这些个体不仅习得了对称型和互补型模式，还学会了推测并展现对称型关系和互补型关系之间特定的序列关系。我们不仅必须要将社会网络看作每时每刻都在变化的，它冲击着个体，从而使导向解体的过程会被导向相反方向的过程所修正；而且我们还要记住，构成这一网络的个体也已被训练成能在与他人交往时引进这种修正。一方面，我们将这些个体等同于控制论序列中的 A、
292 B、C、D；另一方面，要记住，A、B、C 等这些元素自身的构建使得其输入-输出特质也会表现出适当的自我修正性质。

个体可以通过学习，将作为一个大型实体的社会的各种模式内投化(introjected)或概念化，正是这一事实使人类学，准确地说是整个行为科学，进展艰难。在这些研究情境中，并不是只有科学家是人，他的研究对象也具有各种学习能力，能够进行概念化，而且甚至会像科学家一样，犯概念化的错误。这种情况引导我们思考传播理论所提出的一些更进一步的问题，即关注会引发调整行动的事件**级别**(orders)和行动发生时的顺序(可以视其为一种信息)。

我这里是在技术意义上用“级别”这个词，它很类似于罗素的逻辑类型理论中的“类型”的意义。下面这个例子可以说明这一点。一幢装有温度调控加热系统的房子属于上文所讨论过的那类

简单的自我调节循环系统。放在屋子适当位置的温度计是与一个开关控制系统相联系的，当温度高于某个特定水准时，锅炉就会关闭。同样，当温度低于某个特定水准时，锅炉就开启了。不过这个系统还受另一条件的控制，即特定温度标准的设定。通过改变温度计的位置，也就是通过改变能开启或关闭锅炉的标准温度设定，房屋的主人能够改变整个系统的特征。遵循阿什比的做法，我将“变量”(variables)一词用来指那些可以测量的情形，随着房屋的温度围绕某个固定的温度上下波动，这些变量也会不断地变化；而我将“参数”(parameters)一词用于指系统的那些特征，比如说，它们会随着房屋主人调节和改变温度调节装置的设定而发生改变。我认为后一种变化比变量的变化处于更高的级别。

这里所用的“级别”一词是在相对于本章前面用来定义习得的 293
级别这一意义上使用的。像前面一样，我们处理的是信息之间的元关系。任何两种习得级别都是相关的，这样，关于一种级别的知识也同时是与另一种级别相关的知识，这与房屋的温度自动调节类似，房屋主人通过改变设置而输入系统的信息也就能确定系统将会如何回应温度计所发出的更低级别的信息。这里，我们的习得理论与控制系统理论都属于罗素的类型理论的范畴。

罗素的核心观念是这样一个不证自明的常识，即一种类别自身不可能是其类别中的一个成员。大象这一类别不会有大长鼻，也不会是一头大象。当类别中的成员不是事物而是一些名称或符号时，这一自明之理显然也是同样有效的。指令类别本身并不是指令，不能告诉你要去做什么事。

与名称、类别、类别的类别这种等级序列相对，还存在着一种命题和信息的等级序列，在后一序列中也必然存在罗素所说的类型间的非连续性。我们将这些称之为信息、元信息(meta-messages)和元元信息(meta-meta-messages)，而我称之为再次习得的过程也可以恰当地称之为元习得。

但这一问题更为复杂，因为，例如，指令类别本身不是一个指令，那么就有可能——甚至是经常会——以一种元语言来发布指令。如果"关上门"是一个指令，那么"听我的命令"就是一个元指令。军队里的惯用语"这是命令"，就是试图通过诉诸一个更高逻辑类型的前提而强化某个特定命令。

罗素的规则表明，就像我们不能从许多大象中划分出大象这一类别一样，我们也不能从诸如"关上门"这类指令中划分出"听我的命令"这一指令。但是，我们人类还是会继续这样做，并且将不可避免地总是陷入这样的混乱中，就像罗素所预言的。

重新回到我试图阐明的主题上来，即过程的连续性及过程之
294 结果的非连续性这个一般性问题，我现在要考虑的是如何对这一一般性问题的答案进行分类。答案必然要用最综合的术语来表述，但我们还是有必要将我们思考变化的过程呈现出来，这个过程必然先验地发生于所有习得或进化的系统或实体中。①

首先，有必要再次强调变量(根据定义，是在一个既定体系内

---

① 此处不适合讨论关于习得过程和进化过程之间关系的激烈争论。只提一下这两种对立的思潮都认为这两类过程在根本上是类似的就足够了。一方面，一些追随塞缪尔·勃特勒(Samuel Butler)的人提出，进化变化是习得的一种类型；另一方面，一些人则争论说习得是进化变化的一种类型。后者中的著名人士是阿什比和莫斯特勒(Mosteller)，他们的习得模式包括随机(stochastic)概念，很类似于自然选择和随机突变的概念。

的各项内）的变化与参数的变化（即定义系统的那些项的变化）之间的区别——请始终记住，是观察者在作定义。是观察者在制造关于他所研究的系统的信息（即科学），而正是这些信息在这种或那种语言中是必需的，因此也就必须具有**级别**：它们必须符合某种逻辑类型或是某些类型的组合。

科学家的任务就是成为一个好的科学家，也就是说，用这种适合于某一特定系统的逻辑类型学（或在类型学上相互关联的）信息来描述这一系统。罗素所说的类型是否“存在”于科学家们所研究的系统中，这是个哲学问题，超出了科学家的研究范围——甚至是个假问题。对于科学家来说，指出进行逻辑分类是任何描述者与作为描述对象的任一系统之间关系中的一个必然因素，就足够了。

我要提议的是，科学家应该接受并**利用**这一在任何情况下都不可避免的现象。他的科学——他对于所描述的系统的信息总汇——应该被构建、绘制成复杂程度不一的各种逻辑类型图表。按我的想象，所描述的每一信息在这张图上都有其位置，不同位置
间的类型学关系代表各种信息间的类型学关系。我们知道，正是 295
所有交流具有的本质使这种图表绘制成为可能。

但是在描述一个既定系统时，科学家要作很多选择。他选择用词，决定先描述系统的哪些部分；他甚至还要决定，为了描述这一系统，他要将其分成哪些部分。这些决定会影响图表上所表现的各描述信息元素之间的类型学关系分布，从这个意义上说，它们会影响整体描述。可以想象，对同一系统的同等充分的描述会表现为完全不同的绘图。在这种情况下，有没有某种标准，能使科学家有可能选择某种描述而放弃另一种？

很明显，如果科学家们能接受并且运用逻辑分类现象，那么这个问题就有了答案。他们对信息的精确编码很是谨慎，强调所用的每个符号所指的单一性。在这一简单层面上，模糊性是被拒斥的；并通过严格的规则来控制由观察转化为描述的过程，由此来避免模糊性。不过这种严格编码也同样可以运用于更高的级别。遵照编码规则，各描述信息间的类型学关系同样可以表现所描述的系统内部的关系。

总之，对记号所作的任何修正，或者是信号的各种修正之间关系的变化，都带有某种信息；同样，各信息之间关系的任何变化自身也带有信息。因为没有什么内在的原因能阻碍我们将描述信息之间的元关系的不同类别当作各种符号，这些符号的所指对象可以是所描述的系统内部的各种关系。

事实上，类似的描述技巧在某些领域内已经开始运用了，尤其
296 是在运动方程中。一阶方程（含 x）表示匀速度；二阶方程表示（含 x^2）表示加速度；三阶方程（含 x^3）表示加速度的变化；依此后推。这种方程级别与逻辑类型级别之间不仅仅是类似：关于加速度的陈述是高于关于速度的陈述的。我们所熟悉的维度规则是运用于物理的量的，而逻辑类型理论则是运用于类别和命题的。

我建议可以将部分这种技术运用于描述系统的变迁（不管是习得还是进化），而且，如果采用这种技术，我们就会有一个自然的基点，依此来对关于系统变迁问题的各种答案进行分类：根据这些答案所包含的信息的类型学将其分成不同类别。这种答案分类应该与根据系统的类型学复杂性所作的系统分类相一致，并与根据级别对变迁所作的分类相一致。

阐明了这一点，现在我们就有可能回到本书中关于描述与讨论的整体问题上来，在一般化的类型学尺度或地图上来剖析它。

本书开端以两种方式描述了雅特穆尔文化，在每种描述中，我都用对行为的相对具体的观察来证实我的普遍化结论。“结构性的”描述导向确证了关于认知理式的归纳，而对情感表达的观察则确证了对精神气质的集中概括。

在 1936 年写的后记中，我指出，精神气质和认知理式只是组织材料的不同方式，或者说是材料的不同“方面”。我相信，这只是换了一种说法说这两种归纳是同一级别的，或者说都属于罗素所说的类型。出于某种说不太清楚的原因，我需要运用这两类描述，但是将这两种描述呈现出来并不表示我所描述的系统确实具有此双重特质之复杂性。

在这篇简要的概述中，我们已经提及一种很有意义的双重性，也就是对行为的观察与归纳的双重性；我认为这一双重性反映了系统中一种特定的复杂性：习得和学会习得这一双重事实。系统中 297
固有的罗素式类型学的这一步由描述中的相应步骤表现出来了。

描述中的第二种对立——我认为它体现了所描述的系统内的真正对立——是精神气质-认知理式描述与社会学描述之间的对立。不过在这一点上，对立不太明朗。因为社会整体是由当地人的思维和交流来表现的，这种表现较之对个人、行为等的表现属于更高的类型。因此，描述片段应该服务于这一实体，而这一片段与描述的其他部分之间的界限就代表着所描述的系统内部的真正的类型学的对立。但是，就本书所描述的这个案例而言，这种界限并不是很明显，社会学作为一门研究社会的适应和持续的科学，其观念是与当地人的思维和交流中的格式塔式的“社会”概念混合在一起的。

接下来就应该讨论“分裂演化”的概念了。将这一现象独立画出并加以命名是否代表着系统内另一种复杂性级序？

对于这个问题，答案是非常肯定的。“分裂演化”这一概念潜含着一种认识，即系统存在着另外一种源于习得和个人互动的结合而产生的复杂性级序。分裂演化的单元是两个人组成的一个亚系统。这个亚系统包含着某种控制论循环的潜力，这种循环转化为一种累进式的变迁；因此我们不能在概念上忽视它，而必须用一种高于我们用来描述个体行为的任何一种语言的语言类型来描述它，而个体行为这一现象范畴只是分裂演化亚系统中某段弧线内的事件而已。

接下来要指出的是，本书起初的描述在类型学绘图方面存在着一个重大的错误。描述被表现为“共时的”[①]，这是个比较时兴
298 的术语，可以将它翻译成“排除不可逆转的变化”。这种描述的基本假设是，所描述的系统处于稳定状态，因此它内部的所有变化都可以看作变量的变化而非参数的变化。从自我辩护的角度，我会声称我说过肯定存在着一些能控制分裂演化失控的因素——但是我还是忽略了一点，而这从我们目前的视角来看是非常关键的，即这一系统必然包含着一些更大的循环线路，它们能够对分裂演化

① 人类学家还在另外一层意义上使用“共时的”这个词：用它来指忽略累进式变迁而只考虑某个短（或者说极小的）时间段的文化研究。在这一意义上，共时性描述之区别于历时性描述大致相当于微分之区别于积分。

起调整作用。由于忽略了作此推论，我没有描述系统的最高级别，这就使我曲解了关于描述的整个逻辑类型学。在本篇后记的前面部分，我改正了这一错误。

这样，我们就有可能至少是大致地考察对一个系统的科学描述，并将描述的逻辑类型学与所描述的系统的循环结构联系起来。下一步就是考虑对于变迁的描述，以此为准备，再思考怎样对这些描述进行分类，从而将其与现象的非连续性问题联系起来。

由上述内容我们可以明确推知，要描述变迁，必须用一种比我们用来描述稳定状态的语言更抽象的语言。因为关于加速度的陈述总是必然比关于速度的陈述属于更高的逻辑类型，所以关于文化变迁的陈述也必然比对文化的共时描述属于更高的类型。这一规则可以运用于关于习得和进化的所有领域。描述特征变化的语言必然总是比描述特征的语言属于更高的类型；描述精神病因或精神疗法——这二者都归结于变化——的语言必然总是比诊断所用的语言更为抽象。诸如此类。

不过，这只是换一种说法，适合于描述某一特定系统内的变化的语言也会适合于描述静态系统内最高的类型学级别，而这一静态系统的循环线路中存在着不同程度的复杂性。如果说本书主体部分关于雅特穆尔文化的最初描述是对其稳定状态的充分而准确的描述，那么，对更大的循环线路的补充描述所用的语言也正是适合于描述此稳定状态的**变化**或扰动的语言。 299

当科学家找不到一种合适的语言来描述他所研究的一些系统中的变化时，他可以设想一个更复杂的系统，从这个更复杂的系统中取一种语言来描述那个更为简单的系统内的变化。

最后，我们有可能会得出一个关于变化类型的粗略清单，将此清单上的各项与我最初提出的一般性问题——过程的连续性与过程结果的非连续性的对立问题——联系起来。

我们将系统S作为一个起点，我们的描述赋予它复杂性C，我们注意到，C的绝对值与我们当前讨论的问题毫不相干。我们所关注的是**变化**的问题，完全与绝对值无关。

现在我们来考虑S内部的事件和过程。可以根据陈述的级别给它们分类，为了表现它们，在描述S时必须要作这种陈述。关于S内部的事件或过程，我们要问的一个关键问题是：S中任一事件或过程能够被关于（作为**稳定状态**的、具有复杂性C的）S的描述所涵盖吗？如果能被涵盖，那就行了，我们不用处理任何能改变系统参数的变化。

不过，更为有趣的一种状况是，S中的哪些事件或过程不能被包含进关于复杂性C的描述中。这里我们就必须根据我们所观察到的干扰类型来选择某类元描述。

我们可以列出三种干扰类型：(a)像分裂演化那样的累进式变化，表现为一些相对表面的和变化很快的变量的值发生变化。如果不加控制，这种变化必然会扰乱系统参数。(b)如阿什比指出的累进式变化，通常是在某些比较表面的变量得到**控制**后，发生于比较稳定的变量（或参数？）中的变化。一旦对那些表面的和变化
300 很快的变量——它们先前是某种自我调整的循环中的基本连接——加以了控制，这类变化就必然发生。一个杂技演员如果不能随时改变他的身体与平衡杆之间的角度，那他随时都会失去平衡。

在这两种情况下，科学家都必须要在他对S的描述中加入比

先前在描述 C 时所用的陈述更高级别的陈述。

(c)最后一种情形是发生于系统 S 内的“随机”事件。当某种程度的随机性被引进系统之自我调整特质所依赖的那些信号上时，情形就更为有趣。关于习得的随机理论和关于进化的变异-自然选择理论都引用了这种现象作为描述或解释变化的基础。关于习得的随机理论假设了神经网中的某种随机变化，而变异理论假设了染色体的信息聚合中的随机变化。

根据我们目前的讨论，这两种理论都不令人满意，因为它们都没有定义“随机”这个词的逻辑类型。根据推理，我们可以推测，我们称之为**遗传型**(genotype)的信息聚合必然是由各种类型迥异的个人信息所构成的，它们由个别的基因或基因群所携带。情况更有可能是这样，即从整体上看，更为普遍化的和更高类型的信息会更经常地被基因群所携带，而更为具体的信息则通常由个别的基因所携带。这方面我们没有确切的知识，但小的“随机”扰乱事件要改变任何类型的频繁出现的信息，似乎是不可能的。接着我们必须问：当这些理论的追随者们使用“随机”这个词时，他们如何认识扰乱因素在不同类型的信息之中的分布所产生的影响？这类问题比我们目前讨论的概括性术语更专门化，这些问题可以阐明当前正在发展的新认识论所提出的问题。

如果我们可能对围绕非连续性现象而形成的过程和解释的基 301
本类型进行分类，那么在这个意义上，非连续性的问题就一目了然了。我们还是回到那个假想的系统 S 以及对这个系统的描述上来，我将其复杂性称为 C。非连续性的第一种类型相对来说不太明显，即观察系统在某一既定时间的状态，将其与此系统在其他时间的状态进行对比，而这种差异还是能够包含在原来的描述术语之中。在这种情形下，明显的非连续性或者是由我们观察的时间间隔造成的结果，或者要归于我们所研究的系统的交流机制中存在着时断时续的现象。

更明显的非连续性情形是在比较两个类似系统 S_1 和 S_2 时表现出来的。两个系统的变量都经历了连续性的变化，结果这两个系统逐渐分叉，或者说相互之间的差异越来越大。如果再有另外一些可能阻碍其日后趋同的因素参与进来，那么这种非连续性情形就比较显著了。不过，在对系统的描述中，这些因素当然必须由更高的逻辑类型的信息来表现。

非连续性的下一个范畴包括涉及所有参数对立的情形。我前面已经简要讨论过正在进行的过程的类型，这些过程必然会导致参数受到扰乱，我也已经指出，对一个正在经历变化的系统的描述，较之对不存在这种过程的系统的描述，必须是属于更高逻辑类型的。我认为，即使是在参数被扰乱导致了分裂变化之后参数的总体简化的情形下，也基本上是如此。在通常情况下，按照概率，这种扰乱很可能导致系统的“死亡”。在某些情形下，S 的简化版可能继续存在；还可能出现一种少见的情况，即参数被扰乱会导致一个新系统的产生，而且在类型学上比初始的系统 S 更为复杂。

这种很小的可能性或许正是整个有关习得、遗传学和进化领域中最具吸引力之处。不过，如果要用最一般化的术语来说，我们有可能比较精确地说明我们所设想的变化类型，并有可能看到这种累进式的非连续性变化所产生的结果，比如说，哺乳动物大脑中发展出端脑。不过我们还完全不可能对于参数扰乱——这些参数扰

乱会导致复杂性的正面增长——的范畴作出任何形式上的说明。 302

这是从逻辑归类现象引发出的最关键的难点。从本质上来说，我们不可能从有关复杂性C的描述出发，预测如果系统具有复杂性C+1时，它会呈现出什么状态。

这一形式上的难点最终必然会一直限制我们科学地理解变化，而且同时必然会限制我们规划变化的可能性——不管是在遗传学、教育、精神疗法领域，还是在社会规划领域。

由于形式的原因，某些谜还无法解开，而这正是那笼罩于事物之上的广袤的黑暗。

参考文献

W. R. Ashby. *Design for a Brain*. New York: Wiley, 1952.

——. *Introduction to Cybernetics*. New York: Wiley, 1956.

G. Bateson. "Bali: The Value System of a Steady State," in M. Fortes, ed., *Social Structure*. New York: Oxford University Press, 1949.

——. "The Message 'This Is Play,'" in Second Conference of Group Processes. New York: Josiah Macy Jr. Foundation, 1956. pp. 145－242.

G. Bateson, D. D. Jackson, J. Haley, and J. H. Weakland. "Toward a Theory of Schizophrenia," *Behavioral Science*, I (1956), 251－264.

R. R. Bush and F. Mosteller. *Stochastic Models for Learning*. New York: Wiley, 1955.

S. Butler. *Life and Habit*. London: Fifield, 1878.

——. Luck or Cunning. London: Fifield, 1887.

H. von Foerster, ed. Cybernetics. 5 vols. New York: Josiah Macy Jr. Foundation, 1949—1953. (Transactions of the 6th, 7th, 8th, and 9th Conferences.)

C. P. Martin. *Psychology, Evolution, and Sex*. Springfield, Ill.: Charles C. Thomas, 1956.

L. F. Richardson. "Generalized Foreign Politics," *British Journal of Psychology Monograph Supplements*, No. 23 (1939).

J. Ruesch and G. Bateson. *Communication: The Social Matrix of Psychiatry*. New York: W. W. Norton, 1951.

B. Russell. Introduction to Wittgenstein, *Tractatus Logico-Philosophicus*. New York: Harcourt, 1956.

C. E. Shannon and W. Weaver. *The Mathematical Theory of Communication*. Urbana: University of Illinois Press, 1949.

C. H. Waddington. *The Strategy of the Genes*. London: Allen & Unwin, 1957.

H. Weyl. *Philosophy of Mathematics and Natural Science*. Princeton: Princeton University Press, 1949.

A. N. Whitehead and B. Russell. *Principia Mathematica*. Cambridge: Cambridge University Press, 1910.

N. Wiener. *Cybernetics*. New York: Wiley, 1948.

本书中所使用的亲属称谓图表

A

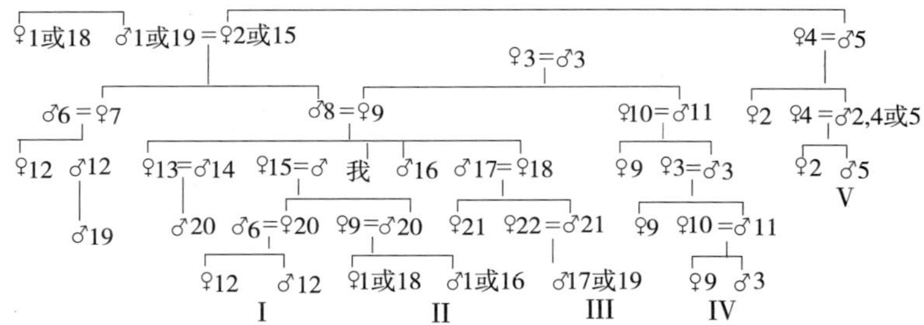

B

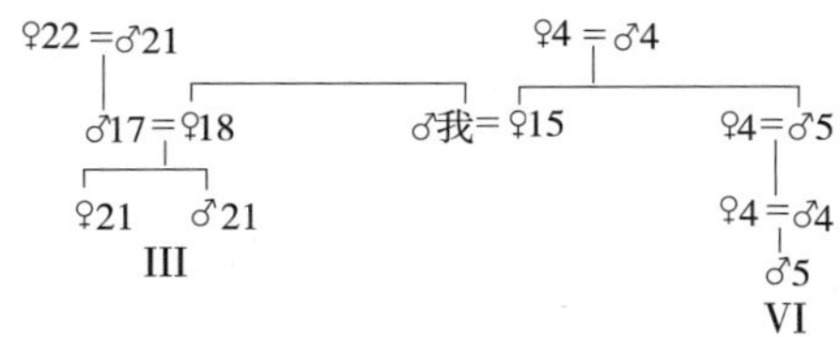

图　　例

A 血亲亲属称谓(男性专用)　B 姻亲亲属称谓(男性专用)　♂ 男性　♀ 女性　= 婚姻关系　| 世系关系

┌──┐ 兄弟姐妹关系

阿拉伯数字指代对个人的称谓。罗马数字指代对父系群体的集体称谓。

1. 恩格韦尔　4. 奈萨加特　7. 艾奥　10. 姆博拉　13. 茨海希　16. 茨哈恩博　19. 艾南　21. 劳阿
2. 艾埃　5. 塔旺图　8. 尼艾　11. 沃　14. 恩亚芒　17. 兰多　20. 尼安　22. 凯希-拉格瓦
3. 姆布安博　6. 农杜　9. 恩亚米　12. 纳　15. 塔格瓦　18. 恩扬盖

I. 凯希纳姆帕　III. 兰欧阿纳姆帕或劳阿尼昂古　V. 艾埃纳姆帕(如果“我”娶了此群体中的某个妇女,则对此群体的称谓改成托瓦-奈萨加特)

II. 自己的氏族　IV. 沃恩亚米(儿子的艾埃纳姆帕)　VI. 托瓦-奈萨加特(儿子的沃恩亚米)

专业术语及土著词汇索引汇编

（索引中提到的页码为原书页码，即本书边码）

Adaptive function 适应功能　当我们说一个功能系统的某部分以这样那样的方式运转，其目的是为了在作为一个整体的系统中产生出这样那样的预期效果，那我们就是在说适应功能；同时我们也濒临目的论错误的边缘。不过要从这一观念转换为认识到每一个细胞或器官根本就不在乎我们的存活，还是要经历一段艰难的历程。我们可以通过认识到种种非预期效果并不少见而部分避免目的论的危险。我们也可以通过诸如以下说法来避免把目的论理论过于当真，比如说父亲之所以在纳文仪式中无足轻重，是因为进一步强调父子之间的纽带并不能提高社群的整合程度。参见第 27、211 页。

Affective and cognitive 情感的与认知的　本书在比较宽泛的意义上使用这两个术语。“情感的”是指“与感情相关的”，而“认知的”是指“与思维相关的”。关于这两个术语的更具批判性的再解释，见第 275 页。

Affective function 情感功能　一些文化行为细节满足或没有满足行动着的个体的情感需要之效果。参见第 32 页。

agwi 阿格威　漂浮的水草组成的岛，它们可以形成相当大的面积并具有相当的稳固性。它们在湖面上形成，但散开后就会沉入塞皮克河。据说鳄鱼就居住在这种水草岛之下。因此，在他们的萨满教行话中，瓦甘（它们是鳄鱼）会将一座房子称为阿格威。

Alternation 交替　参见第 224 页及以下诸页。

angk-au 安格考　字面意思是“陶器碎片”，代指在屋子下的古老陶片所象征的祖先的灵魂。参见第 45 页。

awan 阿万　由母亲的兄弟给姐妹的儿子所取的名字后缀。这个后缀的字面意义是“面具”或者“老人”。参见第 43 页。

bandi 班迪　新手或初入门者；年轻人；成年礼系统中的 Ax_3 或 Ay_3 层级。“*-bandi*”是一个名字后缀，是在成年仪式之后由沃给劳阿取的。参见第 43 页。

b.s.(both speaking) 双性使用　指某个亲属称谓男性和女性都可以使用。

Calculating man 计算人　从纯经济视角来看的共同体中的个人。用这一短语就不需要再假定人是在进行“算计”的。参见第 27 页。

Centripetal 中心化的　如果一个群体的组织系统是围绕一个单一的中央权威或依据某种形式的等级制组织起来的，我们就说它是中心化的。参见第 99 页。

Clan 氏族　我用这个词来指依单系追溯的父系群体。雅特穆尔人中有 50—100 个氏族，其中 10—20 个氏族在任何一个村子中都有成员。在很多情况下，氏族是成对的，可以上溯到一对兄弟，其中一个氏族被称为另一个氏族的“兄长”。也存在着更大的氏族群体。见“Moiety”。

Cognitive 认知的　参见“Affective”。

Complementary 互补型的两个个体（或两个群体）间的关系在以下情况下可以说主要是互补型的：其中某个个体的绝大多数行为从文化的角度被认为属于一种类型（比如专断），而另一个体对之作出回应的绝大多数行为从文化的角度被认为是与之形成互补的行为（比如顺从）。参见第 176 页。

Configuration 构型　见第 33 页的定义。

Cyclothymia 躁郁症　克雷奇马尔所描述的一种气质特征的综合病症（《体格与性格》，1925 年）。这种气质表现为一种周期性地在兴奋与忧郁之间转换的倾向（以及其他一些症状）。这种气质被认为是与矮胖体格相关的。参见第 160 页。

Developmental psychology 发展心理学　研究由于成长和经历所造成的个人心理所发生的变化的学科。

Diachronic 历时的　可以很方便地将科学的人类学区分为两个主要的领域：一是历时的，主要关注文化变迁的过程；一是共时的，主要关注在一个既定时段中文化系统的运作。共时人类学忽略文化细节的历时起源。参见第 3 页。

Diagonal dualism 对角线二元论　一种思维方式，将成对的群体、个人或事物视作彼此对称的对立物（第 239 页）。本书的结尾指出，在“对称型的”一词用于指关系性质的意义上说，“对角线的”等同于“对称型的”。参见第 271 页。

Direct dualism 直线二元论　一种思维方式，将成对的群体、个人或事物视作彼此互补的（第 239 页）。关于“直线的”与“互补型的”的等同关系，参见第 271 页。

Discrimination 区分　等同的对立面，参照“Identification”。

Dynamic equilibrium 动态平衡　在功能系统中事物的一种状态，即虽然看不到明显的变化，但我们认为其中正在持续地发生着各种微小的变化，它们之间相互抵消。参见第 175、190 页。

Eidos 认知理式　参见第 25 页的脚注，以及第 30、220 页。

Ethos 精神气质　参见第 2 页的脚注，以及第 30、32、114、119、123 和 276 页。

External (or lateral) sanctions 外部（或横向）制裁　我用这个词来表示加于群体某成员之上的制裁是由群体外的人员所施加的。参见第 98 页。

Formulation 程式　我是在宽泛地把它当做文化预设之同义词的意义上来使用这个词的。

Function 功能　参见第 26 页以及以下诸页。

Grade 层级　雅特穆尔人的成年礼群体系统不大容易用英语描述出来。我多少是在“等级”这个词的非惯常意义上来使用它的。对这一系统的描述见第 245 页。

Homicide 杀人者　杀死了另一个人的人。在雅特穆尔人中，成功地杀死了敌人的人才有资格佩戴特别的饰物，这被称为“杀人饰物”。

iai 艾埃　父亲的母亲，父亲的母亲的兄弟的女儿，同一父系氏族内的所有妇女都被称为艾埃。这个名称[或者是奈萨加特（*naisagut*）或塔旺图（*tawonto*）]也用于指她们的兄弟。关于艾埃与艾南（*ianan*）的婚姻，参见第 88 页及以下诸页。

ianan 艾南　儿子的儿子（女性专用）；父亲的姐妹的儿子的儿子（双性使用）；艾埃（*iai*）的对应者（参见“*iai*”条）。

iau 艾奥　真正的和类分的父亲的姐妹。

Identification 等同　参见第 35 页上的解释。

Initiatory groups 成年礼群体　参见第 245 页的图表。

Institution 机制　参见 27 页上对此概念的批评。

Internal sanctions 内部制裁　我用这个术语来指由同一群体中的其他一些成员强加于群体某一成员的制裁，我并不用它来指与道德感相关的心理感觉等。

kaishe nampa 凯希纳姆帕　一个集体名词，指自己的女儿所嫁入的父系群体的成员。

kaishe-ndo 凯希-恩杜　孩子的配偶的父亲；*kaishe-ragwa* 凯希-拉格瓦　孩子的配偶的母亲。这两个词也用于其后代可能会结为婚姻的人们之间。例如某人会称姐妹的儿子的妻子为凯希-拉格瓦。凯希这个词也用来指在贝壳流通中参加仪式性礼物交换的各方。

kamberail 肯贝雷尔　一种成年礼群体，属于 By_4 或 Bx_4 层级。参见第 245 页。

kanggat 康加特　兄弟的孩子（女性专用）；与艾奥（*iau*）对应。

kau 考　暴力。参见第 140 页。

kop 科普　用来泛指祖先灵魂的一个词，这些灵魂守卫着其后代并在战争中帮助他们。它既包括姆布万（*mbwan*），也包括安格考（*angk-au*）。

lan 兰　丈夫。

lando 兰多　真正的和类分的姐妹的丈夫，姐妹的儿子的儿子（女性专用）。有时候这个词也用于将娶说话者的姐妹的男人，因此，这个词有时候会作为艾南（*ianan*）的替代词使用。

lan men to！兰门陶！　“你是个真正的丈夫！”参见第 82 页的脚注。

lanoa nampa 兰欧阿纳姆帕　字面意思是“丈夫那边的人”，一个用来指说话者的姐妹所嫁入的父系群体成员的集体名词。参见第 93 页的解释。

Lateral sanctions 横向制裁。参见“External sanctions”。

laua 劳阿　姐妹的孩子，姐妹的丈夫的父亲（男性专用），以及其他与他们归为一类的亲戚。参见第 94 页。

laua nyanggu 劳阿尼昂古　包含了说话

者类分的劳阿(*laua*)所属的父系群体。参见第 94 页。

laua-ianan 劳阿-艾南　劳阿尼昂古(*laua nyanggu*)的同义词。

Leptorrhine 长鼻子　这个词用来宽泛地表示"鼻子狭长"之意。参见第 163 页。

Logic 逻辑　参见第 25 页和第 220 页的注脚。

mbapma 姆巴普马　字面意思是"一行"，尤其是指并排排列的一行人，以区别于一列人。这个词也用于指由间隔的各代构成的群体。在每个父系支系中都存在两个姆巴普马，一个包括自己一代、自己的祖父一代和自己的儿子的儿子一代的成员，另一个姆巴普马则包括自己的父亲一代和自己的儿子一代。

mbora 姆博拉　母亲的兄弟的妻子，所有属于母亲的兄弟这一类别的男人的妻子。

mbuambo 姆布安博　母亲的父亲，母亲的母亲，母亲的兄弟的儿子，母亲的兄弟的儿子的妻子，父亲的兄长。关于一个雅特穆尔人对这个词的错误用法，参见第 39 页。

mbuandi 姆比尤安迪　一种产鲜艳的橙色果实的树。

mbwan 姆布万　被杀死并埋在一块立起的石头或仪式垛之下的敌人的魂灵。这些魂灵被视为祖先，人们相信它们会在战争中和在繁衍人口方面给予助益。

mbwatnggowi 姆布瓦特戈威　仪式人偶，代表着与多产联系在一起的氏族祖先的灵魂。参见第 233 页和图片 XXV 和 XXVII。

mbwole 姆布沃尔　一种给男孩们提供的小礼堂，尤其是给成年礼层级中的 Ax_5 和 Ay_5。

mintshanggu 明茨汉古　一种葬礼。参见第 47 页。

Moiety 半偶族　雅特穆尔社会分为两个图腾群体或者说半偶族，分别为尼奥威(太阳)和尼阿米(母亲)。在成年礼仪式中也分为相互交叉的半偶族(参见第 245 页)。这些群体中所有成员的关系都是根据父系继嗣而定的。

Motivation 动机　参见第 275 页上对"认知"和"情感"这两个术语的阐述。

m. s. 男性专用；放在亲属称谓的译词之后，表示在此既定意义上，这个称谓只由男人使用。

mwai 姆外　与瓦甘(木梆)类似的神话存在物，由带有大鼻子的面具来表征。参见第 233 页和图片 XXVIII_B。

na 纳　父亲的姐妹的孩子(男性专用)；女儿的孩子(双性用)；姆布安博(*mbuambo*)的对应者。

naisagut 奈萨加特　妻子的父亲，妻子的母亲，妻子的兄弟的妻子，妻子的母亲的兄弟。参见第 91 页。

nambu wail 纳姆布韦尔　纳姆布=头，韦尔=鳄鱼。韦尔这个词用来指任一成年礼群体(半偶族、四分群体或代际群体)。"鳄鱼的头"是指在成年礼系统中的某一代群体中的年长成员。参见第 245 页。

nampa 纳姆帕　人。

nasa 纳萨　丈夫的姐妹的孩子；姆博拉(*mbora*)的对应者。

naven 纳文　雅特穆尔人的一套仪式惯例，本书利用它来展开理论分析。

ndjambwia 恩德詹布威阿　插在地上的长钉或一些巫术装置，用来阻挡侵入。参见第46页。

ndo 恩杜　男人。

nemwan 内姆万　大的，伟大的。

nggambut 恩甘巴特　竖在妇女坟边的杆子。参见第55页。

nggambwa 恩甘布瓦　复仇；一个将尸体撕成碎片狂怒的女人。参见第57页。

nggelakavwi 恩盖拉卡弗威　一种块茎状的真菌。参见第59页。

ngglambi 恩格拉姆比　参见第54页及以下诸页，以及第140页。

nggwail 恩格韦尔　父亲的父亲，父亲的父亲的姐妹，儿子的儿子，儿子的女儿。这一称呼也用于指氏族的图腾祖先。

nggwail-warangka 恩格韦尔-瓦朗卡　参见第39页。

nggwat keranda 恩格瓦特凯兰达　当一个女孩从父母家出嫁时，她的亲戚为她装扮。这些装扮的饰物就构成恩格瓦特凯兰达，是赠给其丈夫的仪式性礼物。参见第105页。

nian 尼安　儿子，女儿（女性专用）和父亲的姐妹的孩子。这是个用来指孩子（其复数形式是“*nyanggu*”）的常用词，也会作为纳姆帕（*nampa*，人）的同义词使用。

nondu 农杜　女儿的丈夫，父亲的姐妹的丈夫，丈夫的姐妹的丈夫；是奈萨加特（*naisagut*）的对应者。

nyai' 尼艾　父亲，类分的父亲的兄弟。参见“*mbuambo*”和“*tshambwi nyai*”。这个词在纳文中指父亲的姐妹。

nyame 恩亚米　母亲，母亲的姐妹（真正的和类分的）；母亲氏族里的任一妇女；儿子的妻子（男性专用）。这个称呼在纳文中指母亲的兄弟。

nyamun 恩亚芒　同一性别的兄长或姐姐，兄弟（妇女专用）；父亲的父亲。这个词也在各氏族（参看“clan”条）和各成年礼群体（参见第245页）之间使用，在纳文仪式中指母亲的兄长。

nyanggai 恩扬盖　真正的和类分的姐妹（男性专用）；父亲的父亲的姐妹（男性专用）；儿子的女儿（男性专用）。

Peripheral 边界互分的　一个群体组织系统如果不是依靠一个更高的权威，而是依照其他对等的群体的行为来实施制裁，那我们就说它是边界互分的。

Potlatch 夸富宴　一种竞争性的仪式给予，是（加拿大）不列颠哥伦比亚省西北海岸的印第安人的典型行为。

Pragmatic function 实用功能　对这一概念的批评与细分，参见第30页及其后诸页，亦可参见第261和264页。

Premise 前提　定义见第24页。

pwivu 普威维尤　参见第46页。

Rite de passage 通过仪式　与身份变化相伴随或导致身份变化的仪式。

Schismogenesis 分裂演化　定义见第175页。

Schizothymia 气质分裂　克雷奇马尔所描述的一种综合气质特征。（参见“Cyclothymia”。）精神分裂的特征是在情感麻木和感觉过敏之间突然性的、没有规律地转换等。

Segmentation 分裂　一个功能系统如果包括两个或更多的部分，其中每一个都在一定程度上与其他部分相同，我们就可以说它是分裂式的，例如一个氏族系统或一条蚯蚓。

Siblings 兄弟姐妹　任一性别的、拥有共同的双亲或单亲的人。

Social psychology 社会心理学　参见第175页的尝试性的定义。

Social structure 社会结构　关于这一概念与文化结构概念的区别，参见第25页。

Sociology 社会学　我在很狭义的意义上使用这一词。参见第30、34页。

Standardisation 标准化　一个共同体中的个人通过行为上的相互模仿而被塑造的过程。参见第33、34、113和255页。

Structure 结构　参见第25页的文化与社会结构的定义。

Symmetrical 对称型的　如果一人(或群体)以同类的行为对另一人(或群体)的行为作出反应(例如互相都以专横的态度对待对方)，那这两个个体(或群体)之间就存在着对称型的关系。

Synchronic 共时的　参见“Diachronic”条和第256页。

Syndrome 综合症状　在本书中用作一个集体名词，指功能系统的各种特征。这一术语在医学中用来指身体在生病状态下出现的种种另外的特征。

tagail 塔盖尔　男孩们的小礼堂，尤其是提供给 Bx_4 和 By_4 的成员的。参见第136页。

tagwa 塔格瓦　女人，妻子。这一称呼也会以诙谐的方式用于父亲的母亲身上。

tambinyen 坦宾延　两个对立的半偶族中的一方，与说话者属于同一世代群体。例如成年礼群体中的 Ax_3 是 Ay_3 的坦宾延古。

tambointsha 坦博因特沙　羽毛穗子，一种表示杀人的标记。参见第46和72页。

tavet 塔维特　木梆的一种节奏，用以召唤某人或某个群体。

tawontu 塔旺图　字面意思是“妻子-男人”，指真正的和类分的妻子的兄弟和父亲的母亲的兄弟(男性专用)。这个称呼是兰多(*lando*)的对应词，并会扩展到指男性的艾埃(*iai*)。

timbut 廷巴特　一种用在净化仪式和巫术中的小柠檬，用作泻药。参见第155页。

towa-naisagut 托瓦-奈萨加特　一个集体名词，指妻子氏族的成员。参见第93页。

Transvesticism 男女易装　男人穿女人的衣服或者女人穿男人的衣服。

tshaishi 茨海希　真正的和类分的兄长的妻子(男性专用)。

tshambwi nyai' 茨汉布威尼艾　自己的父亲的弟弟。

tshat kundi 茨赫特孔迪　将姐妹的孩子指认为祖先的一种行为。参见第44页。

tshimangka 茨希芝卡　一种鱼；成年礼仪式中的一项仪式，受礼者像鱼一样地跳舞。

tshimbwora 茨欣布沃拉　悬挂着的一条条棕榈叶穗子，在成年礼仪式中用作屏风。瓦甘(萨满)用这个词指水。参见第47页。

tshivla 茨希弗拉　长的。

tshuambo 茨哈恩博　同一性别的更小的兄弟或姐妹；儿子的儿子（男性专用）；丈夫的弟弟。

Tshuosh 茨沃什人　一个紧挨着雅特穆尔北部居住的部落。

tshugukepma 茨赫加克普马　一种仪式，在这种仪式中，姐妹的孩子作为他们的母亲的兄弟的氏族的祖先跳舞。参见第10页。

tshumbuk 茨亨巴克　在巫术中用的尖棒。这种棒已被人格化了。参见第60页和第72页。

wagan 瓦甘　这个词在中部雅特穆尔人中有两种用法：(a)指某些特定的氏族祖先的神灵，他们附体于萨满并通过他们的嘴说话；(b)在成年礼仪式中使用的神圣的木梆。在东部雅特穆尔人中，这个词只有木梆的意思，它另有一个词(*lemwail*)用来指那些祖先神灵。不过，在中部雅特穆尔，木梆和祖先神灵在本质上是同样的。参见第55、233和236页。

warangka 瓦朗卡　父亲的父亲的父亲。

wau 沃　母亲的兄弟，儿子的妻子的兄弟，以及其他与他们同类别的亲戚。

wau-mbuambo 沃-姆布安博　集体名词，指自己的氏族成员或类分的母亲。

windjimbu 温德津布　居住在树中的精灵。参见第65页。

w. s. 女性专用。放在一个亲属称谓的译词之后，表示在此意义上，这个称谓只由妇女使用。

yigen 伊根　美丽的、温柔的、安静的。参见第141页。

yigen kundi 伊根孔迪　字面意思是“安静地唱歌”。在葬礼上由妇女进行的仪式。参见第156页。

yivut 伊瓦特　参见第129页的脚注。

图　　片

I 洪水季节时帕林拜村的跳舞场。沃姆庞奥(即跳舞场)是沿着村庄中心往下的一条长林荫道,林荫道中间有男人的礼堂,我们在这张照片中能看到一座。沃姆庞奥两边是护堤,上面种着椰子树、巴豆树、香蕉树等,这样这些树就能高出洪水期的水面。居所位于沃姆庞奥的两边,在这些植株后面。这张照片是从另一座礼堂的楼上拍的。在照片的最前景之处,是种在属于此礼堂的仪式垛上的龙血树的顶部。再往后是一个妇女在划着独木舟穿过沃姆庞奥。在远处那座礼堂的前面和左边,我们可以看见属于它的仪式垛。

II_A　为一个姐姐的儿子造了一条大的新独木舟而举行的纳文。这两个青年男子是沃(母亲的兄弟),他们作老妇女装扮,穿着破烂的雨披和脏污的裙子。他们撑着妇女在划独木舟时使用的短桨在村里跌跌撞撞地走来走去。(男人用的是10到12英尺长的桨,并且在划桨时是站立着的。)其中近景中的那个沃手里抓着一只准备送给劳阿的白鸡。

II_B　帕林拜村的纳文仪式:两位沃在寻找他们的劳阿。

$Ⅲ_A$　帕林拜村的纳文仪式。两位沃在去往他们的劳阿制作的独木舟的路上。后景中那位沃鼻子上垂下来的“饰物”是用陈腐的西米块做的。

$Ⅲ_B$　帕林拜村的纳文仪式：一位沃。

IV_A　帕林拜村的纳文仪式。一位沃装出虚弱的样子跌倒了。孩子们聚在旁边大笑。

IV_B　帕林拜村的纳文仪式。一位沃到了独木舟那儿，跌进了独木舟里，腿大大叉开。另一位沃则费劲地在爬过来。

V_A 坎卡纳芒村的一个小型纳文仪式。劳阿纳姆帕协助了一项建房工程。工程结束，一位沃装扮成妇人，图片上显示他正在抱着一个头颅跳舞。这个头颅是他的一个劳阿从敌人那儿取得的。这个绘彩头颅是用泥土在一个敌人头骨上模塑成的，有些年头了。

V_B 坎卡纳芒村的成年礼仪式。受礼者与母亲分离开，而他的沃则在仪式中担任了母亲的角色，被称为恩亚米（“母亲”）。图片上显示沃让一位受礼者骑跨在肩上，这是母亲通常背负幼小孩子的方式。

VI$_A$　坎卡纳芒村妇女举行的纳文。一个男孩造了一条新的独木舟，这张照片显示了他的“母亲们”，即父亲的姐妹和兄长的妻子在庆祝这一成就。这只是一次小的纳文，这些女人们的男女易装是一种权宜的变体。有两个“母亲”解下了裙子坐在独木舟里，用女人用的短桨划水，也就是说，她们是裸体的而不是着男装的。而父亲的姐妹和兄长的妻子虽然用的是女人的短桨，却站着划桨，而这是男人划桨的方式。

VI$_B$　同一场纳文。照片显示出那些着男装的女人们摆出的战斗姿势。她们其中一人穿着用叶子做成的遮阴围裙，一种对男人所穿围裙的粗陋复制。

Ⅶ$_A$　坎卡纳芒村的男人礼堂。这是所有河岸村庄中最好的礼堂。用西米椰子叶铺就的屋顶黄色褐色交杂，颇有装饰意味。可以看见屋顶下的山形墙正面有四个小窗户，每个窗户上都放着一个敌人的头骨。这些窗户上面挂着一张奇形怪状的脸，从照片中我们只能看到上面的牙齿和新月形的鼻饰。房子前面是仪式垛，敌人和俘虏的尸体就是放在这上面。梯子脚处是一种叫做瓦尼的小树，它是拥有此礼堂末端的氏族的图腾祖先。这房子有130英尺长。

Ⅶ$_B$　一个男人在辩论。此姿势是他为拍照摆出的。他站在装饰繁复的辩论凳旁，手里拿着三束叶子，当他演讲时，就用这些叶子击打那凳子。这张照片是在马林盖村的礼堂里拍的。

ⅧA　(左图)帕林拜村的礼堂一角。照片显示了撑住楼面的一根柱子。柱子顶端的雕刻代表着温德津布,树木精灵。

ⅧB　(右图)为帕林拜村的一个礼堂树起房柱。在这根支柱四周搭起了脚手架。脚手架的横杆没有固定,这样就可以移动它们的位置,让房柱竖起来。每向上竖立一步,横杆就被从下面抽开去。房柱是由两批人竖立起来的,一批是站在旁边脚手架上的人,一批是在下面推动绑在一根竹竿上的横梁的人。一圈竹茎将这根竹竿与房柱的顶端部分绑在一起。这一工作是由建造礼堂的氏族的姻亲来完成的。进行这项工作时,要伴随着敲木梆和吹笛子。

IX$_A$　明丁比特村的一对木梆。这张照片只显示了木梆端口处精细的雕刻图案。这一对样本上雕刻的是一对大虾的带喙的头。虾的鼻子被突出出来，以突出这些拥有大鼻子的图腾祖先，即象鼻虫、对虾之类。近景处的这支木梆，在所刻的喙的根部，雕刻了一只青蛙，后腿沿一条长波浪线伸展着。

IX$_B$　坎卡纳芒村的成年礼仪式。施礼者站成两排，手里拿着棍子。受礼者们要从照片后景处的叶幕中冲出来，穿过这些施礼者的夹击。不过实际上，受礼者的父亲会和他一道出来，用自己的背部帮他挡住棍击，护住儿子的背。击打父亲和击打受礼者效果大致相同，因为他们都属于同一个成年礼半偶族。

X　马林盖村的成年礼仪式。受礼者俯卧在一条翻转了的独木舟上，紧紧抱住他的母亲的兄弟，后者充当着安慰者和“母亲”的角色。受礼者的对立半偶族的一个施礼者正在用一把小竹刀片割开他的背部。前景中是一只装着水的碗，碗里放着一些用来擦拭血的纤维物。那两个男人脸上画的白黑色彩是一种杀过人的荣耀标志，在每一仪式场合都会画上。那个施礼者戴的负鼠毛皮带是杀过人的光荣标记。

XI_A 坎卡纳芒村的成年礼仪式。受礼者坐在他的母亲的兄弟的大腿上，施礼者正在给受礼者的奶头上割新月形口子。头上插着极乐鸟羽毛的施礼者正在进行切割，其他施礼者则在观察他的技艺并帮助抓牢受礼者。

XI_B 同一场成年礼仪式。在受礼者背部进行切割。其他施礼者则在观看这一手术。

XII　明丁比特村的成年礼仪式：欺凌受礼者。在其背部被切割约一周后，受礼者每天上午都要经受一系列的欺凌仪式。他被迫像女人那样蹲着，戴着面具的施礼者们以种种方式来虐待他。这张照片所显示的是一种新近发明出来的方式。施礼者所戴的面具是由居住在跃特河源头处的山区人制作的。这个面具后来不知怎么（或许是通过劫掠）到了下塞皮克河流域的土著人手里。一队在外地打工的雅特穆尔人在回来的路上偷来了这个面具，现在它被引入到了当地的成年礼仪式中；人们称它为*图姆布安*（一个用来指面具的常用洋泾浜英语）。这个*图姆布安*被用来占卜偷窃事件。照片中施礼者膝盖前的地上放着的牛骨（从某个种植园里拿来的）被用绳子吊起来挂在受礼者的脸前。然后，*图姆布安*用女性第二人称单数称呼受礼者，问：“你是那个偷了印花布的孩子吗？”然后他推一下骨头，让它摆动起来，而这就表明回答是肯定的；他便扇受礼者耳光。类似还要问到是否偷了洋芋、香蕉、烟草等等，而每次占卜询问的答案都是肯定的，而受礼者就要一次次地被掌掴。

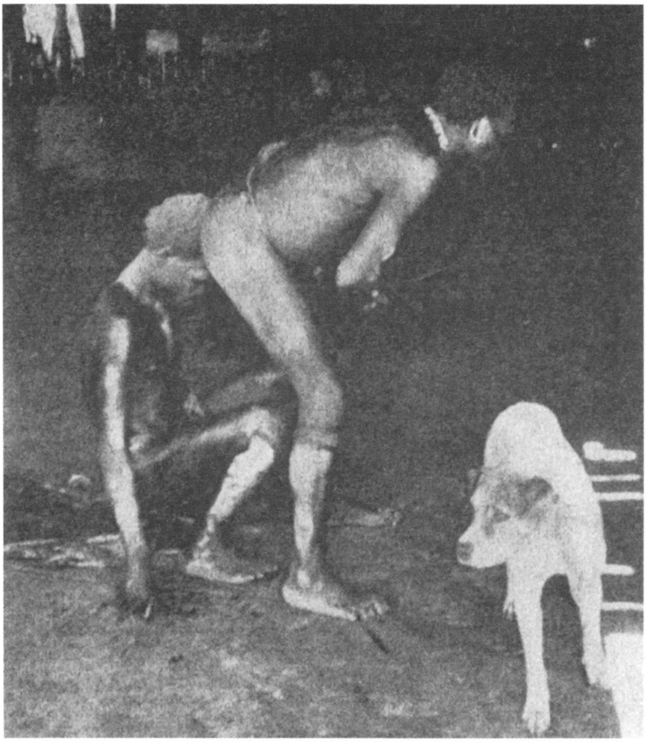

XIII$_A$ 明丁比特村的成年礼仪式：施礼者用屁股蹭受礼者的头，以表示对后者的轻蔑。这个姿势很不同于沃的姿势，沃是通过用屁股蹭劳阿的腿而羞辱自己。（照片中的狗是民族志作者的，不是本地种。）

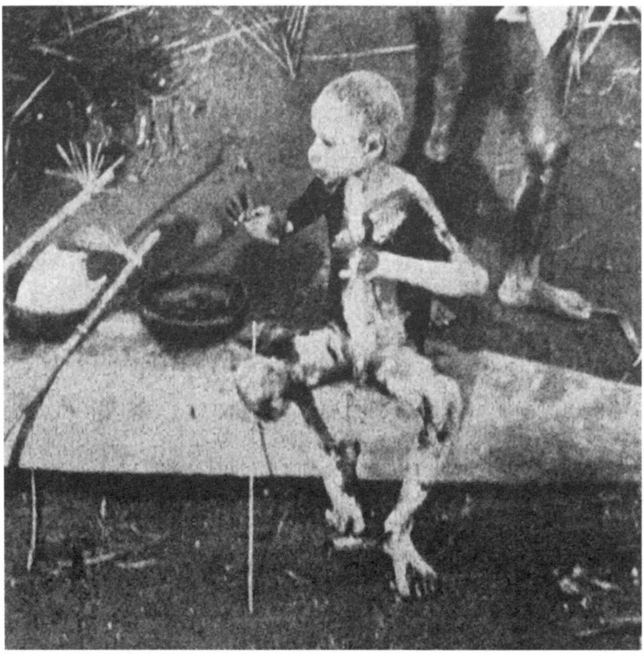

XIII$_B$ 明丁比特村的成年礼仪式：一个受礼者正在吃饭。他在吃饭前必须被清洗，即使这样，他也不能用手接触食物，他必须很艰难地用一对竹夹子或窝起叶子来取食。这是这次成年礼仪式中最年幼的一个受礼者。他身上被切割的伤口用油涂抹了，而身体的其他部分则被抹上了黏土。

XIV　明丁比特村的成年礼仪式。在名义上的五天(但实际上往往要远远多于五天)内的每一天中,受礼者在上午受折磨,下午可以休息。这张照片显示出他们正在休息,或坐或卧于铺在礼堂地面上的垫子上。施礼者则坐在高一些的台座上,俯临他们的受礼者。礼堂的中央成对地放着木梆。对立半偶族的施礼者们坐在礼堂另一侧的台座上。他们脚下被木梆挡住了的地面上,躺着他们所施礼的受礼者。放置于礼堂中央的木梆上面放了一对笛子,在照片前景中最近的那根房柱前放着一对水鼓。横梁上的钩子上挂着属于施礼者的羽毛头饰之类。

XV$_{A}$　坎卡纳芒村的居所。

XV$_{B}$　坎卡纳芒村的居所内部。前景中满是用灯芯草编成的防蚊袋。通常男人有一个自己的防蚊袋，每个妻子各有一个。在照片最右边处的那种单独的大防蚊袋是给孩子们的，他们睡在一起。屋子上面挂着很多篮子和带有图案的绳袋，后者是从茨沃什人那里买来的。照相机架在房屋前端的空地上，在房屋的另一端，即在这些防蚊袋后面，还有对应的一块空地。

XVI A　明丁比特村的妇女们乘着小独木舟沿河岸查看她们的鱼筌。

XVI B　帕林拜村的妇女在湖中打鱼。两个妇女分别站在两条小独木舟的船首上抬起圆形的渔网。各有一名妇女在船尾划桨。这种被称为德久拉的渔网是用来捕捞藏在浮草小岛下面的鱼的。渔网被推入到浮草岛边缘下，然后再把它抬起来。有时候网里只会捞到一小片草，妇女们就把它扔出去。

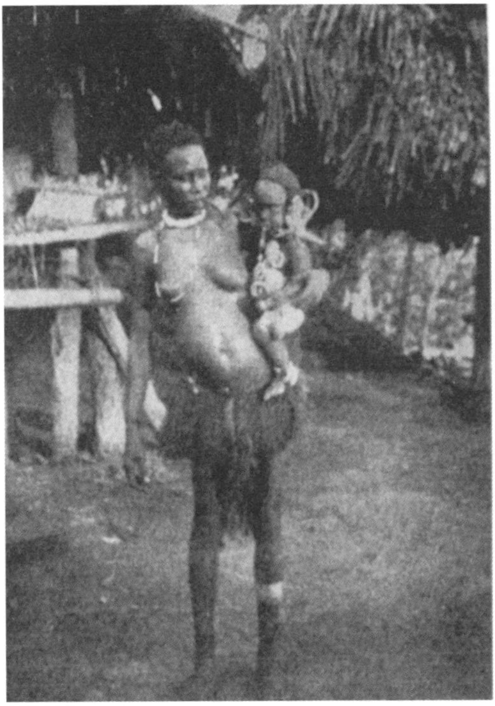

XVⅡ$_A$ 明丁比特村的一位妇女和她的孩子。孩子身上披挂着繁多的贝壳，这在日常生活中也是普遍现象。妇女和孩子在面对拍摄者时都显得很害羞。

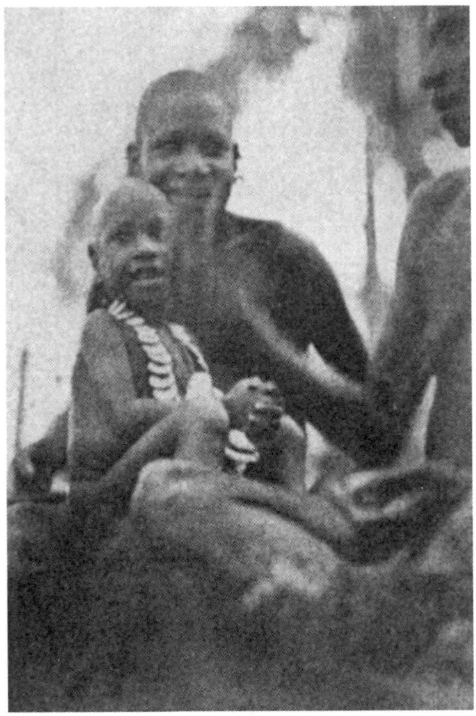

XVⅡ$_B$ 坎卡纳芒村的一位妇女和她的孩子。照片是在她不知情的情况下拍摄的。

XVIII_A　妇女和孩子组成的观众正在观看男人们的演出。年轻的妇女们，尤其是孩子们，为这一场合佩戴上了许多饰物。正在进行的演出的是一种瓦甘舞蹈。

XVIII_B　By_2 和 Bx_2 两个年龄层级的老年男人正在跳瓦甘舞。瓦甘是在神话中与水相关的神灵。它们的声音是通过木梆的敲击声来表达的，后者是成年礼的一个秘密。扮演瓦甘的两个男人着盛装，拿着一张德久拉（即渔网，参见图片 XVI_B），在起源神话中，瓦甘就是在这个渔网中被抬出水中的。渔网中有一条木制的鱼，绑在渔网底端。

XIX$_A$　妇女们为参加茨赫加克普马仪式队列而在身上涂抹上各种图案并佩戴上各种饰物，在这一仪式中，妇女排成纵队沿跳舞场上下行进，以此为她们的沃恩亚米纳姆帕（母方氏族）的祖先庆贺。在这一仪式场合，妇女们除了穿戴上她们最好的裙子和饰物，还佩戴上了很多平常只能是男人佩戴的饰物。在这张照片中，那个用食火鸡皮做成的头饰和那些装饰着白色鸡毛的不断摆动的扇状物平常都是由男人戴的；她胳膊上戴着的贝壳臂圈平常也是男人戴的。她脸上的图案是用黄色赭石画的，而不是杀人者脸上画的白色图案。

XIX$_B$　在茨赫加克普马仪式队列前，是一群跳舞的女人们，她们在表演母方氏族神话中的一个事件。照片中在前方的那个人物是一个戴着无法辨认的面具的女人，她代表着艾勃姆山。在最右边的第二个面具代表的是特查姆布利山。这两座山是塞皮克沼泽区很显著的地貌特征。所有成片的土地在神话中都被认为是浮岛，在这张照片中，我们看到，一个妇女正用一支长桨（通常是男人用的）在为一座浮山掌舵。她的姿势同样让人想起男人的骄傲。

XX$_{A}$ （左图）头天晚上，帕林拜村的一个伟大人物死了，一大早人们就把他埋了。到上午，人们立起了照片上的这个人偶来代表他。人偶的头是用一个没长熟的椰子做的，身子是用一束束的棕榈叶做的。一些长矛顶着人偶，矛尖插着的身体部位代表着此人在战斗中受伤的部位。人偶旁边的地面上也插着一些长矛，代表着他生前躲过的长矛。人偶前面直立着的长矛（在这张照片中我们只能看到两支）代表他生前的成就。这个人偶本身装饰着各种贝壳。人偶右肩上垂下六只西米篮子，代表他的六个妻子；左肩上垂下一个绳袋，代表他的魔法技艺。头饰上的很多生姜枝代表着那些他诱进村里以让村里其他人将其杀死的人。人偶的右手（照片中看不见）中拿着一块干西米块，因为据说此人生前曾用一西米块杀死过一只鸟。人偶旁边地上插着的柠檬枝象征着此人的神话知识。

XX$_{B}$ （右图）人偶被死者所属的成年礼半偶族的人立起来了。之后，另一半偶族的人会过来一样一样地拿走各种象征物。在这张照片中，我们可以看到一个男人正在拿走一根代表伤口的长矛，他声称他自己也受过类似的伤。人偶稍远的那只脚边的地上放着一把扫帚和一对用来撮起垃圾的木板，这些物件象征着死者生前所做的打扫礼堂的工作。

XXI$_A$ 图片XX上的纪念人偶前的一排长矛。在这张照片中，人偶处于后景的位置。人偶前面有：(a)代表死者所杀死的人数的8支长矛，(b)代表他的独木舟里(他在船首协助)的其他人所杀死的人数的10支长矛，(c)代表他所杀死的猪的10支长矛(这些长矛绑着香蕉叶作为标志)，以及(d)(在照片上看不到)代表他所杀死的鳄鱼和狐蝠的长矛。

XXI$_B$ 帕林拜村的明茨汉古葬礼上的人偶。死者的头骨被清洗干净，作为模子用黏土糊上制成头的形状。这些头骨被作为人偶的脑袋，而这些人偶则站立在从屋顶吊下来的平台上。人偶和平台都披挂着众多的装饰物。在这两个人偶前，是图片XX中展示的那个人偶的头骨模型。仪式是在夜晚举行的，人们唱起了死者的祖先之歌，男人们藏在平台下吹奏氏族笛子。

XXII　明丁比特村的一名具有傲慢、易激动和戏剧化性格的男子，这类性格在男人中是被欣赏的。雅特穆尔人也确实认为此人在某种程度上性格不稳定。他是一位热情但思维混乱且不大可信的信息提供人。他的身体姿势体现出男人对镜头作出的反应(参照图片XXVI)。他手握酸橙杆，准备在酸橙木盒口擦刮它，以发出一种表现骄傲或愤怒的很大的声响。

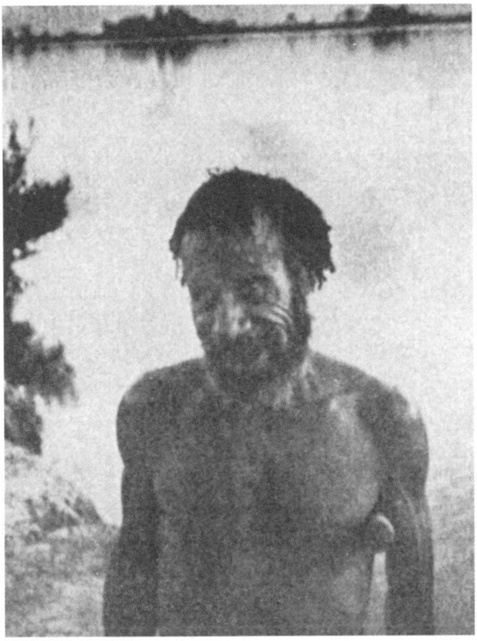

XXIII$_A$　坎卡纳芒村的马里金德津，他的性格在“文化所偏好的类型”一章中有所描述。

XXIII$_B$　坦布南村的一名男子。

XXIV$_A$　明丁比特村的一位村民。他是一位慎明型的男人，体型稍显矮胖。他很有智慧，很幽默，是我的最博识的信息提供人之一。长者很信任地把秘传知识传授给他，因为他们不担心他会在发脾气的时候把这些秘密泄露出去。他的酸橙杆上的垂饰表示他杀死的人的总数。

XXIV$_B$　茨欣巴特，坎卡纳芒村的一位村民，是受文化接触影响很深的一个人。

XXV　一位妇女的头骨模型。她是坎卡纳芒村的村民，死于三代之前。她的头骨被洗净，在葬礼上展示，然后按照习俗被埋葬了。但是她被认为是绝世美人，所以后来人们又把她的头骨挖了出来（或许用了另外一个头骨放在坟墓里作为替代）。自那以后，她的头骨就一直用在姆布瓦特戈威仪式上（参看图片XXVII）。她的长鼻子备受推崇。照片中她的乳房是用半个椰子壳做的。

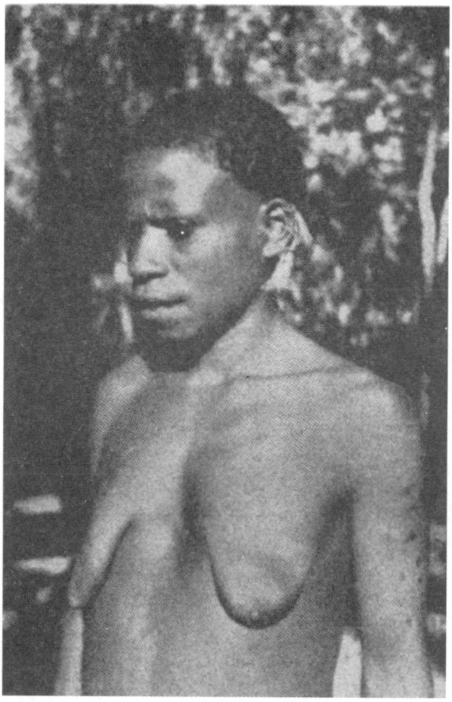

XXVI$_A$

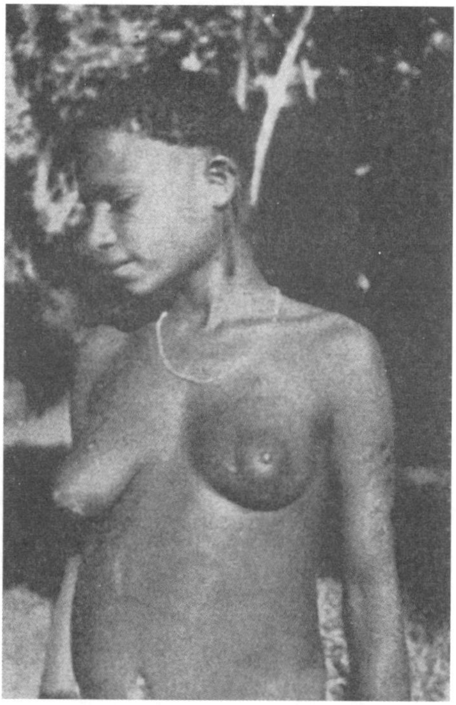

XXVI$_B$

两个坎卡纳芒村的妇女在镜头前表现得很羞怯。

XXVII　坎卡纳芒村的一个姆布瓦特戈威人偶。人偶的头是用一个死者(因为他很英俊)的头骨模型做的,上面带有很多饰物。脑袋上面的白色物体是一只欧洲的盘子,因为它比梅罗贝更亮更白,所以就取代了后者。那个贝壳饰物是作为鼻子的延伸部分。这一仪式是成年礼的一个秘密,不过也有些人说它能有助于村庄的繁荣和多产。晚上男人们会在图腾香蕉叶屏风后跳舞。他们用木杆(人偶就是以其为支柱扎起来的)举起人偶,举到叶屏风顶上,使在外面观看的妇女能看到它们,就像看玩具盒里跳出的小人。每个氏族都有自己的姆布瓦特戈威,当地人对这一仪式的兴趣主要在于其热闹的场面及其秘密性的起源,对它之于多产的效果倒是不太关注。

XXVIII A　詹茨乾村的带着巨大鼻子的瓦甘人偶。这张照片显示了跳瓦甘舞蹈的舞蹈场的背景状况。在照片右边我们可以看到礼堂的正面。礼堂前面是一排香蕉叶屏风，扮演瓦甘的舞者就是从这个屏风里出来的。屏风前的两个人偶是在跳舞前两天内匆忙并秘密地扎好和装扮好的。在凌晨很早的时候，它们被立在跳舞场中，这样妇女们一醒来就会发现跳舞场已经准备停当了。每个人偶中都有一根撑杆，以比较高的角度撑立在地面上；撑杆顶端安着一张脸。脸就是一个巨大环圈，也就是鼻子，在鼻子根部，安了两个半椰子壳代表眼睛。在脸和撑杆结合处，挂着一片西米椰子叶，一直拖曳到地上。这片叶子的小叶叶片已经被去掉了，小叶的中脉上穿着许多橙色的果子。这片西米椰子叶被说成是人偶的雨披。撑杆本身也盖满了各种代表图腾祖先的植物，其中一个人偶披挂着代表母亲半偶族祖先的植物，另一个则披挂着代表太阳半偶族的植物。人偶前面是一个用白色的棕榈叶围成的长方形，代表着“湖”，瓦甘将在此跳舞。

XXVIII$_B$　坎卡纳芒村的姆外面具的头。姆外是一个像灭火器形状的面具。展示姆外的仪式是在塔盖尔(小礼堂)的跳舞场上举行的。这一仪式是对瓦甘舞蹈的小型模仿。照片上这张雕刻的脸是从灭火器形状的框架上拆下来的。鼻子一直垂下来,接上一个长长的附加物,底端是一个蛇头。这张脸是用木头制作的,上面的贝壳是用黏土、石灰和油粘上去的。这张脸挂在一处居所里,后面还挂着各种各样的贝壳饰物。

图书在版编目(CIP)数据

纳文:从三个视角呈现的一个新几内亚部落文化复合体之考察/(英)格雷戈里·贝特森著;李霞译. —北京:商务印书馆,2024
(汉译世界学术名著丛书:120年纪念版:珍藏本:增订本)
ISBN 978-7-100-23725-3

Ⅰ.①纳… Ⅱ.①格…②李… Ⅲ.①部落—少数民族风俗习惯—研究—巴布亚新几内亚 Ⅳ.①K896.13

中国国家版本馆CIP数据核字(2024)第077336号

汉译世界学术名著丛书
(120年纪念版·珍藏本·增订本)
纳文
——从三个视角呈现的一个新几内亚部落文化复合体之考察
〔英〕格雷戈里·贝特森 著
李霞 译

商务印书馆出版
(北京王府井大街36号 邮政编码100710)
商务印书馆发行
北京市十月印刷有限公司印刷
ISBN 978-7-100-23725-3

2024年5月第1版 开本710×1000 1/16
2024年5月北京第1次印刷 印张24 插页2
定价:140.00元